河北省社会科学基金项目（项目编号：HB17LS016）

中国司法审判制度近代化研究

ZHONGGUO SIFA SHENPAN ZHIDU
JINDAIHUA YANJIU

毕连芳／著

中国政法大学出版社
2020·北京

声　明　　1. 版权所有，侵权必究。

　　　　　2. 如有缺页、倒装问题，由出版社负责退换。

图书在版编目（CIP）数据

　　中国司法审判制度近代化研究/毕连芳著. —北京：中国政法大学出版社，2020.5

　　ISBN 978-7-5620-9310-7

　　Ⅰ.①中… Ⅱ.①毕… Ⅲ.①审判－司法制度－法制史－研究－中国－近代 Ⅳ.①D929.5

　　中国版本图书馆 CIP 数据核字(2019)第 256176 号

出 版 者	中国政法大学出版社
地　　址	北京市海淀区西土城路 25 号
邮寄地址	北京 100088 信箱 8034 分箱　邮编 100088
网　　址	http://www.cuplpress.com（网络实名：中国政法大学出版社）
电　　话	010-58908285(总编室) 58908433（编辑部）58908334(邮购部)
承　　印	固安华明印业有限公司
开　　本	880mm×1230mm　1/32
印　　张	8
字　　数	200 千字
版　　次	2020 年 5 月第 1 版
印　　次	2020 年 5 月第 1 次印刷
定　　价	45.00 元

目录 CONTENTS

引 言 …………………………………………………（ 1 ）

第一章　传统司法审判制度及其近代转变 …………（ 9 ）
第一节　传统司法审判制度的特征 ………………（ 9 ）
一、伦理色彩浓厚的司法原则 ………………（ 9 ）
二、依附于行政的司法审判机关 ……………（ 17 ）
三、职责杂而不专的司法审判人员 …………（ 21 ）
四、随意性较大的司法审判程序 ……………（ 23 ）
五、调判结合、寓教于判的司法审判方式 …（ 27 ）
第二节　近代司法观念的流布与传播 ……………（ 31 ）
一、司法独立理论的引进与传播 ……………（ 31 ）
二、国家法权意识的兴起 ……………………（ 41 ）
第三节　近代司法当局对司法审判制度的规划 …（ 48 ）
一、清末法部的九年规划 ……………………（ 48 ）
二、民国前期的司法改革计划 ………………（ 50 ）
三、民国后期的司法规划 ……………………（ 57 ）

第二章　司法审判机关的专门化……………………（63）
第一节　新式司法审判机关及其职权……………（63）
一、清末至民国前期：审判厅时代………………（63）
二、民国后期：法院系统形成……………………（75）
第二节　兼理司法模式下的司法审判机关及其职权……（88）
一、兼理司法之县署及其职权……………………（89）
二、司法公署及其职权……………………………（93）
三、司法处及其职权………………………………（96）

第三章　司法审判人员的专业化…………………（105）
第一节　专业化的法官队伍………………………（105）
一、法官的考试与选任……………………………（105）
二、法官的日常管理………………………………（115）
三、法官的薪酬待遇与职业保障…………………（130）
第二节　兼理司法模式下的基层审判人员………（142）
一、兼理司法之县知事与承审员…………………（143）
二、司法公署和司法处之审判官…………………（156）

第四章　司法审判程序的规范化…………………（161）
第一节　司法审判的程序规范……………………（162）
一、刑事审判程序…………………………………（162）
二、民事审判程序…………………………………（169）
第二节　司法审判程序的制度保障………………（180）
一、审级制度………………………………………（180）
二、审判管辖制度…………………………………（186）

三、审判回避制度 …………………………………………（194）
第五章 司法审判制度近代化之成效与检讨 ………（203）
第一节 司法审判制度近代化之成效 ………………（203）
一、创建了一批独立的司法审判机关 ………………（203）
二、造就了一批专业化的司法审判人才 ……………（206）
三、保障人民权利成为司法审判的题中应有之意 ……（210）
第二节 司法审判制度近代化之检讨 ………………（214）
一、制度设计的西化色彩浓厚 ………………………（214）
二、审判制度建设中呈现不平衡状态 ………………（218）
三、诉讼迟延和案件积压现象严重 …………………（227）

参考书目 ……………………………………………………（237）
后　记 ………………………………………………………（247）

引 言

一、研究意义

传统社会中,司法依附于行政,审判机构未能独立存在,职业化的法官队伍始终没有形成,审判程序也具有较大的随意性。近代以来,随着西方法律文化的传入以及政治、经济、思想文化等方面的变化,新的司法理念逐渐形成,审判机构开始从传统行政衙门向近代法院组织转变,全能型法官开始向职业化法官转变,审判程序开始从随意性向规范性转变。这些转变是伴随着近代司法改革的开展而出现的,同时也是司法审判制度近代化的重要表征。探讨中国司法审判制度的近代化,可以深刻揭示传统司法审判向近代转变的规律,有助于我们了解司法制度近代化的艰辛历程。因此,对于中国司法审判制度近代化的研究具有一定的学术价值。

当前我国司法改革正在蓬勃开展,十八届三中全会通过的《中共中央全面深化改革若干重大问题的决定》,对司法改革作出全面部署。在此基础上,十八届四中全会对司法改革作出了一系列新的部署,其中涉及审判制度改革的诸多内容,如法院去行政化改革、法官职业化改革、完善审级制度等。2015 年初,最高人民法院发布的《关于全面深化人民法院改革的意见——人民法院第四个五年改革纲要(2014 ~2018)》提出了全面深化人民法院改革的任务,包括建立以审判为中心的诉讼制度,优化人民法院内部职权配置,健全审判权力运行机制,推进法院人员的正规化、专业化和职业化建设,确保人民法院依法独立公正行使审判权等内容。可见,司法审判制度改革是我国当前司法改革的主要内容。司法审判制度改革既要对现有制度有所突破,以适应社会发展的要求,也要对以往制度有所鉴戒,以便在对现有制度改革中有所为或有所不为。探讨中国司法审判制度的近代化,总结其经验教训,以便为我国当前的司法改革提供一定的借鉴。本选题的应用价值即在于此。

二、学术史梳理

中国司法审判制度近代化启动于清末司法改革,初步完成于民国时期。目前虽然尚未有人对其进行专题研究,但相关研究已经取得一定的成果。

近代意义上的司法审判制度自形成之日起,就受到时人的关注,尤其是民国二三十年代法学研究高峰期,一些学者在其文章或著作中谈及司法审判制度的某些方面,例如陶汇曾的《中国司法制度》,林廷琛的《法院组织法论》,丁元普的《法院组织法要义》,耿文田的《中国之司法》,汪澄之的《中国司法问题》,谢冠生、王建今主编的《司法工作之理论与实际》等。在很长一段时间里,无论是法学界还是史学界均对中国司法审判制度近代化缺乏足够的关注,研究成果屈指可数。学界的暂时遗忘不能掩饰这项制度的影响和意义,可喜的是,随着近年我国司法改革的进行,以及对近代司法研究的逐渐深入,司法审判制度近代化开始受到关注,相关研究成果纷纷问世,现将这方面的成果作一比较系统的梳理。

清末和北洋政府时期司法审判制度的研究已经取得一定成

果。李启成的《晚清各级审判厅研究》[1]一书,在探讨了传统地方司法的基础上,对晚清政府筹设各级审判厅的原因、各级审判厅的设立及其运作、各级审判厅遭遇的困境进行了系统的分析和介绍。李超的博士论文"清末民初的审判独立研究——以法院设置与法官选任为中心"[2]对清末各级审判厅的设置以及法官考试和任用制度做了比较详细的探讨。唐仕春在《北洋时期的基层司法》[3]一书中,不仅从制度设计上对北洋政府时期司法审判制度进行论证,而且运用大量史料和具体数据对司法审判制度的运作实况进行了量化分析,包括北洋政府时期基层司法机关的规模与分布、审判人员的供需、司法经费的来源与筹措以及基层诉讼的类别、规模、结案率、结案方式等内容。桂万先的《北洋政府时期审判制度研究》[4]一书,以社会变迁与清末民初司法发展的社会背景为切入点,探讨了北洋政府时期的审判体制、法院体系与法官选任、民事审判制度、刑事审判制度、兼理司法与特别司法制度等,可谓详细而具体。

南京国民政府时期的审判制度是近代司法审判制度研究的重点。蒋秋明在其专著《南京国民政府审判制度研究》[5]中,对南京国民政府的审判制度进行了比较系统的研究,内容涵盖审级制度的变迁、司法机构建设、诉讼审判制度的实证分析、最高法院的组织变化以及司法行政体制的构建等内容。谢冬慧的《民

---

[1] 李启成:《晚清各级审判厅研究》,北京大学出版社 2004 年版。
[2] 李超:"清末民初的审判独立研究——以法院设置与法官选任为中心",中国政法大学 2004 年博士学位论文。
[3] 唐仕春:《北洋时期的基层司法》,社会科学文献出版社 2014 年版。
[4] 桂万先:《北洋政府时期审判制度研究》,中国政法大学出版社 2010 年版。
[5] 蒋秋明编:《南京国民政府审判制度研究》,光明日报出版社 2011 年版。

事审判制度现代化研究：以南京国民政府为背景的考察》[1]，采用实证分析的方法，从民事审判的制度渊源入手，依次探讨了民事审判的指导思想、法律依据、组织机构、基本原则、基本制度、审判程序以及监督机制等内容，最后总结了南京国民政府民事审判制度的价值和局限性。谢冬慧的《中国刑事审判制度的近代嬗变：基于南京国民政府时期的考察》[2]，则主要探讨了南京国民政府时期刑事审判制度的主要内容，并对该制度作出评价。赵金康的《南京国民政府法制理论设计及其运作》[3]，从整体上探讨了南京国民政府时期的法制理论及其具体运作，但也涉及该时期司法审判机构的设置、司法审判相关制度及运作实况、司法审判所需的人力资源等内容。还有一些博士论文也对南京国民政府时期审判制度有所研究，如欧阳湘的"近代广东司法改革研究——以'普设法院'为中心的历史考察"、吴燕的"南京国民政府时期四川基层司法审判的现代转型"、聂鑫的"民国司法院：近代最高司法机关的新范式"等。

把中国司法审判制度近代化作为一个专题进行研究，目前学界尚且重视不够，这方面的成果为数不多。那思陆的《中国审判制度史》[4]在重点介绍中国古代司法审判制度的同时，以附录的形式简单介绍了民国《法院组织法》的修订与三级三审制的形成、新式法庭与县知事兼理司法事务的二元化诉讼制度以及特别法院的有关情况。张培田的《法的历程——中国司法

---

[1] 谢冬慧：《民事审判制度现代化研究：以南京国民政府为背景的考察》，法律出版社 2011 年版。

[2] 谢冬慧：《中国刑事审判制度的近代嬗变：基于南京国民政府时期的考察》，北京大学出版社 2012 年版。

[3] 赵金康：《南京国民政府法制理论设计及其运作》，人民出版社 2006 年版。

[4] 那思陆：《中国审判制度史》，上海三联书店 2009 年版。

审判制度的演进》[1]对从古到今司法审判制度的演进过程进行了宏观的梳理，内容涉及清末诉讼审判机制的近代化转变以及民国审判制度的演变。公丕祥的《近代中国的司法发展》[2]在介绍传统司法制度历史沿革及特征的基础上，分时段探讨了清末、南京临时政府、广州和武汉政府、北洋政府以及南京国民政府时期司法制度的发展。

上述成果大致反映了大陆学者对中国司法审判制度近代化的研究水平，我国台湾学者对此也有所关注。20世纪50年代初期，汪楫宝在《民国司法志》[3]中，对民国时期司法组织、法官、律师、民刑事务、行政诉讼等分章进行介绍，但多系规章条例与实况的简单列举，缺乏对制度的深刻分析。余伟雄在《王宠惠与近代中国》[4]中，也曾谈及民国时期司法组织的设置以及法官考试、训练与任用等情况。黄源盛在《民初法律变迁与裁判（1912-1928）》[5]中，着重探讨了民初大理院设置、执掌、人事管理以及大理院司法档案的典藏整理与研究情况。

通过对以往研究成果的系统梳理，笔者发现，学界有关中国司法审判制度近代化的研究呈现出如下两个特点：一是分时段研究。从以往的研究成果中可以看出，有的是对清末审判制度进行考察，有的是对北洋政府审判制度进行梳理，有的是对南京国民政府时期审判制度进行探究。迄今为止，尚未有把中国司法审判制度近代化作为一个整体进行研究的专著问世。二

---

[1] 张培田：《法的历程——中国司法审判制度的演进》，人民出版社2007年版。

[2] 公丕祥主编：《近代中国的司法发展》，法律出版社2014年版。

[3] 汪楫宝：《民国司法志》，商务印书馆2013年版。

[4] 余伟雄：《王宠惠与近代中国》，文史哲出版社1987年版。

[5] 黄源盛：《民初法律变迁与裁判（1912-1928）》，台湾政治大学2000年版。

是片段性的研究。现有的研究成果只是涉及中国司法审判制度近代化过程的某些片段，如审判机构的设置、民事审判制度、刑事审判制度等，还缺乏对该制度全貌的整体把握及其发展变化规律的揭示和深入分析，这对于全面系统地认识中国司法审判制度的近代化过程及其在司法制度近代化中的历史地位和影响远远不够。本课题拟在吸收和借鉴前人相关研究成果的基础上，考察中国司法审判制度近代化过程中的实际状况，分析和探讨其价值、意义，总结其不足及原因，力图揭示该制度在中国近代化进程中的作用和影响。

三、研究思路与方法

（一）研究思路

以传统司法审判制度的特征为切入点，引申出近代司法审判理念的变化以及清末民国各届政府对司法审判制度的规划和改革建议，然后以基本的史料为依据，对作为司法审判制度近代化重要组成部分的审判机关、审判人员以及审判程序等展开分析和评价。

（二）研究方法

（1）文献研究法。通过阅读中国近代的一些报刊、杂志、名人著述等历史文献，详细了解当时司法审判制度的制定和执行情况。

（2）微观研究与宏观研究相结合的方法。本选题主要采用历史学和法学的研究方法，把史学的微观研究方法和法学的宏观研究方法结合起来，用历史学的微观研究方法使该选题更翔实，用法学的宏观研究方法使该选题更有理论深度。

（3）动态研究和静态研究相结合的方法。本选题把动态研究和静态研究结合起来，力求作动态的而不是静态的考察，不但要研究制度是如何设计的,而且要探讨制度是如何实行的,既要找到官方的表述又要找到其与社会法律生活的实际差别,努力描述出客观实际的情况。

四、研究对象和资料来源

(一) 研究对象

中国司法审判制度的近代化始于清末,贯穿于整个近代中国。从广泛意义上来讲,中国司法审判制度的近代化应当包含近代各个历史时期各个政权制定以及在实践中通行的司法审判制度。但是,中国司法审判制度的近代化与中国政治、经济近代化一样,不是基于中国社会内部环境以及各种社会条件成熟后自然而然发生的,在很大程度上是对西方政治经济文化的一种被动应对,是近代中国模仿和移植西方制度和文化的结果。因此,中国司法审判制度的近代化带有明显的西化色彩。

共产党领导的根据地政权基于新民主主义革命独特的社会环境与背景,其司法审判制度以便民、为民为特征,无论在审判机关组织、审判程序还是具体审判制度方面,更加简洁、便利,具有时代特色和地域特色,与清末以来以西方司法审判制度为参照系的晚清政府、北洋政府以及南京国民政府的司法审判制度有着根本的区别。为了研究上的方便,本书暂不涉及该部分内容,留待将来作为新课题进行专门研究。

此外,近代的行政审判制度、军事审判制度以及特种审判制度,在审判机关的组织建构、审判人员的选任管理、审判程序的规划设置等方面,与普通司法审判制度迥然有别,与近代化的要求有明显的不同。因此,这部分内容不在本书研究范围之内。

综上可见,本书研究对象主要限于晚清和民国政府的普通司法审判制度，包括普通法院的组织架构及运作模式、新式司法人员的选任与管理、保障司法审判正常运行的程序和制度等内容。

（二）资料来源

（1）档案资料。档案资料主要来源于第一历史档案馆保存的法部档案，第二历史档案馆保存的北洋政府国务院档案、司法部档案、内务部档案以及南京国民政府司法行政部档案、司法院档案、最高法院档案等。

（2）官方的公报。主要包括《政治官报》《政府公报》《司法公报》等。

（3）报刊杂志。主要包括在近代具有较大影响的《申报》《晨报》《东方杂志》以及一些专门的法学期刊，如《法律评论（北京）》《法学季刊》《法学杂志（上海1931）》等。

（4）资料汇编。主要包括当代出版的一些有关清末和民国时期的文献资料，如故宫博物院明清档案部主编的《清末筹备立宪档案史料》、第二历史档案馆主编的《中华民国史档案资料汇编》、蔡鸿源主编的《民国法规集成》、曹必宏主编的《中华民国实录》以及民国法学家和司法界要人的法政文选等。

（5）学术专著和论文。主要包括当代学者出版的一些有关近代司法的学术著作和学术论文。

第一章
传统司法审判制度及其近代转变

任何一项制度的形成、发展和演变，都与当时的政治、经济等社会环境有关。司法审判制度也不例外。传统司法审判制度生长于以集权为特征的政治体制下、自给自足的小农经济环境中，且受根深蒂固的礼治观念的影响，长期笼罩着浓厚的伦理色彩，虽历经朝代更替、政权变换，未有实质性变化。鸦片战争后，海禁大开，西方文化和制度传入中国，遂有近代各届政府变革之举措。伴随着政权模式、经济结构的转变，法律制度近代化正式启动。司法审判制度作为法律制度的组成部分，在各届政权进行的司法改革中，踏上了缓慢的近代化之路。

第一节 传统司法审判制度的特征

一、伦理色彩浓厚的司法原则[1]

（一）亲属相隐和服制定罪的宗法原则

1. 亲属相隐

亲属相隐是中国古代一项基本的司法原则，是指一定范围

---

[1] 该标题下面的几项具体司法原则，深受胡旭晟主编的《狱与讼：中国传统诉讼文化研究》（中国人民大学出版社2012年版）一书的影响，同时也是自己给学生授课过程中的心得体会。

之内的亲属违法犯罪后，可以相互隐瞒犯罪事实，不予告发或出庭作证。这一原则主要是基于维护宗法伦理的需要而产生。众所周知，中国古代社会是以家族为本位的社会，宗法伦理精神贯穿于社会的各个方面，自然也指导着立法与司法的整个过程。早在西周时期，基于维护"亲亲""尊尊"伦理精神的需要，在诉讼审判过程中特别强调："凡听五刑之讼，必原父子之亲，立君臣之义以权之。"[1]春秋末年，儒家思想的创始人孔子，更是大力宣扬宗法伦理，并进一步提出："父为子隐，子为父隐，直在其中矣。"[2]先秦时代，虽然已经提出了"父子相隐"的思想主张，甚至偶尔也会指导司法实践，但尚未成为法定的司法原则。

汉武帝时期，儒家思想成为国家的指导思想，反映在立法和司法方面，便是形成了一些受儒家思想影响的新原则和新制度，其中"亲亲得相首匿"是在儒家宗法伦理思想影响下出现的一项新的司法原则。汉宣帝地节四年（公元前66年）下诏曰："父子之亲，夫妇之道，天性也。虽有患祸，犹蒙死而存之，诚爱结于心，仁厚之至也。岂能违之哉？自今子首匿父母，妻匿夫，孙匿大父母，皆勿坐。其父母匿子，夫匿妻，大父母匿孙，罪殊死。皆上请廷尉以闻。"[3]这一规定不仅把孔子的"父子相隐"的范围由父子两代扩大到三代以内的直系血亲和夫妻之间，而且把儒家"父子相隐"理论通过皇帝诏令的形式上升成为一项司法原则，并影响到其后的各朝各代。

---

[1]（春秋）孔丘等：《四书五经》（上），吉林大学出版社2004年版，第292页。

[2] 钱逊：《儒学系列讲义"论语"讲义》，人民出版社2012年版，第167页。

[3] 谭国清主编：《传世文选：古文辞类纂2》，西苑出版社2009年版，第144页。

第一章 传统司法审判制度及其近代转变

唐朝时期,在"德礼为政教之本,刑罚为政教之用"立法思想指导下制定的《唐律疏议》,受儒家宗法伦理精神的影响更为明显,亲属相隐原则的规定更加系统、完善:"诸同居,若大功以上亲及外祖父母、外孙,若孙之妇、夫之兄弟及兄弟妻,有罪相为隐;部曲、奴婢为主隐,皆勿论。"这一规定不但将亲属相隐的范围进一步扩大到四代以内的亲属、部曲和奴婢,而且将亲属相隐原则纳入国家基本法典之中,使之成为司法实践中必须遵守的一项基本原则,并被后来的宋元明清各朝所继承,一直到清末沈家本修律时,才从法律上予以废除。

2. 服制定罪

服制定罪是指五服亲属范围之内的人发生相互侵害行为后,按照服制关系的远近定罪量刑的一项司法原则。所谓"五服",是指儒家在《礼记》《仪礼》中依据血缘亲属关系的远近而确立的五等丧服制度,包括斩衰、齐衰、大功、小功和缌麻。五服制度以血缘关系为基础,以丧葬礼仪服饰为表现形式,包含了丰富的宗法伦理属性,"它不仅能将亲疏、尊卑、父子、兄弟之间的伦理原则借助具体的礼仪形式表现出来,而且能够准确地标出血缘亲属的亲疏远近、尊卑上下,因此一直深深扎根于每个中国人的生活之中"[1]。

五服制度自确立之后,历代相沿。西晋时期的《泰始律》根据五服制度确立了"准五服以治罪"的刑法原则,随后的各代基本上都按照这一原则对于亲属相犯、亲属相盗等犯罪行为进行定罪量刑,元明清时期更是将丧服图列于律首,如《大明律》中列有丧服八图:《丧服总图》《本宗九族五服正服图》《妻为夫族服图》《妾为家长族服之图》《出嫁女为本宗降服之

---

[1] 范忠信、郑定、詹学农:《情理法与中国人》,北京大学出版社2011年版,第159页。

图》《外亲服图》《妻亲服图》《三父八母图》等。

"准五服以治罪"的服制定罪原则不仅是一项刑法原则,更是一项司法原则。清人徐栋曾说,司法官审理案件,"凡事关宗族亲谊,必须先问明是何称呼,系何服制"[1]。可见,古代司法审判中,明确服制关系、依据服制关系定罪量刑是司法官必须遵循的原则。正如有学者所言:"一个司法官,只懂刑律条文,不懂五服亲制,是根本无法办案的。"[2]

(二)存留养亲和矜恤老幼的仁孝原则

1. 存留养亲

"存留养亲"是指祖父母或父母年老需要奉养,家中又无其他成年子孙或近亲属,犯有死罪或流罪的人可以通过上请,暂不执行原判刑罚,待为父母养老送终后再回来受刑的一种刑法制度。"存留养亲"最早见于北魏时期。488年,北魏孝文帝下诏:"犯死罪,若父母、祖父母年老更无成人子孙又无期亲者,仰案后列奏以待报。著之令格。"[3]《后魏律·法例律》将"存留养亲"正式纳入律典:"诸犯死罪,若祖父母、父母年七十已上,无成人子孙,旁无期亲者,具状上请。流者鞭笞,留养其亲,终则从流。"[4]唐朝法律对该项制度予以完善后一直沿用至清末。

自从汉代确立儒家思想的统治地位后,历代帝王无不宣扬仁孝治天下,"存留养亲"是封建时代帝王宣扬仁政、提倡孝道的一种重要方式,同时也是司法方面需要遵循的一项原则。清

---

[1] (清)徐栋:《牧令书辑要·刑名上》,转引自胡旭晟主编:《狱与讼:中国传统诉讼文化研究》,中国人民大学出版社2012年版,第95页。

[2] 胡旭晟主编:《狱与讼:中国传统诉讼文化研究》,中国人民大学出版社2012年版,第93页。

[3] (清)沈家本:《历代刑法考》(下),商务印书馆2011年版,第775页。

[4] 群众出版社编辑部编:《历代刑法志》,群众出版社1988年版,第218页。

朝秋审和朝审中的"留养承祀",与"存留养亲"的精神实质是一致的。

2. 矜恤老幼

矜恤老幼是指符合一定年龄标准的老幼犯罪之后可以得到宽宥的一项原则。西周时期便有"悼与耄,虽有罪,不加刑"的规定,即七岁以下的幼童和八十岁以上的老人可以不承担刑事责任。这是我国法律史上较早对老幼犯罪豁免刑罚的一项恤刑原则。儒家继承了西周的这种传统,将矜恤老幼作为其思想主张之一。汉代为了标榜统治者的仁慈,规定:"年未满八岁,八十以上,非手杀人,他皆不坐。"汉景帝后元三年(公元前141年)下诏:"年八十以上,八岁以下,及孕者未乳、师、侏儒,当鞫系者,颂系之。"[1]即对于一定年龄的老人、幼童和孕妇等人,在囚禁期间不加刑具,以示宽容。唐朝对于老幼犯罪减免处罚的规定更加完善,一方面将老幼年龄分了三个档次:老的年龄分别为七十岁以上、八十岁以上、九十岁以上,小的年龄分别为十五岁以下、十岁以下、七岁以下。老者年龄越老,幼者年龄越小,所承担的刑事责任越轻。另一方面,在法律适用方面,也采取从轻的原则:犯罪时尚未达到老的年龄,而事发时达到,按老对待;犯罪时幼小,而事发时长大者,则以幼小对待。

矜老恤幼是儒家仁恕思想的表现,也是古代社会中推行"仁者司法"的内容之一,是古代司法中值得肯定的一项原则,这一原则对于近代和当代的法律制度也不失借鉴意义。

(三) 春秋决狱与以情审断的情理原则

自从汉代儒家思想成为立法的指导思想以来,儒家的伦理

---

〔1〕许嘉璐主编:《中国古代礼俗辞典》,中国友谊出版公司1991年版,第725页。

道德对法律的影响很大，传统法律可以说是"人情物理所在，……仁义之气蔼然在其中"。依据这样的法律作出判决，本身就使得判决依据中包含了浓重的伦理色彩。然而司法官们大多是儒学出身，在司法实践中，他们往往在伦理化的法律之外，寻求更加符合伦理人情的道德规范或民间习俗惯例来作为判决依据。

汉代的春秋决狱即是把儒家经典作为判决依据。春秋决狱是汉武帝时期兴起的一种以儒家经义，尤其是《春秋》一书的基本精神作为判决依据的一种治狱方式。春秋决狱是儒家思想影响司法实践的一种典型表现，其基本原则是"原心定罪"。董仲舒在《春秋繁露》中对此有明确的交代："《春秋》之听狱也，必本其事而原其志。志邪者不待成，首恶者罪特重，本直者其论轻。"[1]即按照《春秋》的精神审理案件，必须在犯罪事实的基础上考察犯罪者的动机，动机邪恶者即使犯罪未遂也要追究其刑事责任，犯罪的首犯还要从重处罚，动机纯正者，即使罪重也可从轻处罚。

春秋决狱自汉代中期兴起，历经魏晋南北朝而不衰，至唐朝，由于儒家经典已经完全渗透于《唐律》，春秋决狱方寿终正寝。但司法实践中，判决依据仍然具有浓厚的伦理色彩，以情断案的做法依旧存在。

所谓以情审断，是指在司法审判中注意情理的运用，也就是说，作为判决依据的不仅仅是国家制定的法律条文，还必须充分考虑人情以及民情风俗等。古代社会强调天理、国法和人情的沟通，在司法实践中，大量的案件尤其是民事案件并非按照法律作出裁决，而是依据法律之外的情理、道德等，尤其是

---

[1]（西汉）董仲舒撰：《春秋繁露》，中华书局1975年版，第104页。

对于涉及伦理亲情的案件，司法官惯常的做法是以情断案，"明刑所以弼教，凡与五伦相涉者，宜皆屈法以伸情"〔1〕。

在司法实践中充分考虑情理的作用，这在古代是非常普遍的。清代汪辉祖曰："幕之为学，读律尚已，其运用之妙，尤在善体人情。盖各处风俗往往不同，必须虚心体问，就其俗尚所宜，随时调剂，然后傅以律令，则上下相协，官声得著，幕望自隆。"〔2〕当代学者梁治平对此也有评说："他们依据法律，却不拘泥于条文与字句；明于是非，但也不是呆板不近人情。他们的裁判常常是变通的，但是都建立在人情之上，这正是对于法律精神的最深刻的理解。"〔3〕以情断案在某种程度上可以弥补法律的僵化与呆板，但是运用不善也极易导致司法官的主观擅断，造成司法的随意性。

（四）优待官贵与尊卑有别的特权原则

1. 优待官贵

"礼不下庶人，刑不上大夫"是西周时期的礼刑适用原则，同时也反映了庶人与官僚贵族在法律适用上的不平等地位。按照这一原则，官僚贵族犯罪后，往往可以不受法律制裁或受到较轻的制裁，例如，八辟之法即赋予八类特殊权贵人物犯罪后不适用一般司法审判程序的特权；"命夫妇不躬坐狱讼"即赋予大夫以上的官僚贵族和他们的妻子作为案件当事人不用出庭受审、不用坐牢的优待；"公族无宫刑"即赋予公侯犯罪后不适用宫刑以免使其绝后的司法特权，等等。

儒家思想形成后，对官僚贵族特权的维护有过之而无不及，使贵贱有等成为儒家思想的重要原则。根据这一原则，自汉代

---

〔1〕《明史·刑法志》，中华书局1974年版，第228页。
〔2〕（清）汪辉祖纂：《佐治药言》，中华书局1985年版。
〔3〕梁治平：《法意与人情》，中国法制出版社2004年版，第236页。

开始，各代王朝在司法上赋予官僚贵族一系列特权，如形成于汉代的上请制度，规定官僚贵族犯罪后，普通司法机关无权审理，只能上请皇帝裁决。皇帝可根据犯罪官员的身份地位、功劳大小等因素来决定如何减免其刑罚；形成于曹魏时期的八议制度规定，对于议亲、议故、议贤、议能、议功、议贵、议勤、议宾八类特殊人物犯罪，不适用普通司法审判程序，而是由皇帝召集群臣集议，以决定如何对其实行宽宥减免；形成于两晋南北朝时期的官当制度，更是赋予官僚贵族以官职或爵位折抵徒刑和流刑的司法特权；隋朝《开皇律》还创立了例减之制，对于八议人员和七品官以上的官员犯罪，比照常人例减一等处罚；自西周以来形成并在封建时代普遍适用的赎刑制度，更是赋予官僚贵族犯罪后可以交铜赎罪的特权。

2. 尊卑有别

尊卑有别是儒家思想的核心内容。从国家角度来看，在君臣之间，君尊臣卑；在官民之间，官尊民卑。从家庭内部来看，父子之间，父尊子卑；夫妻之间，夫尊妻卑；妻妾之间，妻尊妾卑。这种尊卑秩序在中国古代司法审判中有明显的反映。如前所述，官僚贵族犯罪后，在司法上享有一系列的特权，可以逃避法律的制裁或得到较轻的制裁，普通平民百姓无丝毫特权可言，他们只能老老实实认罪伏法。至于一般百姓，也有良贱之别。良贱相犯，同罪不同罚，也是古代法律的一项内容。家庭内部尊卑关系更加明确，在父母子女以及夫妻之间，凡是以卑犯尊者，必然加重处罚，反之，以尊犯卑者，减轻处罚或不加处罚。可见，尊卑关系对于司法审判中定罪量刑有着直接的影响："凡有狱讼，必先论其尊卑、上下、长幼、亲疏之分，而后听其曲直之辩，凡以下犯上，以卑凌尊者，虽直不右，其不直者，罪加凡人之坐。"[1]

总之，传统法律要求社会各阶层要各安其位，各守本分，实现儒家倡导的等级秩序。

二、依附于行政的司法审判机关

在传统社会中，无论是在中央还是在地方，司法审判属于行政管理的一项重要内容，这就决定了司法不可能独立，始终依附于行政而存在。这一特征在司法审判机关的设置上表现得尤为明显。

(一) 中央司法审判受行政机关牵制

中国自国家形成之时，就开始设官分职。夏朝在中央设置大理，地方上设置士或理，分别行使中央和地方司法审判权。随后的商、西周和春秋沿袭了这种传统。秦朝设廷尉，专管司法，主要负责审理地方上报的重大疑难案件和皇帝交办的大案。汉初沿袭秦制，中央仍设廷尉专司审判。武帝之后，随着尚书台的出现及其权力的不断扩充，尚书台之下设置三公曹尚书，专门掌管司法审判事务，东汉时又设二千石曹，专管司法，"使得秦朝独立的司法机关逐渐变为行政机关之分支衙门"[2]。

隋唐时期，由秦汉时期的廷尉演变而来的大理寺成为中央最高审判机关，负责审理中央百官违法犯罪案件以及京师地区徒刑以上的案件，并对刑部移送的地方死刑案件拥有重审之权。作为六部之一的刑部是中央最高司法行政机关，对大理寺判决的流刑以下的案件和地方上报的徒刑以上的案件有复核之权。御史台是中央最高的监察机关，掌纠弹百官违法事宜，并对大理寺的审判活动和刑部的复核活动负有监督之责。无论专掌审

---

[1] 郭齐、尹波点校：《朱熹集》(二)，四川教育出版社1996年版，第533页。
[2] 韩秀桃：《司法独立与近代中国》，清华大学出版社2003年版，第47页。

判的大理寺,还是主管复核的刑部,抑或是执掌监察的御史台,都处于宰相的统领之下,司法依附于行政的性质不言自明。自唐朝中期开始,对于重大疑难案件,皇帝特召大理寺、刑部和御史台各派长官组成"三司",进行联合会审。三司的审判权更大,但也受制于皇帝,且不是常设机构,一般审理完毕即宣告解散。

明清时期,作为皇帝直接控制的六部之一的刑部,成为中央最高的审判机关,专门负责受理地方上诉案件、中央百官违法犯罪案件和发生在京师地区的案件。此外,隋唐时期主管审判的大理寺成为复核机关,由御史台扩充而成的都察院主管监察事宜。刑部、大理寺、都察院作为中央的三法司,对发生在全国的重大案件有联合会审之权。此外,六部中的吏部、户部、礼部、兵部、工部与通政使司也有参与重大疑难案件的会审之权,甚至内阁、军机处、詹事、宗人府等中央主要行政机关都具有一定的司法审判权。由于诸多行政机构介入司法审判,使得司法权在整个统治权中的地位更加弱化,其依附于行政的特质更加明显,正如有的学者所言:"司法权在国家政治统治的地位,从秦朝'九卿'之一的廷尉,逐渐沦落为汉以后行政官的六部尚书之一部。在这一过程中,传统司法的品格不是在走向逐步独立,而是在走向它的反面,即更加依附于行政衙门和行政官员。"[1]即便是秦朝的廷尉,也不是严格意义上独立的司法审判机构。首先,皇帝掌握全国最高的司法权,廷尉审理案件最终必须对皇帝负责,司法审判权在皇帝的绝对掌控之下;其次,廷尉也不过是中央政府九卿之一,属于国家的行政执行机构;最后,丞相与御史大夫也参与重大案件的司法审判,这对廷

---

[1] 韩秀桃:《司法独立与近代中国》,清华大学出版社2003年版,第54页。

尉行使司法职权也是一种牵制。因此，廷尉只不过是皇帝之下、受制于中央行政机关的一个具体行使司法职能的机构而已。

从传统社会中央司法审判机关的发展演变可以看出，自夏至清，司法审判机关名称不一，数量不等，他们执掌司法审判权，但并不能真正地独立行使审判权。一方面，最高司法审判权属于皇帝，这些机构必须听命于皇帝，换言之，他们是代替皇帝行使审判权；另一方面，由于古代司法职能呈现出分散性特征，众多行政机关也可以参与到司法审判中来，牵制其审判权的行使。因此，古代中央层面的司法审判机关仅是皇帝任命的、中央最高行政机构直接领导下的分管司法审判事务的机关，与近代独立于行政机构之外的审判机关是不同的。

（二）地方司法审判依附于行政机关

与中央相比，在地方层面上司法审判依附于行政的特征更为明显。

其一，地方行政机关兼理司法审判，没有专门的司法机关。早在夏、商、西周和春秋时期，国家便在地方上设置士或理，行使司法审判权。战国时期，地方司法制度出现新的变化，即地方行政机关开始兼司法审判，这种制度持续到封建社会结束。如秦汉时期的郡、县，隋唐时期的州、县，明清时期的省、府、县等，都属于地方上的行政机关，同时他们又是各自辖区内的司法审判机关。值得一提的是，历史发展到明清，作为地方上最高行政级别的各省，司法和行政有了初步分立的趋势，分立的标志即为专掌司法的提刑按察使司的设立，这就意味着，省级司法有了自己相对独立的组织机构。然而，提刑按察使司也不能独立行使职权，而是受制于各省最高行政官总督和巡抚。

其二，地方的司法审判受上级行政机关的监督。地方司法受监督在汉代开始形成的录囚制度中有着明显的体现，如《后汉书·百官志》记载,汉武帝时,州刺史"常以八月巡行所部郡国,录囚徒。"也就是说,作为行政监察官的州刺史要定期巡视所部监狱,进行录囚徒活动,对地方司法实施监督。另外,地方司法审判权较小,一般只能直接审结笞杖刑案件,需要判处徒刑、流刑和死刑的案件则须层层复审。复审过程中往往会有行政机关参与其中,对地方司法审判实施监督职责。以清朝为例,地方州县官仅有权审判民事案件和轻微刑事案件,这些被称之为"自理词讼"的案件不需要上级机关的复核和批准。应当被判处徒刑的案件则须上报州县官的上司——知府或知州进行复审后,再依次上报巡抚或总督乃至中央的刑部。应当被判处流刑、充军的案件则由省级的提刑按察使司进行重审后,再由巡抚或总督上报刑部。死刑案件则由巡抚或总督进行重申后上报刑部,再由九卿、詹事、科道、内阁大学士以及军机大臣等进行秋审后,报请皇帝做出最终的批示。这样一来,"一个州县官的司法活动就处于几种省级官员的监督之下",[1]死刑案件还处于中央众多行政官的监督之下。

总之,无论在中央层面还是地方层面,司法审判机关依附于行政的特征非常明显,黄源盛先生的看法颇具代表性:"在中央,无论是先秦的大理、司寇,还是秦以后的廷尉、大理寺、刑部等,除了要绝对服从皇帝外,还要受制于冢宰、丞相、三省和内阁等中央行政中枢机关,遇有重大案件还需会审。在地方,也无独立的司法机关,地方行政机关兼行司法权,地方行政长官就是地方司法官,知县、知府、巡抚等都要审案。地方虽也有专职司法人员,如汉的决曹、唐的司法参军和司法佐、明清的按察使等,但他们也都只是地方行政长官的下属。"[2]

---

〔1〕 瞿同祖:《清代地方政府》,法律出版社2003年版,第195页。
〔2〕 黄源盛:《中国法史导论》,广西师范大学出版社2014年版,第98页。

三、职责杂而不专的司法审判人员

（一）职责繁杂

司法官职责重大，与人民关系最为密切。中国自国家形成之时，便开始设置司法官，代表国家行使司法审判权，这样就使得传统中国存在着一个庞大的司法官群体。中央层面的司法官主要有：夏朝的大理、商朝的司寇，西周的大小司寇、秦汉时期的廷尉、隋唐宋时期的大理寺卿、元明清时期的刑部尚书等。地方层面，从战国开始，行政官兼理司法，秦汉时期的郡守、县令，隋唐时期的刺史、县令，宋朝的提点刑狱公事、知州、知县，明朝的提刑按察使、知府、知县，清朝的总督、巡抚、知府、知县，都直接行使地方司法审判权。

上述司法官群体中，中央的司法审判官员职责相对专一，主要行使刑事案件的司法审判权。地方上的司法官，尤其与百姓关系最为密切的兼理司法的州县官，职责范围广泛，须对辖区内的一切事务负责。《明史·职官志》描述知县的职责时指出，知县"掌一县之政"，除了要为朝廷催征赋税和徭役外，"凡养老、祀神、贡士、读法，表善良、恤贫乏、稽保甲、严缉捕、听狱讼，皆躬亲厥职而勤慎焉"[1]。《清史稿》里这样概括清代知县的职责："知县掌一县治理，决讼断辟，劝农赈贫，讨猾除奸，兴养立教。凡贡士、读法、养老、祀神，靡所不综。"[2] 由此观之，知县掌管一县之所有事务，包括催赋税、摊派徭役、维持治安、发展教育以及养老、祭祀、司法等各方面的事务，任务重，职责繁。在上述诸多事务中，司法事务是其

---

〔1〕（清）张廷玉等撰：《明史4》，吉林人民出版社2005年版，第1186页。

〔2〕《清史稿》卷一百一十六，第14页。转引自瞿同祖：《清代地方政府》，法律出版社2003年版，第31页。

众多职责中的一个重要方面,"民间百姓对长官的第一印象就是裁断是非的法官形象。在传统的戏曲、小说中,官员的主要形象总是坐堂审案的法官。公案戏、清官戏流传至今盛演不衰,以至于在当代人的心目中,古代的地方官就是包拯、海瑞之类坐大堂、拍惊堂木的形象。"[1]

在处理司法事务方面,州县官仍然具有多重角色,他不仅主持案件的审判,而且还负有侦查、勘验、起诉之责,可谓集公、检、法大权于一身,有人将其称为"全能型"法官,一点也不为过。美国学者罗兹曼对此作出如是评说:"作为一县之长,县令在执行其司法功能时,他是万能的,既是案情调查员,又是检察官、被告辩护人,还是法官和陪审员。"[2]瞿同祖在《清代地方政府》中也对基层州县官的司法职能进行描述:"州县官听理其辖区内所有案件,既有民事也有刑事。他不只是一个审判者。他不仅主持庭审和作出判决,还主持调察并且讯问和侦缉罪犯。用现代眼光来看,他的职责包括法官、检察官、警长、验尸官的职责。这包括了最广义上的与司法相关的一切事务,未能依法执行这些职务将引起(正如许多法律法规所规定的)惩戒和处罚。"[3]

(二) 非专业化

中国古代司法依附于行政,无专业化的司法官。一般情况下,对司法官的选任与一般官员适用同样的制度,如夏、商、西周的世卿世禄制,战国时期的军功制,秦汉时期的荐举制和征召制,魏晋南北朝时期的九品中正制,隋唐宋元明清时期的

---

[1] 郭建:《帝国缩影——中国历史上的衙门》,学林出版社1999年版,第196页。

[2] [美]吉尔伯特·罗兹曼主编:《中国的现代化》,国家社会科学基金"比较现代化"课题组译,沈宗美校,江苏人民出版社1988年版,第120~121页。

[3] 瞿同祖:《清代地方政府》,法律出版社2003年版,第193页。

科举制等，这样选拔出来的官员一般不具备专门的法律知识。虽然有些朝代在官吏的选任中，也比较强调法律知识的重要性。例如，唐朝科举考试中，设置了专门的明法科，宋朝甚至还出现了专门选拔司法官员的考试，称为"试刑法"或"试法官"。但这些考试并不具有普遍性，无法改变当时司法审判中呈现出的非专业化的特征。尤其是处于封建社会后期的明清王朝，专制主义中央集权制度不断强化，科举考试的内容和形式均发生了重大变化。考试内容为《四书》《五经》，且以程朱理学家的注释为准，考试形式为禁锢人们头脑的八股文体。隋唐以来科举考试所涉及的点滴法律知识也完全被废除，这样选拔出来的官员是不具备任何法律知识的，这也是清朝胥吏幕友操纵地方司法导致司法黑暗的制度性因素之一。

中国古代的司法审判人员，无论是中央相对独立的司法官，还是地方上的兼职司法官，抑或是主印官之下主管司法事务的属官，均呈现出非专业化的特点，即缺乏从事司法审判活动所需要的专业知识，在社会关系相对简单的情况下，这种非专业化的司法官还可以勉强应付民间诉讼。随着社会的发展以及社会关系的日渐复杂，缺乏独立性和专业知识的古代司法官必然面临严重挑战。

四、随意性较大的司法审判程序

由于程序意识的缺乏，中国传统法律体系中，实体法比较发达，程序法却显得十分薄弱。在中国古代法典中，程序法所占比重甚轻，以《唐律疏议》为例，在十二篇的篇幅中，只有《斗讼律》《捕亡律》和《断狱律》中存在着审判程序的一些内容。程序法的不发达在一定程度上导致了司法实践中审判程序的随意性。

(一) 案件审理与处罚的随意性

虽然中国古代法典中也存在程序法的内容，历代对于司法官审理案件也有程序上的要求，但古代司法官在审理案件过程中，似乎并不严格按照程序进行。如孔子任鲁国司寇期间，有父子相讼，孔子拘之，三月不问，其父请求止讼，孔子将其子释放。[1]在这个案件，作为鲁国司寇的孔子并没有进行任何审理，最后因父亲请求而将其子释放的结果却得到时人的广泛认可，并被后人传颂至今。此外，由于没有专门的民事诉讼程序，民事案件适用刑事审判程序也是古代司法审判中惯常的做法。

在对案件的判决方面，基层司法官也拥有较大的法外处罚权，可以责令败诉人修文庙、修道路、发官纸（衙门的用纸）等，这些五花八门的判决都是法律上所不允许而在司法实践中广泛存在的制裁手段。[2]

(二) 刑讯的广泛性与随意性

中国刑讯历史悠久，自西周时便有"仲春之月……毋肆掠"的记载，之后的各朝各代无不承认刑讯的合法性。然而，古代社会对于刑讯并不提倡，秦朝的《封诊式》上记载："治狱，能以其书从迹其言，毋治（笞）谅（掠）而得人请（情）为上；治（笞）谅（掠）为下；有恐为败"[3]，一些朝代还对刑讯作出规范和限制，如汉景帝制定《捶令》，对于刑具的规格、执行方式作出规定；唐朝对拷讯的程序提出严格的要求，对拷讯的对象也作出限制性规定。

---

[1] 参见瞿同祖："中国法律与中国社会"，载瞿同祖：《瞿同祖法学论著集》，中国政法大学出版社1998年版，第318页。

[2] 参见郭建：《帝国缩影——历史上的衙门》，学林出版社1999年版，第227页。

[3] 睡虎地秦墓竹简整理小组编：《睡虎地秦墓竹简》，文物出版社2001年版，第245页。

尽管法律上对于刑讯有所限制，但司法实践中刑讯是广泛存在的，法外刑讯屡禁不止。刑讯手段多种多样，除了常规性的笞、杖、鞭、棍等刑讯方式外，还有非常规性的掌嘴、拶指、夹棍、火炙、烟熏、脑箍、颈枷、测罚、测立、压杠、跪链、烙铁、老虎凳、全刑等，如此种种，不一而足。手段之残忍，用刑之随意，超出人们的想象。正因为如此，刑讯手段残酷、种类繁多，便成为中国传统司法文化饱受古今中外有识之士诟病的一个主要方面。

刑讯逼供的广泛存在，以及拷讯的随意性，在很大程度上基于传统社会实行的有罪推定制度。所谓有罪推定，是指被告一旦被告发，就被推定为有罪的一种制度。在这种有罪推定制度下，被告需要自证其罪，因此，口供便成为定罪量刑的主要依据。为了获取被告人的口供，刑讯拷打就变成理所当然的事情。此外，中国古代诉讼程序不完备，缺乏侦查这一审前程序，法官接收案件后，不进行深入调查，就开始坐堂问案。这种做法的后果就是信奉口供，"视口供为'证据之王'，刑讯逼供即口供主义的产物"[1]。

（三）判决的随意性

中国古代司法审判中，司法官须依据法律而作出判决，各朝法律对此均有规定。如唐律《断狱律》规定：诸断罪皆须引律令格式正文，违者笞三十。清朝《大清律例》的"断罪引律条"规定：凡断罪皆须引《律例》，违者笞三十。可见，依律判决是中国古代司法审判中应当坚持的一项重要原则。

然而，司法实践中，不依照法律而判决的现象广泛存在。汉代开始的春秋决狱即是一种不依据法律、具有较大随意性的

---

[1] 胡旭晟主编：《狱与讼：中国传统诉讼文化研究》，中国人民大学出版社2012年版，第393页。

司法审判方式。唐朝以后,春秋决狱不复存在,但不依据法律而按照情理、道德等标准进行判决的现象依然存在。例如清代州县官府自理词讼案件,大多不是依据法律条文,而是依靠"情理"作出判决。清朝人方大湜在《平平言》里说:"自理词讼,原不必事事照例"。[1]日本学者滋贺秀三在《清代中国的法律和裁判》中,收集了两百多个自理词讼判语,发现只有两条是引用了法律条文。[2]

不但民事案件判决具有随意性,一些刑事案件的判决也往往不依据法律条文,历代都有这方面的事例。如南齐袁篆随庐陵王出任荆州,遇到辖区内发生了一件兄弟争死的案件。民人苟胡之的妻子曾被一名僧人奸淫。一天夜里,这名僧人再次潜入苟家,苟胡之的兄弟苟将之杀死该僧。在公堂上,兄弟二人都说该僧是自己所杀。袁篆被兄弟二人的义气所感动,遂将二人赦免。[3]该案中,兄弟苟将之将淫僧杀死,虽事出有因,情有可原,但其行为已经触犯刑事法律,袁篆却因为钦慕兄弟之间的义气,而将其赦免,明显体现出案件审判的随意性特征。翻阅历代司法审判史料,类似的案例比比皆是,而且大多作为清官循吏的政绩加以宣扬。

还有些判决在今人看来似乎有些荒唐,在当时却体现出浓郁的人情味。清朝郑板桥做知县时,遇到一件和尚尼姑通奸的案例。按照《大清律例》的规定,凡人相奸,杖八十或徒二年,僧道犯奸,加凡人和奸罪二等。但郑板桥并没有依据《大清律

---

[1] (清)方大湜:《平平言》,鄂省藩署1890年版。转引自[日]滋贺秀三等:《明清时期的民事审判与民间契约》,法律出版社1998年版,第29页。

[2] 参见郭建:《帝国缩影——历史上的衙门》,学林出版社1999年版,第225页。

[3] 参见马小红:《礼与法:法的历史连接》,北京大学出版社2004年版,第248页。

例》进行判决,而是在"恻隐之心"的驱动下,萌发了成人之美之念。于是他即兴题诗为判:"一半葫芦一半瓢,合来一度好成桃,从今入定风规寂,此后敲门月影遥;人性悦时空即色,好花没处静偏娇;是谁了却风流案?记取当年郑板桥。"[1]一件应当处以杖一百或徒三年的案件,在郑板桥轻描淡写的诗句中,作出尼姑和尚还俗并结为夫妻的很随意的判决。

造成上述状况的原因,一方面是因为中国古人对程序的漠视以及程序法的不健全。尽管古代法典中确确实实存在有关诉讼的规定,如《法经》中的《囚法》《捕法》,《唐律疏议》中的《斗讼律》《捕亡律》和《断狱律》等都涉及诉讼的内容,但这些关于诉讼审判程序的规定非常不系统,正如郑秦在考察清代诉讼审判之后所言:"遍查《大清律例》等清代法令类官书,也难以得到系统的概念。……关于如何打官司,如何审判,即诉讼审判的程序法方面则少有明确规定。"[2]另一方面主要是受儒家思想的影响。古人在实践中以情断案,实质上就是在贯彻儒家的血缘伦理观念,是儒家思想影响司法审判的结果。这种人情化的司法无疑是对正当程序的一种干扰和破坏,极易导致司法实践中的恣意妄为和主观擅断。

五、调判结合、寓教于判的司法审判方式

(一) 调判结合

重视调解,强调息讼,是传统官府在处理民事案件和轻微刑事案件过程中的一贯做法。

在我国传统社会中,尤其是儒家思想确立后,地方官府便

---

[1] 范忠信、郑定、詹学农:《情理法与中国人》,北京大学出版社2011年版,第279页。

[2] 郑秦:《清代法律制度研究》,中国政法大学出版社2000年版,第108页。

具有了教化职能，即通过宣扬儒家的伦理道德观念，使百姓萌生以诉讼为耻之心，不至于发生争讼。在古人心目中，这是从根源上杜绝诉讼的一种好办法。但是社会关系复杂多变，杜绝争讼是不可能的，这种情况下，只能退而求其次，通过调解手段，达到息讼目的，这就是所谓的"不能使民无讼，莫若劝民息讼"[1]。因此，一个优秀的司法官，不仅表现在审理案件时能够做到"公其是非，正其曲直"[2]，更表现为他是否能够运用儒家伦理道德对纠纷当事人进行教化，以达到息讼之目的。下面举几个例子来说明。

例一：东汉循吏仇览在当亭长时，收到陈元之母状告儿子不孝一案，仇览以为教化未至，亲至陈元家与母子对饮，并为陈元讲说人伦孝行，送其《孝经》一卷使之习读。陈元读了《孝经》，深自痛悔，母子相拥而泣，陈元于是改行为孝子。[3]在这个案件中，如果按照法律判决，儿子不孝应该是重罪，但是却在仇览富有人情味的说教中，使母子二人领悟到母子亲情之可贵，从而对自己的行为深深悔悟，母子之间的争讼得以化解。

例二：唐朝开元年间的循吏韦景骏在担任贵乡令期间，也用同样的手段调解了一起母子纠纷。韦景骏为贵乡令时，遇到母子相讼一案。景骏谓之曰："吾少孤，每见人养亲，自恨终天无分。汝幸在温清之地，何得如此？锡类不行，令之罪也。"垂泣呜咽，取《孝经》使之习读。于是母子感悟，各请改悔，遂

---

[1] 裴传永主编：《为官思想录》，中共中央党校出版社 2005 年版，第 662 页。

[2] 《古今合璧事类备要外集》卷 26，转引自郭东旭：《宋代法制研究》，河北大学出版社 1997 年版，第 618 页。

[3] 参见庄适选注：《后汉书》，商务印书馆 1927 年版，第 14 页。

第一章 传统司法审判制度及其近代转变

称慈孝。[1]

例三：《折狱龟鉴》所记载的陆襄"和言解喻"的事例也可视为调解息讼的典型。梁陆襄为鄱阳内史，有彭、李二家，先因忿争，后相互诬告，陆襄引入内室，不加责诮，但和言解喻之。二人感恩，深思咎悔。乃为设酒食，令其尽欢。酒罢，同载而归，因相亲厚。[2]

例四：清朝康熙年间的陆陇其在做知县的时候，曾对一件兄弟争财案做过妙判。清代康熙年间，陆陇其任灵寿县知县，有兄弟二人因财产争讼状告县衙。陆知县开庭时，既"不言其产之如何分配，及谁曲谁直"，也不作判决，"但令兄弟互呼"。"此唤弟弟，彼唤哥哥"，"未及五十声，已各泪下沾襟，自愿息讼"。陆陇其在判决书中仍不忘以兄弟之情对其进行教化："夫同声同气，莫如兄弟，而乃竟以身外之财产，伤骨肉之至情，其愚真不可及也。"[3]这个案件被时人称为"妙判"，同时也是一次成功的调解，可谓调判结合的典型案例。在这个案件中，陆知县虽然没有向当事人讲述人伦道理，也没有劝解他们做出妥协让步，而是通过让他们各自呼唤的办法，使他们自己领悟兄弟之间的手足之情。最终使当事人在手足之情面前，放弃了财产之争。因为他们认识到，在兄弟亲情面前，财产是无足轻重的。

---

[1] 参见瞿同祖："中国法律与中国社会"，载瞿同祖：《瞿同祖法学论著集》，中国政法大学出版社1998年版，第319页。

[2] 参见（宋）郑克：《折狱龟鉴译注》，上海古籍出版社1988年版，第504页。

[3] 《陆稼书（陇其）判牍·兄弟争产之妙判》，转引自沈国琴：《中国传统司法的现代转型》，中国政法大学出版社2007年版，第44~45页。

(二) 寓教于判

自汉代儒家思想被确立为统治思想后，道德教化被历代统治者所推崇。康熙九年（1670年）制定上谕十六条时说："朕惟至治之世，不以法令为亟，而以教化为先。其时人心醇良，风俗朴厚，刑措不用，比屋可封，长治久安，茂登上理。善法令禁于一时，而教化维于可久，若徒恃法令，而教化不先，是舍本而务末也。"[1]

尤其是地方官，被视为亲民之官，不仅要维持地方治安，更承担着教化之责。宋朝的真德秀在《潭州谕同官咨目》中，谆谆教诲属官在听讼之际要注重宣扬教化："继今邑民以事至官者，愿不惮其烦，而谆晓之，感之以至诚，持之以悠久，必有油然而兴起者……至于听讼之际，尤当以正名分，厚风俗为主。"[2]清朝的雍正皇帝："州县为民父母，上之宣朝之德化，以易俗移风；次之奉朝廷之法令，以劝善惩恶，……使善者从风而向化，恶者革面而洗心。则由听讼以驯至无讼，法令行而德化兴矣。"[3]

因此，地方官在行使司法职能时，往往寓教化于审判之中。从诉讼提起、正式审理直至判决结案，无不贯穿着司法官的说教。在诉讼提起之时，如果能够通过道德说教达到和息目的，这是最好的一种结案方式。在清代的一件义子欲夺义父财产案件中，高廷尧以义父的抚养恩情对义子进行说教："尔本路弃，微尔义父几夭折矣。抚而立而婚而荣以官，此其恩直再造。不思尽心植幼弟以报二天，反欲争家财。财固非尔有也，以理论

---

[1] 孟昭信：《康熙评传》，南京大学出版社1998年版，第263~264页。

[2] 段永亮译注：《中国古代官经译注》，中国文史出版社2012年版，第227~228页。

[3] 田文镜撰，韩秀桃点校："钦颁州县事宜"，载郭成伟主编：《官箴书点评与官箴文化研究》，中国法制出版社2005年版，第117~118页。

之,曩尔所耗者,尚应一一责偿,何容更萌奢望乎?"最后义子请罪,不再控告。[1]

在案件的判决中,也往往充斥着司法官的道德说教。例如,唐代颜真卿在做福州刺史时,遇到一个妻子要求与丈夫离婚的案件。书生杨志坚"嗜学而居贫",其妻不甘贫穷,"索书求离"。颜真卿接到该案后,愤怒异常,挥笔作出判决:"杨志坚早亲儒教,颇负诗名,心虽慕于高科,身未沾于寸禄。愚妻睹其未遇,曾不少留。靡追冀缺之妻,赞成好事,专学买臣之妇,厌弃良人,污辱乡闾,伤败风教,若无惩戒,孰遏浮嚣?妻可答二十,任自改嫁,杨志坚秀才,饷粟帛,仍署随军。"[2]在这个案件的判词中,看不到违法犯罪事实,也看不到所依据的法律条文,仅能看到颜真卿的一番道德说教。像这种道德说教韵味十足的判词,在古代社会并不少见,"这些判词或推己及人、循循善诱,或动之以情、晓之以理,或大义凛然、言词斥责,其中的道德说教随处可见,它们与其说是法律文书,不如说是'寓教于判'的道德檄文。"[3]

第二节 近代司法观念的流布与传播

一、司法独立理论的引进与传播

(一) 晚清司法独立理论

19世纪中叶,分权学说和司法独立理论开始传入中国。19

---

[1] (清)高廷瑶:"宦游纪略",清同治十二年成都刊本,载官箴书集成编纂委员会编:《官箴书集成》(第六册),黄山书社1997年版,第13~14页。

[2] (明)冯梦龙评纂:《太平广记钞》(下),团结出版社1996年版,第662页。

[3] 冯军、丁建军:《司法制度的历史样态与现代图景》,人民出版社2011年版,第16页。

世纪 60 年代开始,中国早期改良主义者即开始广泛介绍西方的君主立宪政体,倡行权力分立和司法独立。曾随出使日本大臣何如璋一同到达日本的黄遵宪在其所著的《日本国志》一书中提出了"奉主权以保民智,分官权以保民生"的分权主张。[1]另一改良主义代表人物马建忠则阐明了三权分立和司法独立的主张:"各国吏治异同,或为君主,或为民主,或为君民共主之国,其定法、执法、审法之权分而任之,不责于一身,权不相侵,故其政事纲举目张,粲然可观。"[2]

如果说这些早期改良主义者在其著述中宣扬的三权分立学说和司法独立理论尚停留在观念层面的话,那么"百日维新"期间,这些观念遂变成维新派的政治主张。康有为强烈建议朝廷在君主立宪的前提下实行三权分立,他说:"泰西论政,有三权鼎立主义。三权者,有议政之官,有行政之官,有司法之官也。夫国之政体,犹人之身体也。议政者譬若心思,行政者譬如手足,司法者譬如耳目,各守其官,而后体立事成"[3],"今欲行新法,非立三权未可行也","三官立而政体立,三官不相侵而政事举"。[4]康有为进而把确保司法独立作为司法改良的根本措施,他专门设计了一套新的司法体制,并提出明确法官职权、提高法官待遇、培养专职法官等措施,以确保法官的独立地位。

---

〔1〕(清)黄遵宪:《日本国志》(上卷),天津人民出版社 2005 年版,第 93 页。

〔2〕(清)马建忠:"上李伯相言出洋工课书",载马建忠:《适可斋记言》,中华书局 1960 年版。

〔3〕康有为:"请讲明国是正定方针折",载汤志钧编:《康有为政论集》,中华书局 1981 年版,第 262 页。

〔4〕康有为:"日本变政考",载黄健彰编:《康有为戊戌真奏议》,中华书局 1974 年版,第 118~119 页。

第一章　传统司法审判制度及其近代转变

梁启超对三权分立和司法独立的理解更深刻一些，他在"各国宪法异同论"中，开辟专章论述行政、立法、司法三权："行政、立法、司法三权鼎立，不相侵轶，以防政府之专恣，以保人民之自由。此说也，自法国硕学孟德斯鸠始倡之。孟氏外察英国政治之情形，内参以学治之公理，故其说遂为后人所莫易。今日凡立宪之国，必分立三大权。行政权则政府大臣辅佐君主而掌之，立法权则君主与国会（即议院也）同掌之，司法权则法院承君主之命而掌之，而三权皆统一于君主焉。"〔1〕随后，梁启超又进一步论述了司法权的独立："尚自由之国，必设司法之制，使司法官吏无罢黜之患者，何也？盖司法官独立不羁，惟法律是依，故不听行法各官之指挥也。"〔2〕

上述三权分立和司法独立主张并不排斥皇权的存在及其合法性，因此，这种主张在传播过程中没有遇到什么阻碍。值得一提的是，自19世纪中期至20世纪初期的这一段时间里，无论是分权学说还是司法独立理论，都只是在野人士的一种主张，并不具备官方色彩。至20世纪初，在清廷被迫推行的预备立宪中，三权分立和司法独立逐渐从一般舆论上升为当政大臣的建言，从观念层面上升到制度建构层面。

光绪三十二年七月十三日（1906年9月1日），清廷打出仿行宪政的旗号。所谓仿行宪政，顾名思义就是仿效西方的宪政制度。西方的宪政体制以三权分立为基础，而对清朝统治集团来说，三权尚不能完全分立，唯司法独立尚可考虑。御使吴钫给清廷的奏折对此说得很明白："惟是变更伊始，欲一举而臻完

---

〔1〕 梁启超："各国宪法异同论"，载范忠信选编：《梁启超法学文集》，中国政法大学出版社2004年版，第2~3页。

〔2〕 梁启超："法理学大家孟德斯鸠之学说"，载范忠信选编：《梁启超法学文集》，中国政法大学出版社2004年版，第23页。

全之域，其势有所不能，方今普通教育甫有萌芽，上下议院一时未立，则立法权不能骤与行政权分离，实朝廷不得已之苦衷，为臣民所共喻。至司法独立，揆时度势，最为切实可行。"[1]于是，清廷以"民智未开"为借口，拒绝将立法权从行政权中分立出来，而将以司法独立为号召的司法改革作为三权分立的切入点。

作为官制编纂大臣的奕劻等人，在"厘定中央各衙门官制缮单进呈"中，正式提出将司法权从行政权中分立出来，"立法、行政、司法三者，除立法当属议院，今日尚难实行，拟暂设资政院以为预备外，行政之事则专属之内阁各部大臣"，"司法之权则专属之法部，以大理院任审判，而法部监督之，均与行政官相对峙，而不为所节制，此三权分立之梗概也。"[2]处于内外交困中的清王朝，无奈中采纳了这些建议，遂于光绪三十二年九月二十日（1906年11月6日）颁布上谕，"刑部著改为法部，专任司法。大理寺著改为大理院，专掌审判。"[3]中央司法权的独立得到了朝廷的认可。

光绪三十三年五月二十七日（1907年7月7日），清廷宣布更定外省官制，综核官制大臣庆亲王奕劻等在"改订外省官制折"中称："现在法部大理院既经分设，外省审判之事，自应由此划分权限，别立专司，俾内外均归一律"，因此，各省应成立各级审判厅，"以为司法独立之基础"。[4]

---

[1] "御史吴钫奏厘定外省官制请将行政司法严定区别折"，载故宫博物院明清档案部编：《清末筹备立宪档案史料》（下册），中华书局1979年版，第821页。

[2] "庆亲王奕劻等奏厘定中央各衙门官制缮单进呈折"，载故宫博物院明清档案部编：《清末筹备立宪档案史料》（上册），中华书局1979年版，第464页。

[3] "裁定奕劻等覆拟中央各衙门官制谕"，载故宫博物院明清档案部编：《清末筹备立宪档案史料》（上册），中华书局1979年版，第471页。

[4] "总核官制大臣庆亲王等奏改订外省官制折（附清单）"，载《东方杂志》1907年第4卷第8期。

第一章 传统司法审判制度及其近代转变

被任命为大理院正卿的沈家本,在筹设大理院的同时,提出借鉴西方法院体制,逐步设置地方各级审判机构和储备新式司法人才的设想:"东西各国皆以大审院为全国最高之裁判所,而另立高等裁判所、地方裁判所,层累递上,以为辅翼,条理完密,秩序整齐。……今欲仿而行之,则法庭宜先设也,监狱学宜讲求也,高等裁判所及地方裁判所与谳局,宜次第分立也,裁判人才宜豫为储备也。"〔1〕此奏得到清廷的批准,"得旨:如所议行"。

可见,权力分立和司法独立,在清末预备立宪中被视为解决中国传统的司法行政合一体制下司法腐败的一剂良方。〔2〕在内忧外患的局面下,朝廷上下逐渐形成比较一致的看法,即要预备立宪,仿行西方三权分立体制,不得不有所表示。开设议院,将立法权下放给民众无疑剥夺了他们的统治权,这是清朝统治者所不愿意看到的,因此他们宣称,中国"民智未开",民众目前没有独立掌握立法权的能力。相对于立法独立来说,司法权的独立,是比较容易接受的事情。因此,司法独立作为清末预备立宪的当务之急,首先被提上议事日程。载泽认为:"窃谓此次厘定官制,最切要、最平易最少窒碍而最有关系者,莫如将行政司法分而为二之一事。"〔3〕从上述论证可以看出,清末仿行宪政,对政治权力体系进行重构中,首先考虑的是司法权和行政权的分立,即司法独立。1910年颁行的《法院编制法》,以审判机构组织法的形式确定了司法独立原则。

---

〔1〕(清)朱寿朋编:《光绪朝东华录》,中华书局1984年,第5586页。

〔2〕参见郭志祥:"清末与民国时期的司法独立(上)",载《环球法律评论》2002年第1期。

〔3〕"附编纂官制大臣载泽公等原拟行政司法分立办法说帖",载《东方杂志》1907年第4卷第8期。

(二) 民国时期司法独立的发展

20世纪初期，革命党人以武力推翻专制政权、建立真正的民主法制国家为己任，他们推崇西方的民主政治模式，主张仿行西方国家的权力分立，实行司法独立。章太炎认为，要保护民权和制约权力，必须实行权力分立和司法独立，"总统惟主行政、国防，于外交则为代表，他无得与，所以明分局也。司法不为元首陪属，其长官与总统敌体，官府之处分、吏民之狱讼皆主之，虽总统有罪，得逮治罢黜，所以防比周也"[1]。南京临时政府司法总长伍廷芳对司法独立的表达更明确。他认为，司法独立"概专指审判官之独扼法权，神圣不可侵犯，其权之重，殆莫与京也。审判官为法律之代表，其司法权，君主总统莫能干预"[2]。孙中山在西方三权分立的基础上，主张实行五权分立，并强调"司法为独立机关"。

为了改造危急与苦难的中国，资产阶级革命派不仅仅提出了权力分立与司法独立的主张，而且将这种思想主张付诸实施。早在1905年2月4日，孙中山在《致公堂重订新章要义》中，仿照西方国家三权分立的原则，将致公堂堂事权分为三等，一曰议事权，一曰行事权，一曰判事权。其中，判事权归判事员3人和陪员20人掌管。判事员为独立之权，总理及议员皆不能干涉之。[3]这是三权分立和司法独立原则在革命组织内部分工上的最早体现。

1905年8月成立的中国同盟会，本部机构也遵循三权分立

---

[1] 中共中央党校文史教研室中国近代史组编：《中国近代政治思想论著选集》（下），中华书局1986年版，第648页。

[2] 丁贤俊、喻作凤：《伍廷芳集》（下册），中华书局1993年版，第594页。

[3] 参见广东省社会科学院历史研究所、中国社会科学院近代史研究所中华民国史研究室、中山大学历史系孙中山研究室合编：《孙中山全集》（第1卷），中华书局1982年版，第262~264页。

第一章 传统司法审判制度及其近代转变

原则，在总理之下设执行、评议、司法三部。司法部设判事长、判事和检事长。由于这一时期革命的中心任务是推翻清朝专制政权，这一制度在执行上并不严格，三部很少分别开会，主要由执行部主持同盟会的日常工作，而司法、评议两部从来"未曾独立行使职权"。[1]

三权分立和司法独立再次被提上议事日程是在辛亥革命取得胜利之后。武昌起义胜利后成立的湖北军政府，模仿法国、美国宪法，于1911年10月制定了《中华民国鄂州临时约法》[2]，按照西方资产阶级三权分立原则，实行司法独立制度。湖北军政府只是武昌起义后建立的一个地方性政府，它的一切举措尚不具有全国意义。1912年1月1日成立的南京临时政府则是中国近代第一个全国性的资产阶级民主政权，在它成立后，产生了中国近代第一部资产阶级性质的宪法性文件《中华民国临时约法》[3]。该约法在总纲中明确规定了中华民国的国家机构采取"三权分立"原则："中华民国以参议院、临时大总统、国务员、法院，行使其统治权"，其中司法权由专门的司法机关——法院独立行使，其第51条规定："法官独立审判，不受上级官厅之干涉"。自此，三权分立从一种思想观念、一个理论学说，变成了正式的法律规定，司法独立也从观念变成了宪法原则。

北洋政府建立初期，尚不敢冒天下之大不韪，公然违背《中华民国临时约法》所确立的三权分立的政治原则，司法独立

---

[1] 由桐："同盟会成立记"，转引自邱远猷、张希坡：《中华民国开国法制史——辛亥革命法律制度研究》，首都师范大学出版社1997年版，第60页。

[2] 《中华民国鄂州临时约法草案》，载蔡鸿源主编：《民国法规集成》（第2册），黄山书社1999年版，第1~5页。

[3] 《中华民国临时约法》，载蔡鸿源主编：《民国法规集成》（第2册），黄山书社1999年版，第12~17页。

无论作为一种观念还是制度得到进一步的发展[1]。

　　北洋政府第一位司法总长王宠惠，早年毕业于北洋大学法科，后留学日本、美国，并获得法学博士学位，法学造诣很深。1912年，在第一届责任内阁——唐绍仪内阁成立后，作为司法总长的王宠惠围绕唐内阁"改良法律，建设独立司法制度"这一政纲，提出了五项具体的司法施政方针，实行司法独立是其中最为重要的一项内容。王宠惠认为，"实行司法独立，是为宪法之精义。三权鼎峙，司法一权，故为人民之保障，绝对不受行政之干涉；而司法行政之别于普通行政者，所以维持司法之独立。"此外，"欲求司法独立，必须有独立之司法官；使法官无高尚之道德，完全之学识，裁判之经验，则人民之自由、生命、财产，将受无穷之危险，虽武断作弊，而莫敢谁何，吾恐未见司法独立之利，而先蒙司法独立之害。我国之倾向固已趋重于近今世界文明之制度，然对内对外，犹不能有绝大之信用者，即患无合格之司法官，而滥竽充数者比比皆是。"[2]因此，急需培养和选拔优秀的司法人才。

　　第二任司法总长许士英，日本法政速成科毕业，参与清末民初司法建设之始终。1908年任奉天高等审判厅厅丞，民国成立后任第一任大理院院长。1912年7月，继任司法总长一职。他上任后，以推行司法独立为己任，力图改良司法，在其编制的《司法计划书》书中，开宗明义曰："司法独立，为立宪国之

---

[1] 袁世凯颁布旨在为其专制统治服务的《中华民国约法》后，力图在政体模式上变三权为一权，实践中违法司法独立的举措也比比皆是，但是，终北洋政府统治时期，司法独立的规定没有被明令禁止过。另外，以袁世凯为代表的军阀政权往往将注意力集中在政权和军权的争夺上，对司法权则不甚重视，从而为司法独立提供了生存空间，使其在清末的基础上获得较大发展。

[2] 中华民国史事纪要编辑委员会编：《中华民国史事纪要（初稿）》（1912年1月至6月），史料研究中心1971年印行，第511页。

要素,亦即法治国之精神;然必具完全无缺之机构,而后可立司法之基础;必审缓急后先之程序,而后可策司法之进行;尤必有一定不易之方针,而后可谋司法行政之统一。"〔1〕

第三任司法总长梁启超,早在清末就开始宣扬三权分立学说和司法独立主张,1913年9月出任熊希龄内阁司法总长后,极力宣扬"司法独立为立宪政治之根本,收回法权之要图",在其施政方案中,针对当时司法官素质差、风气不良的现实状况,提出厉行考试以免幸进、严定考绩以汰不职、回避本籍以免瞻徇的办法,改进和纠正当时司法官的混乱状况,为司法独立提供合格的司法人才。他还上书袁世凯,要求按照《中华民国临时约法》的精神,确保司法官"在使审判之际,专凭法律为准绳,不受他力之牵制"〔2〕。

司法独立观念的深化还体现在当时的大总统令和司法部部令中。1913年底,北洋政府颁发"整顿司法事宜"的大总统令曰:"司法独立,为万国共由之大义,欲进国家于法治,宜悬此鹄以期成。本大总统昔任疆圻,首为提倡,绳勉迄今,不渝此志。顾尝深维司法独立之本意,在使法官当审判之际,准据法律,返循良心,以行判决,而干涉与请托,无所得施,斯明恕之实克举,而治理之效乃彰。然必法官之品格学识经验,确堪胜任,人才既足以分配,财力尤足以因应,然后措施裕如,基础巩固。"〔3〕1916年10月30日,司法部在加强司法监督的训令中曰:"司法独立之意义,谓司法官独立审判,不受行政上之干涉,并不受监督长官之指挥,其微旨无非使司法官执法不阿,

---

〔1〕 中华民国史事纪要编辑委员会编:《中华民国史事纪要(初稿)》(1912年7月至12月),史料研究中心1971年印行,第640页。

〔2〕 梁启超:"呈大总统详论司法急宜独立文",载《司法公报》1914年第2卷第4号。

〔3〕 "令整顿司法事宜",载《东方杂志》1914年第10卷第8号。

以保审判之公平，而尽听断之能事。"〔1〕

南京国民政府成立后，继续宣扬司法独立。1932年，新任司法行政部部长罗文干在接受《法律评论（北京）》记者采访时，将司法独立作为改变当时司法状况的一个补救方法，并提出自己对司法独立的看法："所谓司法独立，非空口的独立，非表面上的独立，乃司法审判上真正的独立，欲求达到此种独立，在军政当局方面应予辅助，不宜加以摧残，就司法方面言，要件颇多，如从严限制法官资格，以免靠有力者为进身之阶；法官回避原籍，以免瞻徇请托之弊，然最关紧要者，莫过于独立的司法人材。"〔2〕

1935年全国司法会议进一步强调司法独立的重要性，并把司法独立作为奉行三民主义和实施宪政的基础："建设中华民国之大本，为三民主义与五权宪法，而司法独立，又为奉行主义与实施宪政之基础。盖执行法律，在得其均衡；保障人权，在求其确当。大之如公序良俗之维持，小之至个人权义之安定，未有不待于司法机关之平定与伸雪，……故司法虽仅五权之一，而其效果所及，不特足以助法治之推行，抑且为民族精神所寄托。"〔3〕

由上可见，司法独立在近代中国经历了一个不断发展的过程。清末司法独立侧重于建设独立的司法机关，但因为司法人员变化不大，独立审判几近空谈。实践中出现的这种问题促使后来者去思索，从而使司法独立理论有了进一步的发展。北洋政府时期的司法独立理论更强调法官的独立地位，并采取了一

---

〔1〕"司法部训令"，载《政府公报》1916年第297号。
〔2〕"罗文干谈改良司法意见"，载《法律评论（北京）》1932年第9卷第18号。
〔3〕"大会宣言"，载《法学杂志（上海1931）》1935年第8卷第5期。

系列措施来保障法官职权、身份的独立,然而由于政局动荡,军人干预,司法常常卷入政流,渐失其独立地位。南京国民政府建立后,继续宣扬司法独立,并在这一原则指导下,建立起一套相对完整的司法组织体系和审判运作机制。总之,近代以来,司法独立理论的引进与传播,突破了古代司法与行政不分的传统,在一定程度上推动了司法审判制度的近代化。

二、国家法权意识的兴起

自古以来,国人似乎没有太明确的国家法权意识。但是,从唐朝开始,我国各代法律中均设定了对外国人进行司法管辖的权利。《唐律疏议》中明确了关于涉外案件的司法管辖原则:"诸化外人,同类自相犯者,各依本俗法,异类相犯者,以法律论。"对外国人在唐朝领域内发生违法犯罪行为后,依据属地主义与属人主义相结合的原则进行处理。这一原则既尊重外国风俗习惯,同时又维护了国家司法主权,体现了大唐王朝在司法上对外国人违法犯罪的宽厚仁慈,又不失维护国家主权的严厉。随后的宋、元基本上继承了唐代关于涉外案件的司法管辖原则。明清时期,对于涉外案件管辖原则变成完全的属地主义原则,对于来华外国人违法犯罪行为拥有完全的司法管辖权。《大明律》规定,"化外人并依律处断"。《大清律例》仍然规定,"凡化外人犯罪,并依律拟断"。这都体现出当时对国家属地主义司法管辖权的维护。

然而,鸦片战争后,这种情况发生了根本性的变化。1843年的《中英五口通商章程》中首次给予英人领事裁判权,一方面是怵于战祸再起,另一方面也站在避免中外争端的角度,如在条约中写道:"英国商民,既在各口通商,难保无与内地居民交涉讼狱之事,应即明定章程,英商归英国自理,华民归中国讯究，俾免衅端，他国夷商，仍不得援以为例。查此款业据该夷照复，甚属妥协，可免争端，应即遵照办理。"[1]此时的中国人，无论是政府还是普通百姓，尚未认识到国家法权的丧失会带来什么样的严重后果，因此，在许诺英人领事裁判权之后，又给予法国、美国、瑞典、挪威、俄国、德国、荷兰、丹麦、西班牙、比利时、意大利、奥匈、秘鲁、丹麦、巴西、葡萄牙、日本、墨西哥、瑞士十九个国家以领事裁判权。

随着领事裁判权制度的确立，外国人在中国为非作歹、横行霸道，中国却无法对他们实施司法管辖，甚至外国人还干预中国的司法审判活动，正如章太炎所言，在中国出现了一种奇特的现象，外国人不受中国之刑章，中国人反就外国之裁判。对于领事裁判权的危害，谢冠生曾撰文指出，领事裁判权制度确立以后，"外国人不独消极的回避中国法律管辖，亦且积极的干涉中国之司法，不独消极的不受中国法院之审判，且积极的审判中国人民矣。因之中国司法主权，为之严重破坏，国家主权，亦随而毁损，中国人民与外国人民之间，交易往来，更不复有平等地位，国计民生两方面，皆受致命的打击"[2]。民国法学家杨兆龙也曾指出，领事裁判权"不仅破坏吾国裁判之完整，抑且使吾国法律不能拘束外国人。吾国人所不能享受者，彼可享受之，吾国法律所禁止者，彼可自由为之。吾国政府所提倡者，彼可破坏之。其影响于吾国之政治经济及国防者，至深且巨。此制一日不废除，则吾国之安全一日不能确保"[3]。南京国民政府司法院院长居正列举领事裁判权的种种弊害：①侵害中

---

[1] 转引自汪楫宝：《民国司法志》，商务印书馆2013年版，弁言第19页。
[2] 汪楫宝：《民国司法志》，商务印书馆2013年版，弁言第18页。
[3] 转引自杨兆龙："司法改革声中应注意之基本问题"，载胡玉鸿、庞凌主编：《东吴法学先贤文录·司法制度、法学教育卷》，中国政法大学出版社2015年版，第115页。

国司法主权；②领事好为偏袒其本国人民；③外人在内地犯罪，领事不轻易搜集证据，而被害华人因领事驻地辽远，赴诉无门；④外人恃其领事偏袒，肆行无忌，易流于犯法逃税；⑤激起华人排外情绪；⑥华人对外印象恶劣，至阻滞内地开放；⑦管辖审判之机关分歧，赴诉不便；⑧各国法律参差，裁判结果，难期一致；⑨华人对外怀有戒心，彼此交易不易发达；⑩以被告定法院之管辖，如两造不同国籍，则反诉难以提起；⑪领事系商务官，缺乏法律知识，裁判难期允当；⑫领事对异国人无权管辖，不易查询。[1]

领事裁判权带来的诸多危害不仅引起国人的不满与厌恶，同时也刺激了国人的觉醒，催生了国人的法权意识。收回领事裁判权，维护国家司法主权逐渐成为近代各届政府及有识之士的共识和追求。1868年，文祥与英驻华公使阿礼国见面讨论领事裁判权问题时，要求对英国的领事裁判权加以约束和限制。郑观应也明确提出："领事裁判权应予修改"。[2]随后，清朝朝廷基于领事裁判权给中国带来的诸多危害，也开始认识到收回法权、维护国家司法主权的重要性，并开始为此努力。1902年，清政府与英国《续议通商行海条约》中规定："中国深欲整顿本国律例，以期与各西国律例改同一律，英国允愿尽力协助，以成此举。一俟查悉中国律例情形及其审断办法及一切相关事宜皆臻妥善，英国即允弃其治外法权。"[3]这一条款便是晚清政府乃至民国政府改革司法的一个直接促动因素，也是近代法权意识与司法审判制度改革之间发生关联的首次表示。此后，与英、

---

[1] 参见范忠信、尤陈俊、龚先砦选编：《为什么要重建中国法系——居正法政文集》，中国政法大学出版社2009年版，第206页。

[2] 《盛世危言》（卷12），条约。

[3] 王铁崖编：《中外旧约章汇编》，生活·读书·新知三联书店1959年版，第109页。

美、日等国改订商约，皆有若中国司法制度改良，即行撤销领事裁判权之语。从此之后，中国历届政府的司法审判改革都与收回领事裁判权这一功利性目标直接相关。

清朝末年，修律大臣沈家本曾表示，"方今改定商约，英、美、日、葡四国均允中国修订法律，首先收回治外法权，实变法自强之枢纽"[1]，"国家既有独立体统，即有独立法权，法权向随领地以为范围。独对于我国藉口司法制度未能完善，予领事裁判之权，英规于前，德踵于后，日本更大开法院于祖宗发祥之地，主权日削，后患方长。此悬于时局不能不改也"[2]。

辛亥革命后，中华民国军政府司法部发布了第一号布告，列举了清政府的四种罪行，其中一种罪行为："立法既不明不备，用法复任重任轻，外人乃藉为口实，领事亦施其裁判。华洋共处，法律之支配独殊；人我异刑，国家之畏怀安在？丧失法权，污蔑国体。"[3]该布告对晚清政府丧失法权的谴责，表明了中华民国军政府收回法权的愿望与追求。

1912年12月1日召开的中央司法会议，把对领事裁判权的研讨作为会议的三大主题之一，司法总长许士英在开幕辞中特别强调："司法上之最要研究者，即为领事裁判权。"[4]显示了司法当局对于收回领事裁判权的热切与渴望。

北洋政府时期司法界一直把收回法权作为奋斗目标。梁启

---

〔1〕 "修订法律大臣揍请变通现行律例内重法数端折"，载《大清法规大全·法律部》（第3卷）《变通旧律例二》，考证出版社1972年版，第1741页。

〔2〕 故宫博物院清档案部编：《清末预备立宪档案史料》（下册），中华书局1979年版，第846页。

〔3〕 萧觉天："武昌起义时期司法改革的经过"，载上海市政协文史资料委员会编：《上海文史资料存稿汇编》（社会 法制）（第12册），上海古籍出版社2001年版，第289页。

〔4〕 中华民国史事纪要编辑委员会编：《中华民国史事纪要（初稿）》（1912年7月至12月），史料研究中心1971年印行，第639页。

超在出任熊希龄内阁的司法总长后,极力倡导司法独立,并将其视为"收回法权之要图"。在谈及司法改良问题上,梁启超认为,"领事裁判权制度本为国际上之奇耻大辱……此权不收回,终为损失法权之要点,故将来司法制度日臻完美,必欲与各国更定废弃之条件"[1]。

1919年举行的巴黎和会上,中国作为第一次世界大战的战胜国,提出撤废领事裁判权之要求,却未获成功。1921年,在太平洋会议上,北洋政府派出的代表再次提出这一要求。于是有了后来由美、日等国代表组成的调查法权委员会到我国调查立法以及司法事宜。经过为期9个月的调查后,认为我国司法方面尚存在诸多问题,撤废领事裁判权的时机尚不成熟。

收回法权的失败,使国人逐渐认识到,不平等条约是领事裁判权存在的前提,要收回法权,必须先废除不平等条约。国民革命成功后,孙中山提倡取消不平等条约,于是,"收回法权之情绪,弥漫于国人之心目中,五卅事件以后,此种情绪,益为激烈"[2]。

南京国民政府成立后,从维护国家司法主权出发,于1929年12月照会英美法荷等国,希望收回领事裁判权,而英美法等国认为,中国尚未完成1926年《调查法权委员会报告书》中所提出的建议,拒绝撤废领事裁判权,从而引起国人强烈的不满。一些学者一方面指责英美等国的行为,一方面呼吁本国政府,尽快进行司法制度改革,以期达到至善至美,不给外国人任何借口:"甚盼外交当局,毅力主持,而我朝野法曹,职责所在,应振刷精神,努力改进,使中国法院,无懈可击,以为政府收

---

[1]《申报》1913年9月27日。
[2] 王宠惠著,张仁善编:《王宠惠法学文集》,法律出版社2008年版,第291页。

回领事裁判权之后盾。"[1]南京国民政府也将撤销各国在华领事裁判权，收回法权作为重要任务。为了集思广益，司法院特别组织了以司法院院长、副院长、司法行政部部长和次长为主要委员的收回法权筹备委员会，同时，还"罗致富有司法外交经验学术人员，开会讨论，迭经提出各项问题，详加研究，以为交涉之准备，一面随时对外宣传收回法权之理由，以唤起世界舆论之同情"[2]。第一任司法院院长王宠惠表示，"此制一天不废，中外人民一天不能相安"[3]。此后撤废领事裁判权成为司法界的孜孜追求。

1934年，司法院院长居正在演讲中，谈到司法的责任与希望："外人在中国有领事裁判权，而中国人则反是，这是极不平等的事体，此后我们应努力收回领事裁判权，并参酌各国司法的现状，以达到自由平等之地位。"[4]1935年，居正在"一年来司法之回顾与前瞻"中再次谈到领事裁判权的问题："领事裁判权未撤销，致法权完整未能办到。这是司法上第一缺憾。"[5]因此，司法院未来工作的"自然第一件急务是要从速实行撤废领事裁判权，以实现法权之完整。此事一方固有赖于改良司法完成各项法典，间塞外人之藉口，以为进行之基本步骤，而当实施之际，外交折冲亦属重要。至完成法典又属立法范围，改良司法尤以财政充裕为根基，故撤废领判，必须外交、财政、

---

[1] 郑式康："辟谬"，载《法律评论（北京）》1929年第7卷第1号。

[2] 王宠惠著，张仁善编：《王宠惠法学文集》，法律出版社2008年版，第293页。

[3] 王宠惠著，张仁善编：《王宠惠法学文集》，法律出版社2008年版，第301页。

[4] "居正演讲司法的责任"，载《法律评论（北京）》1934年第11卷第52期。

[5] 居正："一年来司法之回顾与前瞻"，载《法律评论（北京）》1935年第12卷第12期。

立法、司法各方面通力合作而后能成功。而吾人于今年间自当力排万难以赴此鹄的,当无疑义"[1]。

1935年司法行政部举行的全国第一次司法会议宣言中,也把收回法权视为国人奋斗之目标:"废除不平等条约,为吾国民一致之要求,而不平等条约之中,尤以领事裁判权为最甚。然此项法权之撤废,日本土耳其暹罗等国,具有先例。迩者法典渐备,倘各省法院皆能遍置,监所悉臻完善,则司法之规模,皆为外交之后盾。故此次议决案,一面谋各种设备之改良,一面谋法权之挽救。"[2]

一些法院的院长也表达了自己对于撤废领事裁判权的看法。他们认为,改良司法,促进司法的进步"固为法治国政府及人民应尽之职责,同时更希望现受之领事裁判权束服,得即时解除,因领事裁判权之存在,不仅危害我国主权,且同时亦阻碍国际商业,及引起法律抵触,于享有此权之国家人民,亦未见其便利,此项撤废志愿,不特我国朝野人士无时或忘,即外邦有识之士,亦深企望者也"[3]。

普通法官也用自己的行动实践着收回法权的职业使命:坚持正义,维护法治。1943年,贵州遵义地方法院女法官夏玉芳在办理轰动抗战后方的一桩"贿纵案"时,受到枪击威胁,受伤住院后,曾给司法行政部部长谢冠生写信,汇报自己办理案件的经过:"吾师提出要收回治外法权,必先搞好法治,玉芳遵师教导,正为此而努力。现将为正义而牺牲矣,请师严惩罪犯,

---

[1] 居正:"一年来司法之回顾与前瞻",载《法律评论(北京)》1935年第12卷第12期。

[2] "全国司法会议宣言",载《法律评论(北京)》1935年第12卷第51期。

[3] 杨鹏:"我国司法现况及展望",载《法学杂志(上海1931)》1936年第9卷第3期。

使正义之花，开遍全国。"〔1〕

综上可见，国家法权意识的兴起，与司法制度改革之间密不可分。这一关联的节点在于1902年《中英续议通商行海条约》中的规定。按照该条约的规定，中国要收回领事裁判权，则须进行司法改革，因为"审断办法"的"皆臻完善"是收回法权的必备条件。因此，近代所进行的包括新式法院的设置、法官的培养选任等各项司法审判制度的改革，都是在收回领事裁判权这一带有功利化的目的之下进行的，正如谢冠生所言："中国沿用数千年之固有司法制度，至清末决心作全盘改革，舍己以从人，弃旧而图新，其动机所在，除受当时普遍的变法运动影响，欲与新的政治、军事、教育等制度，配合并进外，尚有一司法上之特殊原因，即思藉此以收回对外之已失法权。盖清廷与外国所订不平等条约，其受害最深，摧残国格民气最甚者，莫过于在华外人享有领事裁判权，痛定思痛，乃有革新司法，徐图废约之议。"〔2〕

第三节　近代司法当局对司法审判制度的规划

一、清末法部的九年规划

光绪三十四年八月一日（1908年8月27日），宪政编查馆与资政院在奏请颁行《钦定宪法大纲》时，附有"议院未开之前逐年筹备事宜清单"。根据该清单，中央各部纷纷筹划本部应

---

〔1〕 陈鉴："记女法官夏玉芳"，载中国人民政治协商会议贵州省委员会文史资料研究委员会编：《贵州文史资料选辑》（第27辑），文史资料研究会1988年版，第142页。

〔2〕 汪楫宝：《民国司法志》，商务印书馆2013年版，弁言第8页。

第一章 传统司法审判制度及其近代转变

行筹办事项,并拟订具体办法奏进。法部于宣统元年二月二十七日(1909年3月18日)奏进《统筹司法行政事宜分期办法折并单》,提出了本部在预备立宪期内逐年筹备事宜,其中涉及司法审判制度的内容主要有如下几个方面:

其一,审检厅的创办。第一年(光绪三十四年)(1908年),京师各级检察厅、高等审判厅,内城地方审判厅、初级审判厅,一律成立;第二年(宣统元年)(1909年),筹办各省省城商埠等处各级审判厅,颁布审判厅试办章程,奏请推广诉讼状纸;第三年(宣统二年)(1910年),筹办京师外城地方审判检察厅,各省省城商埠等处各级审判厅限年内一律成立,奏请通行审判厅试办章程;第四年(宣统三年)(1911年),筹办直省府厅州县城治各级审判厅;第五年(宣统四年)(1912年),直省府厅州县城治各级审判厅限年内粗具规模;第六年(宣统五年)(1913年),直省府厅州县城治各级审判厅一律成立,筹办乡镇初级审判厅;第七年(宣统六年)(1914年),乡镇初级审判厅限年内粗具规模;第八年(宣统七年)(1915年),乡镇初级审判厅一律成立。〔1〕

其二,法官的选任管理。为了给即将成立的新式审判厅提供合格的人力资源,以保障其正常运转,法部对法官的选任、管理与保障等各项制度做出一个宏观规划:第一年(光绪三十四年)(1908年),编定法官惩戒章程;第二年(宣统元年)(1909年),奏请京师实行法官惩戒章程,编定法官进级章程、法官补缺轮次表;第三年(宣统二年)(1910年),奏请直省实行法官惩戒章程,编定法官考试章程、任用章程、官俸章程,奏请京师实行法官进级章程、法官补缺轮次表;第四年(宣统

---

〔1〕 参见"法部奏统筹司法行政事宜分期办法折(并单)",载《预备立宪会公报》1909年第2卷第7期。

三年）（1911年），奏请颁布法官考试章程、任用章程、官俸章程，奏请直省实行法官进级章程、法官补缺轮次表；第五年（宣统四年）（1912年），奏请实行法官考试章程、任用章程、官俸章程。第八年（宣统七年）（1915年），修改法官进级章程、法官补缺轮次表；第九年（宣统八年）（1916年），定法官为终身官，实行修改后的法官进级章程、法官补缺轮次表。[1]

二、民国前期的司法改革计划

(一) 王宠惠的司法施政方案

1912年5月，北洋政府第一届责任内阁成立，是谓唐绍仪内阁。唐内阁提出的政纲中，内容之一是"改良法律，建设独立司法制度"。围绕这一中心，北洋政府第一任司法总长王宠惠提出了具体的施政方针。该施政方针共有五端：一曰实行司法独立；二曰培养司法人才；三曰厉行辩护制度；四曰采用陪审制度；五曰提倡改良监狱。

在上述五个方面中，其中第一、二、四项属于司法审判制度的范畴。司法独立是近代司法审判制度的基石，没有司法独立，就谈不上建立一套专门系统的司法审判制度，因此，王宠惠特别强调司法独立，并对其进行了系统的论证。

要实现司法独立，必须有新式的司法人才做保证。"欲求司法独立，必须有独立之司法官；使司法官无高尚之道德，完全之学识，裁判之经验，则人民之自由生命财产，将受无穷之危险，虽武断作弊，而莫敢谁何，吾恐未受司法独立之利，而先蒙司法独立之害。我国之倾向固已趋重于近今世界文明之制度，然对内对外，犹不能有绝大之信用者，即患无合格之司法官，而滥竽

---

[1] 参见"法部奏统筹司法行政事宜分期办法折（并单）"，载《预备立宪会公报》1909年第2卷第7期。

充数者比比皆是"。[1]因此,要广设裁判传习所,以培养合格的司法人员。

此外,为了保障审判公平,还需要采取陪审制度,"近今世界各国,多采陪审制度,盖因司法独立,无论何人不得干涉,故不可不特设机关,以监督之,使审判公平,而无法官专断之弊,此陪审制度所由来也。惟实行此制度,各国方法不同,而中外情形,又大相悬绝,必须法律知识,普及全国,而后推行可望尽利。又当博采欧美各国之制,而分别利弊,酌定适当之法,庶可收陪审之利,而无牵制审判之害,此普通法律知识所宜推广者也"[2]。

(二) 许士英的司法计划书

民国初建,司法紊乱状况依然存在,第二任司法总长许士英以其职权所在,致力于司法改良。自受命以来,苦心策划,编成《司法计划书》,交由各司法机关研读。该计划书之要旨如下:"司法未能统一,实因制度阙略,人才消乏,财力困难,有以致之。其改进之法为:以内外协商为统一之方针,分年设备为进行之次第,执法官吏为固定之机关,慈善事业为公家之辅助;而从组织法庭、培养人才、厉行律师制度、试办登记、改造监狱、改良看守所、幼年犯罪之法庭、并感化院及监狱协会出狱人保护法等等,就人才、财力为根本之解决。"[3]

1912年12月1日,北洋政府司法部在北京召开第一次全国性的司法会议,以谋求司法统一与司法改良,并对全国司法工

---

[1] 中华民国史事纪要编辑委员会编:《中华民国史事纪要(除手言)》(1912年1月至6月),史料研究中心1971年印行,第511页。

[2] 中华民国史事纪要编辑委员会编:《中华民国史事纪要(初稿)》(1912年1月至6月),史料研究中心1971年印行,第511~512页。

[3] 中华民国史事纪要编辑委员会编:《中华民国史事纪要(初稿)》(1912年7月至12月),史料研究中心1971年印行,第639页。

作进行统一部署和协调。会议的中心议题是讨论许士英提出的《司法计划书》。在该司法计划书中，许士英提出了司法改良的纲领，在继续倡导司法独立的同时，提出普设法院和培养法官的具体建议和设想。

第一，关于法院之设置。许士英在《司法计划书》中首先确立了分年分期筹设之方针。分年筹备之理由有三：第一，各地方情形不同。"吾国司法，方在萌芽，基址未臻巩固，非常之原又为黎民所惧闻，人且侈为平议，矧在庸流，通都尚胥动浮言，矧为僻壤，况法律知识未尽灌输，骤语以宪法之条文，共和之真理，鲜不色然骇者。至于法院，则更多不识其名，故组织法庭，当以开通之地为先，而偏僻之地稍从后焉。此斟酌地方之情形，不能不分年者也。"[1]第二，合格人才不足。"承学之士，近十年中国内外卒业者不乏其人，而聚一隅则有余，分之四方则不足。……若于一年之内，即欲全国法院监狱完全成立，无论势所难行，亦万无如许合格之官吏，此审察人才之消长，不能不分年者也。"[2]第三，财力不足。"军兴以后，元气大伤，虽造新邦，实承旧敝。军旅疲于供亿，闾阎困于输将，遽谋普及全国，必多惊扰，稍一不慎，訾议随之。欲设法以济其穷，宜宽限以纾其力，否则利国转以蹙国，福民转以厉民，始则百废皆举，继则百举皆废，前车不远，覆辙可寻。此酌量财力之盈虚，不能不分年者也。"[3]

在《司法计划书》中，许士英还提出了改组法院和普设法

---

[1] 中华民国史事纪要编辑委员会编：《中华民国史事纪要（初稿）》（1912年7月至12月），史料研究中心1971年印行，第641页。

[2] 中华民国史事纪要编辑委员会编：《中华民国史事纪要（初稿）》（1912年7月至12月），史料研究中心1971年印行，第641页。

[3] 中华民国史事纪要编辑委员会编：《中华民国史事纪要（初稿）》（1912年7月至12月），史料研究中心1971年印行，第641页。

院的具体规划：自1912年12月至1914年6月，先就已设之审检厅次第改组。自1914年至1918年为筹设各省法院和检事局之期，仍以现有行政区域为司法区域，每一县设一地方法院，合设于地方法院之内，事务繁杂之县可设2个或多个初级法院。全国需要设立的法院和检事局大约2 000所，每年至少应设立计划数量的五分之一，至第五年全部完成。

第二，关于法官之培养。《司法计划书》指出，徒法不能以自行，则培养人才为当务之急。培养的方法分为三种：一为振兴学校。中国地域广大，预计五年法院普设后，需要法官逾四万人。国内外已成之学者为数不多，又况所学多属政治和经济两科，因此，拟于中央设一专门司法学校，以养成高尚之法官，而期见诸实用。二为注重经验。学识、经验并重，此论为古今中外所同。根据法院编制法之规定，拟将民国三年各省应用之法官，皆于明年以合格之人分发至各法院检事局等地实地练习，以为新式法院成立之预备。三为派遣人才出国考察学习。自民国三年起，每年派遣通晓外国文字之合格法官44员，各按其所学分往各国练习法庭实务，以2年为期，以增强其世界司法经验。

许士英的上述司法计划，既包含了对现有司法体制的改组，又包含了对未来司法的设想。与王宠惠的司法施政纲领相比，许士英的司法计划更加翔实具体，同时也显示出许士英对于改革司法的魄力和胆识，"对于旧日积习，贵有鳌手断腕之谋，对于改良前途，贵有破釜沉舟之概"[1]。然而，由于袁世凯心系专制，无暇顾及司法改革，加之社会大环境的影响，许士英的

---

[1] "国务总理唐绍仪及各国务员在参议院宣布政见"，载中华民国史事纪要编辑委员会编：《中华民国史事纪要（初稿）》（1912年1月至6月），史料研究中心1971年印行，第641页。

司法计划未能得到有效实施。

（三）梁启超的司法计划十端

1913年9月，梁启超出任熊希龄内阁司法总长后，极力宣扬"司法独立为立宪政治之根本，收回法权之要图"，在其撰写的《政府大政方针宣言》中，进一步提出："立宪国必以司法独立为第一要件。"[1]在其施政方案中，针对当时法官素质差、风气不良的现实状况，提出厉行考试以免幸进、严定考绩以汰不职、回避本籍以免瞻徇等办法，以改进和纠正当时法官的混乱状况，为司法独立提供合格的司法人才。在担任司法总长期间，处处维护司法权威，致力于司法改革，甚至在辞职之际，还向袁世凯递呈了《呈请改良司法文》，提出了一套司法改革计划，即司法计划十端：一曰法院审级宜图改正；二曰审理轻微案件宜省略形式；三曰宜明立审限；四曰上诉宜分别限制变通；五曰宜速编刑律施行法；六曰宜酌复刺配笞杖等刑以疏通监狱；七曰宜设立法官养成所；八曰宜严限律师资格；九曰宜将聚众劫道罪犯划归法庭外按照特种程序审理；十曰宜保存现有（司法审判）机关，由国税支出经费，确保正常的司法审判。[2]在这十项改革计划中，涉及司法审判制度的内容主要有：

第一，审级制度。在审级制度方面，梁启超主张裁撤初级审判厅，将其所管辖之案件划归地方法院和县知事，同时将清末以来一直实行的四级三审制，改为三级三审制。"现行法院编制法，采自日本，而日本复采自欧洲大陆，为严格的四级三审之制，揆诸矜慎之义，用意良美。然欲实行我国，则略计法官

---

[1] 邱远猷："梁启超的法治思想"，载徐显明、徐祥明主编：《中国历史上的法制改革与改革家的法律思想》，山东大学出版社1999年版，第412页。

[2] 参见"司法总长梁启超呈大总统敬陈司法计划十端留备采择文"，载《东方杂志》1914年第10卷第12号。

第一章　传统司法审判制度及其近代转变

人才,须在万五千人以上,司法经费,须在四五千万元以上。揆诸国情,云何能致。故一年以来,改为审检所,复改为县知事兼理审判,皆所以救现行编制法之穷也。然此等皆权宜之制,不能视为根本之图,将来治具略张,终当以行政司法分离为归宿。苟法院编制,与国情不适,则司法基础,终无从巩固。查四级之制,近世欧美学者,已频议其繁迂。日本在台湾关东,皆采三级制,且渐施诸内地。英在印度,亦仅三级,而最低级之审判,即由县知事行之。我国似宜参酌其法,将初级管辖名目废去,归并于地方,而今刑事自某种刑以下,民事自若干元以下,皆以高等厅为终审。现在知县兼理,固用此审级,将来法院完成,亦用此审级,庶可以简易而便民也。"[1]

第二,审判程序和时限。梁启超认为,"现行诉讼程序,论者每议其繁……今则数千文之钱债,判牍连篇,一两月之拘留,爰书盈尺",从而造成"民苦讼累"之结果。为了减轻人民的讼累,梁启超建议对轻微案件以简易程序审理,"谓宜于法院完全成立之地,则扩充违警罪范围,将轻微案件,移归警署讯结。其在县知事兼理审判之地,亦宜列举某种类案件,得以极简易程序行之。则官既省劳,民亦称便矣。"[2]

梁启超认为现行法律中所规定的上诉制度,范围过宽,应予以限制变通,"律许上诉,凡以平反冤滥,然则惟冤滥者得有上诉权,理之正也。今则无问案件大小,事理曲直,但在定期之中,咸得任情上诉。于是土棍惯犯,豪恶莠徒,竟非官力所能裁抑……谓宜于轻微事件之上诉,严立限制,而于重大冤狱

---

〔1〕 "司法总长梁启超呈大总统敬陈司法计划十端留备采择文",载《东方杂志》1914年第10卷第12号。

〔2〕 "司法总长梁启超呈大总统敬陈司法计划十端留备采择文",载《东方杂志》1914年第10卷第12号。

之平反，别开程序，庶法得其平民蒙其利矣。"[1]

为了清理积案，消除讼累，提高办案效率，对于一定案件，应当明立期限。梁启超认为，"自设立法院以来，结案稽缓，远过昔日，虽曰法规束缚，调查困难，然苟不设法救济，则流弊亦何堪设想……谓宜酌复旧规，令各级法院及兼理审判之县知事，各依案情种类，为定审限，其有特别理由，仍须呈明酌展，庶法官有所策厉，而积案可望渐减矣"。[2]

第三，法官之培养。为了培养合格的法官，梁启超主张设立法官养成所。梁启超认为，"今日司法之不满人意，由法制之不适者半，由人才之不给者半。养成人才，其根本在于学校，尽人而知之矣。然学校所授，仅在法理，而仅明法理，未足备法官之资格，况学校之积弊，在今日有不易整顿者存哉。自去岁法院改组以来，专以学校文凭，为资格标准，然其成效，亦既可睹矣。徒使久谙折狱之老吏，或以学历不备而见摒，而绝无经验之青年，反以学历及格而滥竽，法曹誉望之堕，半皆由是。今厉行甄拔，其结果未知若何，然所能甄拔者，亦仅有学历之有无，谓即此遂能得良法官，其不敢自信明矣。谓宜广开考试之途，今旧州县旧刑幕及私立学校毕业生，皆得应考，而严其格以甄法取之。别立法官养成所于京师，凡甄取者皆使在所实习若干年月，乃分发京外各级厅服务，循资荐升，然后重其薪俸，固其保障，则贤良之法官，可以渐出矣。"[3]

---

[1] "司法总长梁启超呈大总统敬陈司法计划十端留备采择文"，载《东方杂志》1914年第10卷第12号。

[2] "司法总长梁启超呈大总统敬陈司法计划十端留备采择文"，载《东方杂志》1914年第10卷第12号。

[3] "司法总长梁启超呈大总统敬陈司法计划十端留备采择文"，载《东方杂志》1914年第10卷第12号。

(四) 1919 年的添设厅监计划

第一次世界大战结束后,合议在即。北洋政府司法财政两部联合向大总统呈文,请求添设法庭,完善司法制度,趁机收回领事裁判权。然而,由于财力不足,人才匮乏,短期之内在全国 1 700 余县完全设立法庭,实难实现。乃拟定分期筹划之办法,以 20 年为期,各县正式法院一律成立。第一期自 1920 年度起,至 1924 年度止,筹设各省旧道治高等分厅并旧府治地方审检厅,设厅次序以未设厅之通商口岸为先,商务繁盛、人口稠密之处次之。第二期自 1925 年度起,至 1940 年度止,筹设各县地方审检厅。第二期计划须俟第一期计划实行后斟酌情形方能定议。[1]

为了实现添厅计划,司法、财政两部联合制定了《添厅计划大纲》,希望能够按照计划实现如期完成添厅目标。另外,两部还做出明确的添厅预算,在添厅计划第一期的五年内,第一年经常费须 1 682 772 元,临时费 286 360 元;第二年经常费 3 066 700 元,218 870 元;第三年经常费 4 461 366 元年,临时费 231 310 元;第四年经常费 5 682 672 元,临时费 147 960 元;第五年经常费 6 845 250 元,临时费 190 960 元。[2]此次添厅计划可谓设计周密,预算明确,但因当时政府仍然无法提供添厅所需的经费和人才,最后不了了之。

三、民国后期的司法规划

(一) 王宠惠的司法改良计划

南京国民政府成立后,继续推进清末民初的司法改革。第

---

[1] 参见《添设厅监分年筹备事宜》,载余绍宋:《改订司法例规》,司法部编印 1922 年,第 80~82 页。
[2] 参见《添设厅监分年筹备事宜》,载余绍宋:《改订司法例规》,司法部编印 1922 年,第 83~84 页。

一任司法院院长王宠惠针对当时司法权不统一、司法制度不够完善、司法人才缺乏以及司法经费不能确定等问题，提出司法改良之方针：①宜进司法以党化也；②宜筹备普设法院也；③宜求司法官独立之保障也；④宜采用巡回审判制度也；⑤宜限制无理由之上诉也；⑥宜详细审查从前判例也；⑦宜略采用陪审制度也；⑧宜筹设幼年法院也；⑨宜求司法经费之确定也；⑩宜注重司法统计也；⑪看守所及旧监狱宜迅求改良也；⑫检验吏及法医宜注重也；⑬宜筹出狱人之工作介绍也。[1]

王宠惠的司法改良方针，涉及司法审判制度的主要有：

第一，普设法院。自清末以来，普设法院便是司法界孜孜追求的目标，然而由于种种原因，一直未能如愿。王宠惠担任司法院长后，针对县兼理司法审判制度的弊端，提出须将各县"承审员之合于法官资格而办事有成绩者，即时改为各该县法院之法官"，并指出，"此种办法之设备既简，成立自易，原日预算，即有不敷，相差亦属有限，另筹补助，当非甚难，一转移间，而县法院遍于全国矣"。[2]

第二，法官保障。王宠惠认为，欲求司法真正独立，首当力求法官之保障，只有对法官职务上、地位上予以保障，法官免除后顾之忧，方可安心任事，尽职尽责，唯有如此，庶可收独立行使职权之效。

第三，限制无理由上诉。王宠惠认为，近来民刑诉讼人，往往于原判不利之时，不问理由之有无，径行提起上诉，既抱有拖延执行之想，又存侥幸胜利之心，这对于相对人利益有碍，

---

[1] 参见王宠惠著，张仁善编：《王宠惠法学文集》，法律出版社2008年版，第285~289页。

[2] 王宠惠著，张仁善编：《王宠惠法学文集》，法律出版社2008年版，第286页。

而且因为上诉案件过多,造成案件积压拖延。因此,办案法官须对上诉之理由是否充分,予以详细认定,凡是无处分上诉理由而上诉者,除维持原判外,可予以一定制裁,如此,狡讼之弊,可以稍减。[1]

第四,采用巡回审判制度。王宠惠认为,揆诸今日情形,实有采用巡回审判制度之必要,"盖各省幅员辽阔,交通尚感困难,各县人民诉讼,每以距省穷远,需费甚距,不愿上诉。既或上诉,又因传提人证,动辄经年累月,不能审结。"[2]因此,"今宜就各省交通不便之处,筹设巡回审判,以资救济。凡不服各法院判决而上诉于高等法院,每年分上下两期派遣推事三人检察官一人前往受理"[3]。

第五,采用陪审制度。王宠惠认为,陪审制度是东西各国之通制,我国西周时即采用此制。因此,应于科刑较重之案件,采用陪审制。至于陪审人员,均由法院先期审定资格,编造名册,遇有应行陪审之时,即就名册内抽签定之。

(二)司法院副院长覃振司法改革意见

1934年5月,司法院副院长覃振赴英、法、美、德、意等国考察司法。根据自己的考察所得,回国后发表司法改革意见,涉及司法审判制度的内容主要有:

第一,修改民刑诉讼法。覃振认为,各国司法制度中,英法美富于保守性,而此外多有局部修正,若意德则从事全部修正,然综观其民刑诉讼法,各国皆有新的趋势,原则有二:①缩短

---

[1] 参见王宠惠著,张仁善编:《王宠惠法学文集》,法律出版社2008年版,第286页。

[2] 王宠惠著,张仁善编:《王宠惠法学文集》,法律出版社2008年版,第286页。

[3] 王宠惠著,张仁善编:《王宠惠法学文集》,法律出版社2008年版,第286页。

诉讼时间；②节省诉讼经费。我国所采用者系大陆制，程序之繁复，往往迁延时日，不能定案，消耗财费，不能完案，是使人民精神与物质，均感其痛苦，而莫可如何，宜将现行民刑诉讼法，在法律改造委员会未组成前，交立法司法两院派代表联席审查，从速依新的原则修改，以纾民困，以慰民情。

第二，试办陪审制度。覃振指出，陪审制度，发源于英，而推行于欧美各国，其职务一方辅佐法院调查事宜，减少法官之劳力，他方预防法官之越权滥押无辜，以保人民之自由，惟其资格之规定，各因国情而适用之，吾国有清一代，沿用明制，故重大刑事案，保甲族长邻绅皆得出庭或辅助其侦查，是即陪审之意也。

第三，提高法官待遇。覃振认为，各国法官，在精神物质两方最优者，以英为最，美次之，法德又次之，惟我国除最高法院及上海各级法院外，各省高等法院法官之待遇，已不免相形见绌，至地方以下法官，终日疲劳，而俸给所得，多有不能养家，往往谋充教员律师者，盖教员与律师，优于为法官也，亟宜酌量各地情况，提高法官待遇，以期振兴未来之人才，安定在职者之心志。

第四，试办巡回审判。覃振认为，巡回审判，以英为最，其实吾国往昔，早有行之者，明之巡案，清之钦差，即含有此制意味，盖以吾国广土众民，交通阻滞，环境实足以造成此需要。〔1〕

（三）1935年全国司法会议

1935年9月16日，司法院在南京召开全国司法会议。参会者有各司法机关长官及重要职员、各大学法学院代表、全国律师代表及相关领域的专家。该次会议主要是为了集思广益，以

---

〔1〕 参见"覃振发表改革司法意见"，载《法律评论（北京）》1934年第12卷第5期。

第一章　传统司法审判制度及其近代转变

谋司法之改进。

针对多年来司法方面存在的诸如讼案之多，程序之繁等问题，该次会议提出几点改良司法审判现状的建议和希望：第一，司法经费之独立。会议指出，教育经费之独立运动，历年甚久，近始著效，而教育基础，赖以确立。司法重要，不下于教育，非有充分经费，岂特无以谋前途之进步，抑且无以为现状之维持。是为人民疾苦计，为社会秩序计，为法治前途计，为民族精神计，中央与各省财政当局，当共体此旨，悉力助成，以实现司法经费之独立。第二，法院组织之健全。会议指出，现有法院组织，以纵的言，往往人才集中于上级，而下级反不充实，又内地组织较完，而边远省份，辄因陋就简，似此畸形发展，殊非所宜。是以此次议案，当注重于下级人员之健全，以谋全国法院之均衡发展。第三，领事裁判权之撤废。会议指出："废除不平等条约，为吾国民一致之要求，而不平等条约之中，尤以领事裁判权为最甚。然此项法权之撤废，日本土耳其暹罗等国，具有先例。迩者法典渐备，倘各省法院皆能遍置，监所悉臻完善，则司法之规模，皆为外交之后盾，故此次议决案，一面谋各种设备之改良，一面谋法权之挽救。"[1]

上述司法行政部门对司法审判制度的规划和设计，普遍涉及如下几个问题：第一，普设法院。法院是司法审判得以展开的重要载体，没有健全的法院组织，司法审判近代化就会成为空谈，因此，无论是清末法部九年规划中提出的自光绪三十四年到宣统七年要在全国范围内筹办各级审判厅，还是许士英《司法计划书》中提出的以五年为期分年分期筹设各级法院，拟或是王宠惠司法改良计划中提出的普设法院，还有1935年全国

---

[1]"全国司法会议宣言"，载《法律评论（北京）》1935年第12卷第51期。

司法会议上提出的健全法院组织，都把普设法院作为司法改良的重要措施。第二，法官的选任管理。专业化的法官是近代化的司法审判必不可少的人力资源，从而成为近代司法行政部门关注的又一个焦点问题。清末法部九年规划、王宠惠的司法施政方案、许士英的《司法计划书》、覃振的司法改革意见等，把法官的培养、选拔、待遇、保障等问题作为与普设法院同等重要的问题提交讨论。第三，司法审判的程序和相关制度。这一部分内容比较零散，从近代司法行政部门的各项规划来看，主要涉及审判程序和时限、审级制度、陪审制度、巡回审判制度等几个方面。这些具体的程序规范和制度规划同样是司法审判制度近代化必不可少的组成部分。

第二章
司法审判机关的专门化

司法审判制度的近代化是通过司法改革完成的。中国近代司法改革的内容非常广泛，包括设立各级法院、组建专业化的法官队伍、改革诉讼程序、改良监狱、实行律师制度等，其中最能直接反映司法改革成效、最能体现司法审判制度近代化成果的是司法审判机关初步实现了专门化。这种专门化不仅表现为司法审判机关从行政机关中分离出来而实现了独立，也表现为审判机关内部分工的细化。然而，由于近代社会政治经济环境的制约，以及传统观念和制度的惯性，与专门化的新式司法审判机关并存的还有大量兼理司法机关的存在，这是中国司法审判制度近代化过程中的一种独特现象。

第一节 新式司法审判机关及其职权

一、清末至民国前期：审判厅时代

光绪三十二年九月二十日（1906年11月6日），清廷下谕，改大理寺为大理院，专司审判。为了规范大理院的职权，光绪三十二年十月二十七日（1906年12月12日），清廷颁布《大理院审判编制法》。该法主要是为了确定大理院权限而制定的一部法规，尚不能作为确定各级法院组织的系统性法规来使用，但它带动了地方司法审判系统的变动。光绪三十三年（1907年）

十一月颁布的《各级审判厅试办章程》，成为清末筹设各级审判厅的重要法律文件。宣统元年修订法律大臣沈家本等人在参考各国成规的基础上完成的《法院编制法》[1]则是清末规范各级审判机关等级、划分审判机关职权以及筹设各级审判机关的一部系统的法院组织法。该法于12月正式颁行，共16章，164条。《法院编制法》规定，审判机关共分四级，即初级审判厅、地方审判厅、高等审判厅、大理院，实行四级三审终审制。

南京临时政府成立后，司法部曾于1912年2月向各省都督颁发咨文，要求调查各级审检厅建设情形，以谋司法之改良。但因存在时间短暂，该项任务未能完成。

北洋政府建立之后，于1915年重刊修正后的《法院编制法》[2]。与晚清时期的《法院编制法》相比，该《法院编制法》除了删除第二章初级审判厅外，其他内容没有实质性的变化。在各级审判厅职权的配置上，与清末也基本一致。

（一）初级审判厅

1. 初级审判厅之组织及职权

初级审判厅一般设于各县，职掌司法审判事务，在清末民初整个审判系统中处于第一审级的地位。清末《法院编制法》规定，初级审判厅置1至2名以上之推事，置2名以上推事者，以资深者1人为监督推事。初级审判厅有管辖第一审民刑事诉讼案件并登记及其他非讼事件之权。具体来说，初级审判厅管辖的民事案件包括：关于钱债、田宅、器物、买卖涉讼案件，诉讼物以价额不满200两者为限；旅居宿膳费用案件；寄存或

---

[1] 参见《大清法院编制法》，载尤志安：《清末刑事司法改革研究——以中国刑事诉讼制度近代化为视角》，中国人民公安大学出版社2004年版，第234~252页。

[2] 参见《法院编制法》，载蔡鸿源主编：《民国法规辑成》（第31册），黄山书社1999年版，第8~30页。

运送物品案件；雇佣契约案件，其日期以在 3 年以下者为限；其他民事案件，诉讼物价额不满 200 两者。初级审判厅管辖的刑事案件包括：依现行刑律罪该罚金刑以下者；依其他法令罪该罚金 200 元以下或监禁 1 年以下或拘留者。[1]在审理案件时，初级审判厅实行独任制，其审判权以推事 1 人行之。上述规定基本上被其后的北洋政府所继承。

2. 初级审判厅之设置

光绪三十三年（1907 年）创办的天津初级审判厅，掀起了各地创办初级审判厅的序幕，直至清末共建成初级审判厅 88 所。民国初年，在清末的基础上，初级审判厅建设取得较大进展，至 1914 年初，初级审判厅数量达到 179 所。[2]1914 年 5 月袁世凯以经费困难、人才缺乏为借口，下令裁撤初级审判厅，实行县知事兼理司法制度，随后大量初级审判厅被裁撤，基层新式审判机构建设遭遇严重挫折。

（二）地方审判厅

1. 地方审判厅之组织及职权

地方审判厅一般设于各市或较大的县，在清末民初整个审判系统中处于第二审级的地位。根据清末和北洋政府《法院编制法》之规定，地方审判厅置厅长 1 员，综理全厅事务，并监督其行政事务。地方审判厅酌分民事、刑事庭数，各庭置庭长 1 员，除由厅长兼充外，以该庭推事充之，监督该庭事务并定其分配。每庭置 2 员以上之独任推事，专门负责审理案件。此外，地方审判厅还设有书记官、翻译官、承发吏、司法警察和检验吏等职员。

---

[1] 参见王士森主编：《法院编制法释义》，商务印书馆 1910 年版，附录。
[2] 参见王宠惠著，张仁善编：《王宠惠法学文集》，法律出版社 2008 年版，第 304 页。

地方审判厅管辖的案件在清末和民初有所不同。清朝末年因为初级审判厅为第一审机关，地方审判厅主要管辖不属初级审判厅权限及大理院特别权限内之案件以及不服初级审判厅判决或决定或其命令而控诉或抗告之案件。北洋政府时期裁撤初级审判厅，并在《法院编制法》中将初级审判厅一章全部删除，因而地方审判厅管辖的案件范围与清末相比发生了较大的变化。从总体上来讲，北洋政府时期的地方审判厅有管辖下列民事、刑事诉讼案件及其他非讼事件之权：①作为第一审，地方审判厅主要管辖属于初级管辖及不属大理院特别权限内之案件；②作为第二审，地方审判厅主要管辖不服初级管辖法庭判决而控诉之案件以及不服初级管辖法庭之决定或其他命令按照法令而抗告之案件。地方审判厅实行独任制与合议制相结合的折中制审判方式，即诉讼案件系第一审者，以推事 1 人独任行之；诉讼案件系第二审者，以推事 3 人之合议庭行之；诉讼案件系第一审而繁杂者，经当事人之请求，或依审判厅之职权，亦以推事 3 人以合议庭行之。

《法院编制法》第 21 条至第 24 条规定，各省因地方情形，得设地方审判分厅。地方审判分厅得仅置民事 1 庭、刑事 1 庭，并置 1 员或 2 员以上之独任推事。地方审判分厅如置合议庭 2 庭以上，或独任推事 2 人以上，以资深者一人为监督推事，监督该分厅行政事务。

1917 年，北洋政府以地方审判分厅范围较大，拟于已设地方审判厅地方附近各县设立地方分庭，其未设地方分庭各县，则设立司法公署，以完成四级三审之制。[1] 4 月 22 日，北洋政府颁行《暂行各县地方分庭组织法》，规定：凡已设地方审判厅

---

[1] 参见谢振民编著：《中华民国立法史》，中国政法大学出版社 2000 年版，第 989 页。

地方，得于地方各县设立地方分庭，即称为某处地方审判厅某县分庭。各县地方分庭得设于县知事公署。各县地方分庭置推事 1 人或 2 人，配置检察官 1 人或 2 人。如置推事或检察官 2 人，以资深者 1 人为监督推事、监督检察官，监督该分庭行政事务。地方分庭设书记官 2 人以上，掌理记录、会计、文牍及庶务。地方分庭为缮写文件及其他事务得用雇员。地方分庭置承发吏 4 人，司法警察若干人，检验吏 1 人或 2 人。司法警察得以各该县警察兼充。地方分庭受各该本厅之监督。地方分庭对于各该县及同等以下各官署之文件以地方分庭名义行之，对于其他官署之文件应经由各该本厅行之。各县地方分庭所管辖区域与所在县区域同。凡属于初级或地方厅第一审管辖之民刑事案件皆归地方分庭受理。地方分庭审理案件以独任制行之。不服地方分庭之审判者，凡初级管辖案件在各县本厅上诉，地方管辖案件在高等审判厅或分厅上诉。

2. 地方审判厅之设置

中国近代地方审判厅的创办首推天津。清朝末年，把天津作为筹设各级审判厅的试点。在袁世凯等人的主持下，天津地方审判厅于光绪三十三年（1907 年）二月正式设立。京师地方审判厅也于光绪三十三年（1907 年）十一月开始受理案件。奉天省作为清末官制改革的试点地区，在审判厅的创办上也不甘示弱，至 1911 年止，奉天先后设立地方审判厅 6 所。[1]清朝末年共创办地方审判厅 56 所，地方审判分厅 5 所。民国初年，地方审判厅及分厅的数量达到 125 所[2]，但随着 1913 年司法部

―――――――――
〔1〕 参见李启成：《晚清各级审判厅研究》，北京大学出版社 2004 年版，第 74 页。

〔2〕 参见唐仕春：《北洋时期的基层司法》，社会科学文献出版社 2013 年版，第 158 页。

对地方审判厅的整顿改组，有些省份开始对地方审判厅进行裁撤，1914年5月开始的裁厅计划实施后，大量地方审判厅被裁撤，地方审判厅建设遇到前所未有的障碍，逐渐陷入困境。随着袁世凯帝制梦的破灭，以及民主、宪政思潮的恢复，尤其欧战结束后，为了收回领事裁判权，司法部与财政部于1919年提出"添设厅监分年筹备计划"，使审判厅建设进入一个新的阶段。至1926年，地方审判厅数量达到66所，地方分庭23所[1]，仍然没有恢复到民初的水平。

（三）高等审判厅

1. 高等审判厅之组织及职权

高等审判厅一般设于省会城市，主管全省司法审判事务，在清末民初审判系统中处于第三审级的地位。根据清末《法院编制法》之规定，在各高等审判厅置厅丞1人，综理全厅事务，并监督其行政事务。高等审判厅视事务之繁简，酌分民事、刑事庭数。各庭置庭长1人，以该庭推事充之，监督该庭事务并定其分配。高等审判厅管辖权限为：①不服地方审判厅第一审判决而控诉之案件；②不服地方审判厅第二审判决而上告之案件；③不服地方审判厅之决定或命令而抗告之案件；④不属于大理院之宗室觉罗第一审案件。

北洋政府时期除了将厅丞改为厅长外，其他内部组织与清末相同。至于受案范围，与清末相比，除了删除第4项"不属于大理院之宗室觉罗第一审案件"一项外，没有其他变化。对于案件的审理，仍实行合议制，其审判权以推事3人组成合议庭行之。为了进一步规范高等审判厅的内部组织及办事权限，1919年

---

[1] 参见黄宗智：《法典、习俗与司法实践：清代与民国的比较》，上海书店出版社2007年版，第38页。

第二章 司法审判机关的专门化

8月8日,北洋政府制颁《高等审判厅办事章程》[1],详细规定了高等审判厅的组成及办事权限。按照规定:高等审判厅设厅长1人,总管厅内事务,其下按照事务繁简程度,设有民事庭、刑事庭若干,庭长由推事兼任。下列事件以其性质分配于民刑各庭:①民刑事诉讼事件;②解释法令事件;③关涉民刑事诉讼事件之行政文件。为了处理庶务,高等审判厅设有书记厅,以书记官长及书记官组织之。书记厅分如下各处:①总务处,包括文牍科、统计科和会计科。文牍科掌管拟缮文件、收发文件、保存文件、典守印信及其他不属于各科之机要事宜;统计科掌管编制审核统计及其他表册;会计科掌经费之收支保管并编制概算预算决算及一切庶务。②民刑事处,包括民事科和刑事科。民事科掌管民事庭录供编案及其他关于诉讼一切事宜;刑事科掌管刑事庭录供编案及其他关于诉讼一切事宜。

清末《法院编制法》曾规定:"各省因地方辽阔,或其他不便情形,得于高等审判厅所管辖之地方审判厅内,设高等审判分厅",北洋政府时期的《法院编制法》第28条也有此规定。高等审判分厅设民事庭和刑事庭各1所,审判案件采取合议制,合议庭推事除由本厅选任外,得以该分厅所在地方审判厅或附近地方审判厅之推事兼任之,但3人合议庭每庭以1人为限,5人合议庭每庭以二人为限。高等审判厅若置2庭以上,以资深者1人为监督推事,监督该分厅行政事务。高等审判分厅的职权与高等审判厅基本相同。

除了高等审判厅和高等审判分厅外,北洋政府时期还设有高等分庭。1914年9月,司法部公布《高等分庭暂行条例》[2],规

---

[1] 参见《高等审判厅办事章程》,载余绍宋:《改订司法例规》,司法部编印1922年。

[2] 参见《高等分庭暂行条例》,载《司法公报》1914年第3卷第1号。

定：凡距省较远交通不便地方除依法院编制法设高等分厅外，得于必要情形于道署所在地暂设高等分庭。高等分庭置推事 3 人，检察官 1 人。高等分庭审理案件以合议制行之。高等分庭置书记官 1 人或 2 人，掌理诉讼记录、会计、文牍及庶务，但以其情形得以道署椽属兼任之。高等分庭得置承发吏，为撰写文件需要得酌用雇员。为了明确高等分庭的职权，1915 年 1 月，北洋政府颁布《高等分庭管辖权限暂行条例》。根据该条例，高等分庭管辖的案件为如下几类：①对于不服兼理司法之县知事所作的初级审判管辖的批谕而控告的案件；②对于兼理司法之县知事所作的刑事三等以下有期徒刑、500 元以下罚金、民事诉讼价额 1 000 元以下以及非财产请求的判决不服而控告的案件；③对于判决为死刑、无期徒刑、一等有期徒刑、罚金 500 元以上的案件，依法应送复判的案件，行使复判权。对于上述范围以外的案件，如有移送不便等情况的，高等审判厅也可以交付分庭审理，但判决仍应由高等审判厅核定后宣告，当事人不服，得声明抗告。[1]

2. 高等审判厅之设置

高等审判厅的设置首推清末京师高等审判厅。光绪三十三年（1907 年）冬，京师高等审判厅正式成立并开始审理案件，从而为全国各省审判厅的设立做出表率。随后、东北三省、直隶、江苏等地纷纷开始创办。至 1911 年，全国设置的高等审判厅达 22 所，几乎遍及全国各直省，不仅包括诸如江苏、广东等较发达地区，还包括甘肃、新疆、贵州等西北和西南较为落后偏远的地区。[2]

---

[1] 参见公丕祥主编：《近代中国的司法发展》，法律出版社 2014 年版，第 271 页。

[2] 参见李启成：《晚清各级审判厅研究》，北京大学出版社 2004 年版，第 221~224 页。

第二章 司法审判机关的专门化

与清末相比,北洋政府时期设置的高等审判厅在数量上并没有增长,但高等审判分庭的数量有了较大的增长,至1926年,高等审判厅23所,高等审判分庭26所。[1]

(四) 大理院

1. 大理院之组织建构

大理院为清末最高审判机关,置正卿、少卿各1人,置民事、刑事科,酌分民事、刑事庭数,各置推丞、庭长各1人。[2]在审理案件时,大理院实行合议制,其审判权以推事5人组成合议庭行之。合议审判时,以庭长为审判长,庭长有事故时,以庭员中资深者充任之。

民国建立后,因大理院正卿、少卿等官名不适合于民国制度,而《法院编制法》的修正尚未完成,在新法颁行前,将大理院正卿改名为大理院长,少卿一职裁撤,大理院组织体系暂时维持不变。

1915年6月,《法院编制法》修正完成并加以公布实施。该《法院编制法》第33条专门规定了大理院的组织。大理院设院长1人,综理全院事务,监督行政事务。大理院可以根据事务的繁简程度,酌设若干民事庭和刑事庭,分别执行民事和刑事案件的审判。各庭设庭长1人,由推事或推丞兼任,庭长监督本庭事务,并有权决定案件之分配;设推事若干人,负责具体案件的审理。大理院实行合议制,以推事5人组织的合议庭执行审判权。合议一般以庭长为审判长,庭长有事时,以庭员代之。

---

[1] 参见居正:"二十五年来司法之回顾与展望",载范忠信、尤陈俊、龚先砦选编:《为什么要重建中国法系——居正法政文选》,中国政法大学出版社2009年版,第334页。

[2] 参见谢振民编著:《中华民国立法史》,中国政法大学出版社2000年版,第985页。

1919年5月公布的《大理院办事章程》，详细规定了大理院内部的组织机构及职能分工。按照该章程，大理院设院长1人、民事庭和刑事庭、书记厅。其中院长主管全院事务。民事庭和刑事庭分别由庭长、主任推事和普通推事组成，主要职责是审理民刑事案件。书记厅的构成比较复杂一些，以书记官长和书记官组成，分为总务处和民刑事处，总务处又分为文书科、记录科和会计科。文书科掌管印信、保管文件图书并承院长之命拟缮文件，掌管收发及其他不属于各科之事务；记录科掌管各庭记录事务、保管卷宗及编制统计表类；会计科掌管会计事务、督察守卫丁役及其他庶务。民刑事处分为民事科和刑事科。民事科掌管民事庭书记官应办之事务；刑事科掌管刑事庭书记官应办之事务。书记官长总管书记厅事务。[1]

以上为大理院本院及其组织状况。清末民初还曾有过设立大理分院的设想，这种设想是有法律依据的。清末的《法院编制法》第40条规定："各省因距京较远或交通不便，得于该省高等审判厅内设大理院分院"。按照规定，大理分院也设民事庭和刑事庭，为了节省人力和经费，分院的推事可以由高等审判厅推事兼任。按照这一制度设计，清末大理院卿曾上奏朝廷，提议在甘肃、四川、云贵和两广设置4所大理分院，由于清廷覆亡，该提议未能实现。北洋政府成立后，四川、云贵等省以"距京穹远，交通不便"为由，呈请设立大理院分院。由于经费问题以及中央在分院设置上的意见分歧，大理分院未能设立。[2]

---

〔1〕 参见《大理院办事章程》，载余绍宋：《改订司法例规》，司法部编印1922年，第581~585页。

〔2〕 参见蒋秋明编：《南京国民政府审判制度研究》，光明日报出版社2011年版，第239页。

2. 大理院之职权

（1）案件的审判权。根据光绪三十二年（1906年）制定的《大理院审判编制法》之规定，大理院承担如下审判职责：①终审案件；②官犯；③国事犯；④各直省之京控；⑤京师高等审判厅不服之上控；⑥会同宗人府审判重案。[1]

宣统元年（1909年）的《法院编制法》规定，大理院作为最高审判机关，其审判权主要体现在两个方面：第一，不服高等审判厅第二审判决而上告之案件，或不服其决定或命令而抗告之案件；第二，依法令属于大理院特别权限之案件。

北洋政府继承了清末《法院编制法》赋予大理院的审判权，根据时事的变化，扩大了大理院审判权的范围：第一，对于立法院所提交的大总统的弹劾案行使审判权。《中华民国约法》规定："对于大总统有谋叛行为时，以总议员五分之四以上之出席，议员四分之三以上之可决，提起弹劾之诉讼于大理院。"这是约法赋予大理院的一项新职权。事实上，这一规定在实践中是难以行得通的，因为当时法官的任命权属于大总统，由大总统任命的法官对大总统行使审判权，其结果可想而知。第二，受理选举诉讼上诉之权。民国参众两院议员选举采用覆选制度，关于覆选选举无效、当选无效之诉讼，各省高等审判厅受理第一审，大理院受理其上诉。[2]

需要指出的是，无论是清末还是北洋政府时期，大理院作为终审机关，在审判权的行使方面，仅就显然违反法律者，予以改判，上告显无理由者，予以驳回，并不就案件的事实进行

---

[1] 参见谢振民编著：《中华民国立法史》，中国政法大学出版社2000年版，第985页。

[2] 参见黄源盛：《民初法律变迁与裁判（1912–1928）》，台湾政治大学2000年版，第34页。

认定，如果上诉案件认定事实未当者，须发回原审法院重新审理。

（2）法律的解释权。清末《法院编制法》明确规定了大理院卿的法令解释权，甚至大理分院也可解释法律，但其解释如与本庭或它庭成案有异，"应函请大理院开总会审判之"。

北洋政府修正后的《法院编制法》第 35 条规定：大理院院长有权对于统一解释法令作出必应的处置，但不得指挥审判官掌理各案件的审判。该法第 37 条规定：大理院各庭审理上告案件，如果解释法令之意见，与本庭或他庭成案有异，由大理院院长依法令之义类，开民事科或刑事科或民刑两科之总会审判之。

清末虽然从立法的角度赋予大理院解释法律的职权，但由于很快覆亡，该项职权并未真正落到实处。北洋政府时代，大理院解释法令之权得到充分的行使，翻阅当时的《司法公报》及其他官方报刊杂志，大理院解释法令的事例随处可见，自 1913 年 1 月至 1927 年 10 月，大理院共解释 2 012 件。王宠惠认为大理院行使法令解释权过分宽泛，违反了统一解释之本旨："法院编制法第 35 条，大理院长有统一解释法令必应处置之权，统一解释云者，当谓法院相互间解释显有牴牾之时，示以准绳，俾知适从耳。今大理院解释法令范围过广，各级审检厅遇有法令疑义，辄请解释，甚或将具体事实，易以甲、乙、丙、丁等代名词，函电商榷，不待上诉，先示意见，既违审判之责任，亦非统一解释之本旨。"[1]

（3）判例的创制权。与最高审判权和法律的解释权有所不同的是，判例的创制权没有特别明确的法律依据，但大理院确

---

[1] 王宠惠著，张仁善编：《王宠惠法学文集》，法律出版社 2008 年版，第 283 页。

确实实在行使着这样的权力。

北洋政府时期,在立法方面没有太大的进展,尤其是民事法律方面,"现行律民事有效部分"、民事特别法、民商事习惯等均可作为裁判的依据,杂乱无章的民事法律规范和日益纷繁的民事案件,置大理院于困厄之境,同时也为大理院创制判例提供了契机。[1]因此,大理院所创制的判例多集中在民商法领域。例如1915年上字第282号判例规定:"卖业先尽亲房之习惯既属限制所有权之作用,则于经济上流通及地方之发达均有障碍,即难认为有法之效力。"[2]该判例便是通过否定传统的带有一定封建性的民商事习惯,为民商事法律近代化扫除障碍。

大理院创制的判例虽然没有直接而明确的法律依据,但事实上却不能不对下级法院产生拘束力。个中缘由,黄源盛先生讲得非常清楚:"大理院既有统一解释法令的权力,则下级审违反大理院判决所下的判决,大理院固可以破坏法令解释之统一为理由而撤销之。而利害关系人亦可以违反大理院的判例为理由,请求上级审变更或撤销其判决",因此,"民国大理院的判例固有拘束下级审的效力"。[3]

二、民国后期:法院系统形成

由于北洋政府时期实行四级三审制,造成诉讼的拖延和案件的积压,引起时人的不满和指责。武汉国民政府司法部在进行司法改革时,改四级三审制为三级二审制。三级审判机关分

---

[1] 参见黄源盛:《民初法律变迁与裁判(1912-1928)》,台湾政治大学2000年版,第70页。

[2] 大理院编辑:《大理院判例要旨汇览》(第一卷),大理院编辑处1919年版,第2页。

[3] 黄源盛:《民初法律变迁与裁判(1912-1928)》,台湾政治大学2000年版,第74页。

别为最高法院、控诉法院和地方法院。南京国民政府建立之初,仍沿用北洋旧制,实行四级三审制。1932年10月28日公布、1935年7月1日施行的《法院组织法》改四级三审制为三级三审制,这就意味着全国法院系统分三级,即地方法院、高等法院、最高法院。

(一)地方法院

地方法院作为第一审审判机关,与民众关系最为密切,如果对案件处理不当,不但影响民众的切身利益,而且影响到司法权威在民众心目中的确立,其重要性不言而喻。因此,地方法院尤须对案件的事实调查明了,方可在此基础上作出正确判决,如果第一审认定事实出现错误,则会给此后的二审、三审带来诸多不便。正如时人所言:"惟是吾国法院所受理之讼案,大多为事实上争执,纯粹因法律上有疑义而涉讼者,仅占约百分之五(关于此点,各法院并无统计可考,惟余曾与办讼案达数十年之法官多人探讨,咸谓百分五之估计,尚合于实际云),争执在事实者,既占绝大多数,是第一审之重要性不可忽视,岂待言喻。第一审如就事实未尽调查之能事,虽上诉亦难救济。"[1]

1. 地方法院之组织及职权

地方法院设置于县或市,但其区域狭小者得合并数县市设一地方法院。地方法院置院长1人,由推事兼任,总理全院行政事务。地方法院推事在6人以上者,得分置民事庭、刑事庭。各庭置庭长1人,除由兼任院长之推事充任者外,余就其他推事中遴任,监督各该庭事务并定其分配。

地方法院有管辖下列案件之权:①民事刑事第一审诉讼案

---

〔1〕 倪征燠:"司法问题研究",载胡玉鸿、庞凌主编:《东吴法学先贤文录·司法制度、法学教育卷》,中国政法大学出版社2015年版,第98页。

第二章 司法审判机关的专门化

件,但法律另有规定者不在此限;②非讼事件。地方法院审判案件以推事 1 人独任行之,但案件重大者得以 3 人之合议行之。也就是说,地方法院审判案件,以独任为原则,以合议为例外。之所以如此,主要是因为"地方法院审判第一审案件,诚宜用独任制,以期便捷。惟特别重大之民刑案件,由推事 1 人操其审判,或不足以昭慎重,故应使法院斟酌情形,得以 3 人之合议行之"[1]。

根据《法院组织法》的规定,区域辽阔的县或市,得设地方法院分院。地方法院分院置院长 1 人,由推事兼任,综理该分院行政事务,但分院推事员额仅有 1 人时,不置院长,即由该推事兼理分院行政事务。地方法院分院管辖事件与地方法院相同。

2. 地方法院之设置与分布

在地方法院设置方面,南京国民政府时期也有所发展。1929 年,增设地方法院 21 所。1930 年,增设了包括上海第一特区地方法院在内的 3 所地方法院,1931 年又增设了包括上海第二特区地方法院在内的 6 所地方法院,1933 年,增设地方法院 7 所,1934 年增设地方法院 25 所。1935 年,随着《法院组织法》的正式实施,法院增设的数量有了大幅度的增长,该年增设地方法院多达 106 所。1936 年,增设地方法院 8 所。抗战爆发后,国家的主要精力用在了抗日战争方面,司法建设的步伐暂时放缓,1937 年并未设置新的地方法院。随着国民政府西迁重庆以及人民为避战祸逐渐涌入受战争影响较小的西部地方,加之沦陷区域一些法官退到后方,故地方法院设置的重点区域也开始向后方转移。1938 年,四川省增设地方法院 10 所。1939 年,四川又增设地方法院 10 所,西康增设 2 所,贵州增设 1 所。1940

---

[1] 谢振民编著:《中华民国立法史》,中国政法大学出版社 2000 年版,第 1046 页。

年，江西、甘肃各增设地方法院 4 所。1941 年，四川增设地方法院 20 所，云南增设 2 所，安徽、福建各增设 1 所。1944 年，江西增设地方法院 6 所，四川增设 3 所，福建、陕西各增设 2 所。1945 年，四川增设地方法院 6 所，湖北增设 2 所。1946 年，江苏增设地方法院 7 所，四川增设 5 所，台湾增设 6 所。1947 年，江苏增设地方法院 8 所，浙江、湖北、安徽、湖南各增设 6 所，江西增设 5 所，四川、广西、福建各增设地方法院 4 所，陕西、甘肃、台湾各增设地方法院 2 所。1948 年，湖南增设地方法院 8 所，江苏、浙江、福建、江西各增设 4 所，安徽、广西各增设 3 所。至此，全国共设地方法院 782 所。[1]

在地方法院设置方面，四川省设置最多，而且主要是集中在抗日战争开始之后，其原因主要在于抗战以来，沦陷区人民纷纷内迁，导致诸如四川、云贵之类的内地（后方）各省法院，案件激增，任务繁重，遂不得不大量增设地方法院来应对越来越繁重的民事纠纷和刑事案件。

(二) 高等法院

在南京国民政府的法院系统中，地方法院在许多地方尚未设立，"当时全国 1 790 个县，尚有 1 400 余县仍采兼理司法制度，以山东为例，成立地方法院之县，仅占 1/5，而一般承审员程度不齐，判断错误，在所难免"，而最高法院仅仅属于法律审，"对于前审法院的采证方法和所认定的事实，仅对其形式欠缺者予以审究"，因此，"嗣后第高等法院，认定事实，如有错误，采证方法，如有不当，均将无救济之方法……第三审法院既不负审究事实之责，则此责任均应由高等法院法官负其全责"。[2] 这

---

〔1〕 参见汪楫宝：《民国司法志》，商务印书馆 2013 年版，第 121～136 页。

〔2〕 "本部王部长视察鲁冀察绥晋陕豫七省司法情形"，载《现代司法》1935 年第 1 卷第 1 期。

样就使得高等法院在整个法院系统中的地位变得异常重要。

1. 高等法院之组织及职权

高等法院设置于省或特别区域，置院长1人，由简任推事兼任，综理全院行政事务，并监督所属行政事务。高等法院分置民事庭、刑事庭，其庭数视事之繁简定之。各庭置庭长1人，除由简任推事充任之外，余就其他推事中遴任，监督各该庭事务并定其分配。此外，高等法院还设置文牍科、民事科、刑事科、监狱科、统计科、会计科。各科置书记官一人，其事务较繁者，分股办事。[1]

高等法院有管辖下列案件之权：①关于内乱、外患及妨害国交之刑事第一审诉讼案件；②不服地方法院及其分院第一审判决而上诉之民事刑事诉讼案件；③不服地方法院及其分院裁定而抗告之案件。高等法院审判案件以推事3人之合议行之，但得以推事1人行准备及调查证据程序。

根据《法院组织法》之规定，在区域辽阔之省或特别区域，应设高等法院分院。高等法院分院管辖事件与高等法院相同。

除了高等法院和高等法院分院外，南京国民政府还设有高等庭。早在1932年，司法行政部即训令各省高等法院院长，拟在各省高等法院所属地方法院内暂设高等庭，"查我国法院组织，向采四级三审制，所有初级管辖第一审案件，由地方法院管辖第二审，现在本三级三审原则制定之民事诉讼法既经颁布，所有民事第二审案件应一概归高等法院受理，高等法院案件骤增数倍，以现有配置原额，不足以资因应，且各高等法院辖境辽阔，分院又设置未周，如偏远地方轻微案件亦须赴高等法院上诉，费用时间两不经济，自非统筹兼顾不可爰，拟于法院组

---

[1] 参见《高等法院及分院处务规程》，载蔡鸿源主编：《民国法规集成》（第65册），黄山书社1999年版，第383~384页。

织法尚未颁行以前,于各省高等法院所属地方法院内暂设高等庭,就近审理原属于地方法院管辖之民事第二审案件,以利进行。"[1]随后颁行《各省地方法院暂设高等庭办法》[2]规定:各省高等法院应酌量情形于所属地方法院内暂设高等庭,就近审理原属于地方法院管辖之民事第二审案件。暂设之高等庭,以实缺高等法院推事1人及代理高等法院推事2人组织之,以实缺推事为庭长。该实缺推事由高等法院就该院原有推事中指派,代理推事由高等法院就地方法院推事中择派,各支原薪,但各该院或因特殊情形,原有人员不敷分配时,得酌量增加推事员额,呈部核定。高等庭应配置书记官、录事、承发吏、法警、庭丁等项人员,若原有人员调用不敷分配时,得酌量添设,呈司法行政部核定。

2. 高等法院之设置与分布

在高等法院的设置上,南京国民政府时期也有较大的发展。1929年,增设新疆、热河、绥远、察哈尔、宁夏、青海等高等法院6所。1939年,增设西康高等法院。1945年,增设首都、上海、台湾高等法院3所;同年,东北三省划分为9省,除了恢复原有之辽宁、吉林、黑龙江高等法院3所之外,又增设辽北、安东、松江、合江、嫩江、兴安高等法院6所。至此,全国高等法院数量达到37所。[3]

南京国民政府时期高等法院建设方面,发展较快的是高等法院分院的设置。关于大量设置高等法院分院的原因,在1930年的《法院组织法立法原则》附设理由中做了说明:因我国现

---

〔1〕 "法部令各省地方法院暂设高等庭",载《法律评论(北京)》1923年第9卷第38号。

〔2〕 《各省地方法院暂设高等庭办法》,载《法律评论(北京)》1923年第9卷第38号。

〔3〕 参见汪楫宝:《民国司法志》,商务印书馆2013年版,第122~133页。

第二章 司法审判机关的专门化

时交通，尚未发展，高等法院又以审理事实为重，则以一省诉讼之繁，使全集于一高等法院，致人民之涉讼者，跋涉为劳，殊非便民之道，故主增设分院，将高等法院管辖事项，分区划归管理。[1]因此，南京国民政府时期高等法院分院建设步伐逐渐加快。1929年，全国增设高等法院分院5所。1930年4月，上海公共租界成立江苏高等法院第二分院；同年，江苏省增设高等法院分院1所。1931年8月，上海法租界成立江苏高等法院第三分院；同年，江苏省增设高等法院分院2所。1933年，全国增设高等法院分院1所。1934年，全国增设高等法院分院2所。1935年，随着《法院组织法》的实施，法院建设受到重视，高等法院分院也呈现出前所未有的发展态势，该年全国新增高等法院分院32所。1936年，全国增设高等法院分院7所。1938年，贵州增设高等法院分院2所。1940年，浙江、四川各增设高等法院分院1所。1941年，四川、云南各增设高等法院分院1所。1944年，河南、江西、福建、陕西、四川各增设高等法院分院1所。1946年，江苏增设高等法院分院1所。1947年，浙江、安徽、江西、广东、台湾各增设高等法院分院1所。至此，全国共设高等法院分院达到119所。[2]

从全国范围来看，高等法院分院的设置并不平衡。有些地方设置数量较多，有些地方较少。以1935年为例，江苏省有高等法院分院5所，福建有3所，广西仅有1所。[3]这与各省具体情况有关，其中经济因素是很重要的一个方面。一般而言，经济发达的省份，设置分院的数量较多，经济欠发达的省份，

---

[1] 参见《法院组织法立法原则之修正案》，载《中华法学杂志》1930年第1卷第1号。

[2] 参见汪楫宝：《民国司法志》，商务印书馆2013年版，第122~135页。

[3] 参见居正："十年来之司法建设"，载《中华法学杂志》1937年新编第1卷第5、6号合刊。

设置分院的数量较少。

(三) 最高法院

1. 最高法院之组织建构

南京国民政府成立之后不久,就训令司法部筹办最高法院。1927年10月公布《最高法院组织暂行条例》,规定最高法院为国家的最高审判机关,主要审理不服高等法院第一审及第二审判决而上诉的案件,不服高等法院裁决而抗告的案件。最高法院设置院长1人,总理全院事务,并监督行政,有统一解释法令及必要处置之权。最高法院的审判权以推事5人组成合议庭行之,并设置首席检察官1员,检察官5员,处理检察事务。另外,还设置书记官长及书记官,掌录供、编案、会计、文牍及其他庶务。

1928年10月,司法院院长王宠惠拟具《最高法院组织法草案》,经中央政治会议审议,提交立法院审查、修正后,提请国民政府鉴核公布。1928年11月17日,国民政府公布了《最高法院组织法》[1],1929年8月14日由国民政府修正后公布施行。该法规定最高法院为全国终审审判机关,设院长1人,综理全院事务。最高法院置民事庭、刑事庭若干,每庭设推事5人,以1人为庭长,监督该庭事务及分配案件,各庭之审判为合议制。最高法院设书记官长1人,分别兼理书记事务,设书记官若干人,分掌文牍记录编案统计会计庶务及典守印信等事务,此外,还设相当数额之庭丁及司法警察。1935年开始实施的《法院组织法》[2]在最高法院的设置及内部组织建构上,基

---

[1] 《最高法院组织法》,载《增订国民政府司法例规》,司法院参事处1931年版,第216~217页。

[2] 《法院组织法》,载蔡鸿源主编:《民国法规集成》(第65册),黄山书社1999年版。

本上吸收了《最高法院组织法》的内容，规定最高法院置院长1人，综理全院行政事务并兼任推事。最高法院分置民事庭、刑事庭，其庭数视事之繁简定之。无论是民事庭还是刑事庭，每庭设1庭长，庭长的职责是分配本庭事务并监督其执行、主持本庭的评议、判行本庭关于诉讼进行的文件、核定本庭推事所拟的裁判书、选择本庭的判例要旨、拟议本庭推事和书记官的考核与奖惩以及其他法定职务之执行。最高法院审理案件采取合议制，以推事5人或3人组成合议庭行之。合议庭内设1人为审判长，主持法庭审判进程。审判长的权限主要限于程序性范围，即充当法庭审判的主持人与合议庭合议的召集人。[1]

关于最高法院是否设置分院的问题，前后有所变化。早在1927年4月，江苏高等审判厅就提出了设置最高法院之分院的问题："诉讼人不服高等法院裁判案件，应向最高法院上诉。此种上诉机关如相距辽远，文卷往返多费周折，不免延搁之弊。且现时政府迁都南京，中央最高法院自宜迁宁，恐亦非少数时日所能观成，为诉讼进行计，暂在本省高等法院内附设最高法院分院，以便上诉案件得以就近送审，免致虚悬。至最高法院分院职员，即以原高等法院人员兼充，以节经费。"[2]江苏高等审判厅在高等法院设置最高法院分院的提议，未见回应。不过，1930年司法院拟具的《法院组织法立法原则》12项中，第6项规定："在交通未发展之前，得于中央政府所在地较远之处，设立最高法院分院"，理由是："我国幅员极广，诉讼繁多，若终审案件，均以中央政府所在地之最高法院为汇归，深恐寄递迟

---

[1] 参见蒋秋明编：《南京国民政府审判制度研究》，光明日报出版社2011年版，第224页。

[2] "江苏高等审判厅厅长张君度呈江苏省司法改组办法说贴"，中国第二历史档案馆缩微胶片档案，胶片目录号：16J-2558。

缓,案件稽压,在民事则难免事过境迁,纠纷逾甚,在刑事则更或停囚待决,瘐毙堪虞。故由人民方面言之,尤见最高法院分院有不得不设之势。"[1]

1932年7月,司法行政部部长罗文干认为,《法院组织法立法原则》有应行补充或变通之处,特拟具《法院组织法立法原则修正案》。该修正案主张最高法院不设分院,理由是:"查最高法院设立分院,立法例中绝无仅有,盖以最高法院判决有统一全国法令解释之功用,设立多数分院,易致纷歧。……若谓我国幅员辽阔,仅中央设一最高法院,于人民诉讼,恐滋不便。其实民刑案件之上诉于最高法院者,率用书面审理,现时邮政设施日渐完备,边远各省,并陆续增设航空邮递,书面传送,上诉案件无阻滞之虞,解释从同,法令适用有划一之效,权衡轻重,实以不设分院为宜。"[2]该意见得到立法院的认可,《法院组织法》中遂改革旧制,主张最高法院之唯一,不再设置分院,理由有二:"我国现在交通,虽未全臻发达,然视二十余年前旧法编订时之交通情形,不可同年而语,亦无取乎多设机关,此其一。语云:'立法期以百年',吾人不能盱衡目前暂时之情状,而故为迁就之立法,此其二。"[3]

由于历史、政治等方面的原因,南京国民政府初期,最高法院分院事实上是存在的,如设在山西的西北分院,设在奉天的东北分院,还有云南分院、广东分院等。1930年初,为了维护最高法院的权威,南京国民政府下令于一年内裁撤各最高法

---

[1] 谢振民编著:《中华民国立法史》,中国政法大学出版社2000年版,第1043页。

[2] 谢振民编著:《中华民国立法史》,中国政法大学出版社2000年版,第1046页。

[3] 谢振民编著:《中华民国立法史》,中国政法大学出版社2000年版,第1049页。

院分院。然而，各分院的裁撤计划并未如期完成，反而在1932年又出现了西南分院。直至1936年，西南分院才正式撤销。[1]最高法院的司法权威从形式上得以树立。

然而，中国幅员辽阔、交通不便的情况仍然存在，加之抗战期间的特殊情况，1938年7月30日，南京国民政府公布《最高法院设置分庭暂行条例》[2]，规定最高法院为便于处理诉讼事件，得就适当区域设置分庭，分庭设置及管辖区域，以司法院院令定之。最高法院分庭得设于各该区域之高等法院或分院内，分庭设推事5人至7人，以资深1人充庭长，处理该分庭一切事务，并兼民刑事庭审判长，其余推事分掌民刑事审判事件。最高法院分庭置书记官，得由分庭就各该区域之高等法院或分院内呈请调用若干人，办理记录及其他一切事务，必要时，分庭得酌用雇员，缮写文件。根据该条例，1938年最高法院在上海设分庭，专门受理不服江苏高等法院第二分院、高等法院第三分院判决的民刑事上诉案件。1941年底太平洋战争爆发后，上海租界被日军占领，高等法院上海分庭被迫撤销。1942年，最高法院在永安建立浙赣闽分庭，管辖浙赣闽三省的终审案件。1943年，最高法院在桂阳设湘粤分庭，管辖湘粤两省的终审案件。[3]抗战结束后，最高法院于1945年在北平设分庭，1948年在重庆、广州各设一分庭。

2. 最高法院之职权

南京国民政府成立之初，沿用北洋旧制，最高法院仍具有

---

〔1〕 参见江照信：《中国法律"看不见中国"——居正司法时期（1932~1948）研究》，清华大学出版社2010年版，第52页。

〔2〕《最高法院设置分庭暂行条例》，载《新订国民政府司法例规》（第一册），司法院参事处1940年版，第237~238页。

〔3〕 参见蒋秋明编：《南京国民政府审判制度研究》，光明日报出版社2011年版，第219页。

法律的解释权，自 1927 年 12 月至 1928 年 11 月，共解释 245 件。迨至司法院成立后，法律解释权专归司法院行使，"凡中央或地方机关，于职权上适用宪法，发生异议，或适用法律命令，发生有无抵触宪法之异议时，皆得声请司法院解释"[1]。因此，与北洋政府时期大理院职权不同的是，南京国民政府最高法院职权主要在于审判权。根据 1932 年公布的《法院组织法》之规定，最高法院具有下列案件的司法审判权：

（1）不服高等法院及其分院第一审判决而上诉之刑事诉讼案件。根据 1935 年颁行的《中华民国刑事诉讼法》第 4 条之规定，地方法院于刑事案件有第一审管辖权，但内乱罪、外患罪和妨害国交罪之类案件的第一审管辖权属于高等法院。[2]因此，最高法院可以受理不服高等法院及其分院第一审判决而上诉的上述三类刑事案件。

（2）不服高等法院及其分院第二审判决而上诉之民事刑事诉讼案件。这一类案件数量较多，除了《中华民国刑法》和《中华民国民事诉讼法》所规定的轻微刑事案件和轻微民事案件不得上诉外，其余案件均可上诉于最高法院。《中华民国刑法》第 61 条所规定的不得上诉于最高法院的轻微刑事案件主要有：第一，最重本刑为 3 年以下有期徒刑、拘役或专科罚金之罪；第二，刑法第 320 条之盗窃罪；第三，刑法第 335 条之侵占罪；第四，刑法第 339 条之诈欺罪；第五，刑法第 349 条第 2 项之赃物罪。[3]《中华民国民事诉讼法》第 463 条所规定的不得上诉于最高法院的轻微民事案件为："对于财产权上诉讼之第二审判

---

[1] 汪楫宝：《民国司法志》，商务印书馆 2013 年版，第 14 页。

[2] 参见《中华民国刑事诉讼法》，载蔡鸿源主编：《民国法规集成》（第 65 册），黄山书社 1999 年版，第 297 页。

[3] 参见蒋秋明编：《南京国民政府审判制度研究》，光明日报出版社 2011 年版，第 223~224 页。

决,如因上诉所得受之利益不逾 500 元者,不得上诉。前项所定数额得因地方情形,以司法行政最高官署命令减为 300 元或增至 1 000 元。"[1]

(3) 不服高等法院及其分院裁定而抗告之案件。对于法院裁定不服者,可以提起抗告。根据诉讼法的规定,不服地方法院所作出的裁定,可以向高等法院及其分院提起抗告,对高等法院及其分院的裁定,仍然不服者,可以向最高法院提起再抗告。

(4) 非常上诉案件。最高法院是非常上诉案件的唯一管辖机关。非常上诉案件主要指判决或诉讼程序违背法令的案件,仅存在于刑事诉讼程序中。《中华民国刑事诉讼法》第 434 条规定:判决确定后发现该案件之审判系违背法令者,最高级法院之检察长得向最高级法院提起非常上诉。[2]

最高法院在审判上述案件时,以推事 5 人或 3 人之合议行之。最高法院各庭审理案件,关于法律上之见解与本庭或他庭判决先例有异时,应由院长呈由司法院院长召集变更判例会议决定之。

最高法院实行法律审,只作法律引用上是否正确的审理,而不进行事实的调查与审理。也就是说,"最高法院的职权,不在审究案中事实的真相,而在审究下级法院所援用法律之是否适当"[3]。如果认为案件事实有疑点,则须发回原审法院进行重审。

除了上述司法审判权外,最高法院还具有编辑判例要旨之权。居正在"一年来司法之回顾与前瞻"中谈道:"此外过去一

---

[1]《中华民国民事诉讼法》,载蔡鸿源主编:《民国法规集成》(第 65 册),黄山书社 1999 年版,第 201 页。

[2] 参见《中华民国刑事诉讼法》,载蔡鸿源主编:《民国法规集成》(第 65 册),黄山书社 1999 年版,第 298 页。

[3] 刘世芳:"我理想中的最高法院",载《法学杂志(上海1931)》1936 年第 9 卷第 4 期。

年间尚有一件可纪述之事，就是——最高法院判例要旨之编辑。因为我国法律偏缺不全，且法律规定亦时有不免发生疑义之处，故判例编辑于司法效能之增进尤属重要，此篇计十五万言，自十六年南京最高法院成立始，至二十年十二月底止，凡判例可以阐明法律旨趣者靡不尽量搜辑。于今日百孔千疮之司法现象中，得此一着，差足告慰。"[1]

第二节　兼理司法模式下的司法审判机关及其职权

汪楫宝曾说："中国自改革司法以来，各县普设法院，为始终一贯之方针。"[2]然而，普设法院只能是司法界的一个美好理想。现实中，由于经费不足，人才短缺，普设法院的理想始终未能实现。在近代社会相当长的时间里，县级层面实行兼理司法制度[3]。因此，兼理司法之机关也是近代司法审判机关的一个重要组成部分。

清末民初，除了首都、省会、商埠外，地方及初级审判厅在各地多未设立，基层司法审判模式处于不断探索中。为了改变传统的行政兼理司法制度，清末民初在各县进行了分科治事的改革，各县陆续成立司法科，掌理司法事务。一些省份还向各县派出帮审员，协助县知事审理案件。1912年，司法总长许士英在《司法计划书》中提出，拟于未设法院各县，每县设3名专审员，使司法与行政逐渐分离。1913年，北洋政府在未设

---

〔1〕　居正："一年来司法之回顾与前瞻"，载《法律评论（北京）》1935年第12卷第12期。

〔2〕　汪楫宝：《民国司法志》，商务印书馆2013年版，第10页。

〔3〕　兼理司法制度，是指在没有设立普通法院的地方由行政长官兼理司法审判事务的一种制度。参见韩秀桃：《司法独立与近代中国》，清华大学出版社2003年版，第232页。

法院各县，设立审检所，由帮审员负责司法审判事务，县知事负责检察事务。由于国家政治状况的变化和财政方面的问题，审检所制度存在了不到一年即被废止，取而代之的是县知事兼理司法制度。1914年初，袁世凯下令裁撤初级审判厅，由县知事兼理司法，各县之司法审判事务完全委托于县知事。1916年，又改设县司法公署，由审判官行使各县审判权，县知事行使检察权，但因种种原因，该制度未能彻底实施，多数县份仍由县知事兼理司法审判事务。南京国民政府中后期，开始在各县设置司法处，县知事继续掌理检察权，审判官掌司法审判权。由此可见，中国近代兼理司法机关主要存在于县级层面，包括兼理司法之县署、县司法公署以及县司法处等。

一、兼理司法之县署及其职权

（一）兼理司法县署之内部组织

1914年4月5日，北洋政府公布了《县知事兼理司法事务暂行条例》和《县知事审理诉讼暂行章程》两个法律文件，成为县知事兼理司法的基本法律依据，同时也标志着近代兼理司法机关和兼理司法制度的正式形成。

《县知事兼理司法事务暂行条例》颁布后，正在苦于无法筹措经费的一些地方，纷纷请求本县司法事务由县知事兼理。一些省份还颁布了县知事处理司法事务细则，如《云南省县知事处理司法事务细则》（1914年11月3日）、《江西省县知事处理司法事务细则》（1915年4月28日）、《广东省县知事处理司法事务细则》（1915年7月22日）、《奉省县知事处理司法事务细则》（1917年1月12日）、《湖北省县知事承审员处理司法事务细则》（1921年1月29日）等。

在兼理司法之县署中，职掌司法审判的主要有两类人员，一为县知事,一为承审员。根据《县知事兼理司法事务暂行条例》之规定,县知事审理案件得设承审员助理之,承审员审理案件由承审员与县知事同负其责任。

县知事为各县之行政长官,职责范围广泛,事务繁忙,由县知事兼理司法审判实为不得已之举。在具体的实践中,兼理司法之县知事也确实显得有些力不从心,从而使这种制度饱受时人和后人的批评与指责。但仔细考察近代兼理司法之县知事,与传统社会中职掌司法审判事务的州县官相比,却也存在明显不同:①近代由于倡行司法独立,县知事作为地方行政长官,司法审判权是其履行行政权之外,由法律专门赋予的兼理之职责;而古代社会由于司法行政不分,司法本身就是行政的一个组成部分,传统州县官行使司法审判权是履行其行政权的一种表现,无须法律专门授权;②县知事专业素质较高,一般是考试出身,考试内容包含相当数量的法律知识;传统州县官虽然大多是科举考试出身,但科举考试以《四书》《五经》为主要内容,不具备司法审判所需的法律知识。

承审员由县知事呈请高等审判厅长审定任用之,承审员之设置最多不得逾3人,如地方事简,可不设之。可见,承审员只是在县知事处理司法审判事务方面的一个帮手而已,如果事务简单,则可以不设置。正如有学者所言,设立承审员,实则是为了弥补县知事缺乏专门的法律训练、不具备专业的法律知识的缺陷,模仿前清州县机关中设立刑名幕友辅佐知县处理司法事务的做法。[1]然而,悉心考察民国年间的承审员制度,则可发现承审员与刑名幕友是不同的:①承审员是国家正式任命的职员,享受国家法定的俸禄;刑名幕友则是州县官聘请的私

---

[1] 参见张晋藩总主编,朱勇主编:《中国法制通史》(第九卷),法律出版社1999年版,第526页。

人顾问，只接受州县官的"束修"，而不享受俸禄；②承审员职权法定，协助县知事审理案件，具有部分案件的审判权；刑名幕友只是依靠自己的法律知识为州县官提出审理和判决意见，没有审判权；③承审员的任命与撤职由县知事呈请高等审判厅依法进行，不随县知事的进退而进退；刑名幕友的进退是由州县官本人来决定的；④承审员专业素质较高，均须通过正规考试，合格者方可获得承审员资格；刑名幕友则无须通过任何考试，只需获得州县官的认可即可充任。

除了县知事和承审员外，在兼理司法之县署，还有一些司法辅助人员，如书记员、录事、承发吏、司法警察、检验吏等。《县知事兼理司法事务暂行条例》第7条规定：县知事因掌理诉讼记录统计文牍及其他关于司法上之庶务，得置书记员1人至3人，录事2人至5人，承发吏4人至6人。司法警察以县知事公署巡警兼充之。检验吏得置1人或2人。书记员、录事、检验吏、承发吏等司法辅助人员均受县知事及承审员之监督。

（二）兼理司法县署之职权分配

在兼理司法之县公署，县知事与承审员共掌司法审判权，但两者在审理权限上却有着严格的划分。

关于县知事的职权，《县知事兼理诉讼暂行章程》第1条规定："凡未设审检厅各县，第一审应属初级或地方厅管辖之民刑事诉讼，均由县知事审理。"从管辖地域来看，县之司法区域与行政区域同。

关于承审员的职权，《县知事兼理司法事务暂行条例》规定得比较模糊，只是原则性地规定了县知事审理案件得设承审员助理之，承审员审理案件得受县知事监督。至于承审员与县知事在审理案件方面的权限如何划分，则语焉不详。

1914年9月13日，福建巡按使提出变通承审员权限意见，具体变通办法为：凡属于轻微案件属于初级管辖范围者，不分民事刑事盖归承审员独立审判，不问知事在署与否，随到随批，随批随审，即由承审员负完全责任，事后送由县知事考察；凡属于第二审案件，如遇知事因公出署，即由承审员先行审理，等县知事回署裁决后，再行宣判。[1]对于上述变通要求，司法部予以批准，通令各省遵行。自此，承审员独自审理初级管辖之轻微案件的权力得到确认。

奉天省制定的《各县承审员处理司法事务细则》和《奉天各县承审员委任奖惩规则》在福建巡按使变通承审员权限的基础上略作修正，规定：民刑事案件除属于初级管辖者概归承审员审理外，其他各案县知事与承审员应按受案次序平均分配，但县知事因行政事务繁多，得分配三分之一。[2]

1923年3月14日，《县知事兼理司法事务暂行条例》第2条修改为："承审员审理案件由承审员与县知事同负其责任，但初级管辖案件由承审员独自审判者不在此限"。[3]这就意味着承审员独自审理初级管辖案件有了明确的法律依据。

1923年3月29日，《县知事审理诉讼暂行章程》第1条修改为："设有承审员各县属于初级管辖案件概归承审员独自审判，以县公署名义行之，由承审员负其责任。地方管辖案件得由县知事交由承审员审理，但县知事应与承审员同负其责任。"[4]该条修正再次以法律的形式明确了承审员独立审判初级

---

〔1〕参见《变通承审员审理权限通饬》，载余绍宋：《改订司法例规》，司法部编印1922年，第161~162页。

〔2〕转引自唐仕春：《北洋时期的基层司法》，社会科学文献出版社2013年版，第86页。

〔3〕《修正县知事兼理司法事务暂行条例第二条呈并指令》，载《司法公报》1923年第176期。

〔4〕《修正县知事审理诉讼暂行章程》，载《司法公报》1923年第176期。

案件的权限,但审理地方案件则须与县知事同负责任。

总之,县知事兼理司法制度是北洋政府时期在经费困难、人才不足的情况下采取的一种过渡性制度。尽管在施行过程中也是问题频发,备受谴责,但由于普设法院的计划屡屡搁浅,全国绝大多数之县是由县知事兼理司法,王用宾在《二十五年来之司法行政》中指出,北洋政府时期"全国兼理司法之县恒数在百分之九十以上"。唐仕春博士对北洋政府时期的基层司法进行系统的研究后指出,县知事兼理司法的县占全国总县数的比例,1914年至1926年的16年时间里,有5年为92%~94%,有8年为96%~98%,所有年份都在92%以上,多数年份在96%以上。[1]这些数字显示出县知事兼理司法制度在近代特定的社会环境中还是有生命力的。

二、司法公署及其职权

(一)司法公署的酝酿阶段

1916年初,随着帝制的取消和袁世凯的去世,共和、宪政被重新提起。在此背景下,司法部于1916年11月10日召开全国司法会议,以谋司法之改良。会议上,县知事兼理司法制度作为司法改良的一个重要议题被提出。以湖南高等审判厅推事为首的16名司法界人士联名向司法部提出《拟请废除县知事兼理司法制度、暂规复司法署办法意见》中指出:"实施县知事兼理司法制度,初犹以为该制度之不良,其流弊所极,不过如前清州县衙门而止。不谓目前现象乃甚于前清州县之黑暗,人民疾首蹙额,冤屈无伸,痛苦有不堪言状者。其情形大致各省相

---

[1]参见唐仕春:《北洋时期的基层司法》,社会科学文献出版社2014年版,第178页。

同。"[1]司法总长张耀曾在"县知事兼理司法应否废止咨询案"中指出:"现时制度中,以县知事兼理司法为最无理。则云改良,亦以此制为最不容缓。"[2]该咨询案引起与会者的广泛关注,并引发了对县知事兼理司法制度的讨论。有些人认为,县知事兼理司法弊端甚多,必须马上废除。朱献文指出,县知事法律知识匮乏,深明法律知识者甚少,其判断案件按诸法理错误极多。[3]张仁普指出,《中华民国临时约法》规定了立法、司法和行政三权分立制度,现在应当力谋司法独立,则县知事兼理司法必须废除。[4]另外一些人则认为,县知事兼理司法虽然存在诸多弊端,但考虑到现实问题,该制度不可遽行废止,"县知事兼理司法积弊甚深,固应立行废止以为根本铲除,计其兼理司法之权,划归我司法机关自行办理……但现欲遽行废止其兼理者,其中困难甚多,恐一时赶办不及"[5]。可见,对于县知事兼理司法制度存在严重弊端这一事实,当时与会者基本达成共识。只是有的主张立即废止,有的主张不能立即废止。

在各方力量的博弈中,这次司法会议议决通过的《答复县知事兼理司法应否废止咨询案意见书》指出,财政困难、人才缺乏是当时司法界面临的难以解决的问题,对于县知事兼理司法制度只能略作变通,而不可能立即废止。司法公署的设置就是对县知事兼理司法制度进行变通的结果。参与全国司法会议的人员中,多数同意设立司法公署作为变通县知事兼理司法的办法,《答复县知事兼理司法应否废止咨询案意见书》中也对司

---

[1] 中国第二历史档案馆,二四二,49。
[2] "县知事兼理司法应否废止咨询案",载《司法公报》1916年第68期。
[3] 参见《司法会议议决案附司法会议纪实》(1916年),第185~191页。
[4] 参见《司法会议议决案附司法会议纪实》(1916年),第111~112页。
[5] 《司法会议议决案附司法会议纪实》(1916年),第110~122页。

第二章　司法审判机关的专门化

法公署进行了描绘。[1]可见，这次司法会议为随后司法公署的成立奠定了直接的基础。

(二) 司法公署的组织及权限

1917年5月1日，北洋政府颁布实施《县司法公署组织章程》[2]。该章程规定：凡未设法院各县应设司法公署。司法公署设在县行政公署内，以审判官及县知事组织之。根据事务繁简，各县司法公署一般设有审判官1人或2人，书记官2至4人，承发吏4至6人，司法警察若干人，检验吏1至2人。

司法公署负责辖区内所有初审民刑案件的审判。《县司法公署组织章程》第3条规定，设司法公署地方，所有初审民刑案件，不问事务轻微重大，盖归司法公署管辖。与兼理司法之县署相比较，司法公署中的审判官和县知事之间分工更加明确，其中审判事务盖由审判官完全负责，县知事不得干涉；检举批捕勘验递解刑事执行等事项盖归县知事办理，并由县知事完全负责；其他司法事务应由县知事负责或应由县知事与审判官共同负责。这样一来，司法公署内的审判权和检察权分别由审判官和县知事行使，有利于保障审判官独立行使审判权，与兼理司法制度相比较，具有明显的进步性。

司法公署制度设立的初衷是为了克服县知事兼理司法制度的弊端，也是为了使基层司法进一步向司法独立的方向迈进。可以说，这种制度确实是在完全的司法独立与司法行政合一体制之间选择了一个中间办法，既从县知事的权利中剥离出一部分司法权，又维持了县知事对于司法审判的直接监督和有限参

---

[1] 参见唐仕春：《北洋时期的基层司法》，社会科学文献出版社2014年版，第127页。

[2] 《县司法公署组织章程》，载余绍宋：《改订司法例规》，司法部1922年编印，第78~79页。

· 95 ·

与。[1]如果这一制度能够有效实施,或许可以在一定程度上改变基层司法的落后面貌,然而,该制度的实施效果并不理想。因为筹办司法公署的经费未列入年度预算案内,1917年9月7日,司法部通电各省,要求缓办各县司法公署。直至1921年华盛顿会议后,为了迎接各国代表团来华考察司法,筹办司法公署重新被提出。1922年2月17日,司法部致电各省,要求在紧要处所先行举办司法公署。[2]随后,司法公署开始在一些地方真正创办起来,但创办速度并不理想,直到1926年,全国司法公署数量只有45处。[3]

三、司法处及其职权

(一) 对于县长兼理司法的谴责与改良

南京国民政府成立后,虽然县知事改为县长,但兼理司法的状况并未改变。事实上,兼理司法之县政府不是专门的审判机关,无论是县长还是承审员,对于法律都不甚精通,其保护人民生命财产安全的职责往往无法充分发挥,因而屡遭时人的诟病,"全县人民生命财产系于县长个人之手,纵使竭尽心力,犹虞陨越,若疏因循、玩愒荒堕,为害之巨,实不堪言"[4],"兼理司法之县政府或同等地方行政官署,大都由承审员等主持裁判事务。此类承审员等,因地位不隆,俸级过低,保障薄弱,

---

〔1〕参见张晋藩总主编,朱勇主编:《中国法制史通史》(第九卷),法律出版社1999年版,第527页。

〔2〕参见"就紧要处所先行举办县司法公署之组织电",载《司法公报》1922年第160期。

〔3〕参见唐仕春:《北洋时期的基层司法》,社会科学文献出版社2014年版,第174页。

〔4〕《县长须知》和《县长任命法》,载《中华民国法规大全》,商务印书馆1936年版,第559~771页。

往往不能由精通法学者充任。其不设承审员等之县政府或同等地方行政官署，则裁判事务类由县长或同等地方行政长官担任。其对于法律之隔膜，较诸承审员更有过而无不及"[1]。司法院长王宠惠也认为该制度是一种不良制度："从前县公署兼理司法事务，实一种不良制度。盖以行政官吏兼理司法，已非司法统系所宜有；而为县长者，又多趋重行政方面，司法事务，不暇兼顾，至于法律智识，尤成问题，此种现象，在今日仍不敢谓为必无，实不能不筹一根本解决之办法。"[2]

至于如何改变这种不良制度，王宠惠提出将各县承审员改为法官，进而设立法院的设想："但查凡未设有法院之县政府，相沿旧制，皆设有承审员一二员不等，为县长兼理司法之辅助，此项承审员，办事一应经费，实已为各该县预算之一宗，拟即就此已成之局，悉依司法制度，于各县中设县法院，随将承审员之合于法官资格而办事有成绩者，即时改为各该县法院之法官。此种办法之设备既简，成立自易；原日预算，即有不敷，相差亦属有限，另筹辅助，当非甚难，一转移间，而县法院编于全国矣。"[3]这种办法看似简单，实际上短时间内也不易实现，因为承审员中合于法官资格者为数甚少，人才问题仍是制约设立县法院的一个重要因素。

1934年，河北省民政厅召开行政会议时曾提议，拟于县府内，附设审检处，由高等法院遴委推事1人至3人，负民事案

---

[1] 杨兆龙：《司法改革声中应注意之基本问题》，载胡玉鸿、庞凌主编：《东吴法学先贤文录·司法制度、法学教育卷》，中国政法大学出版社2015年版，第115页。

[2] 王宠惠：《今后司法改良之方针》，载胡玉鸿、庞凌主编：《东吴法学先贤文录·司法制度、法学教育卷》，中国政法大学出版社2015年版，第129页。

[3] 王宠惠：《今后司法改良之方针》，载胡玉鸿、庞凌主编：《东吴法学先贤文录·司法制度、法学教育卷》，中国政法大学出版社2015年版，第129页。

件及刑事审判之全责,不受县长之干涉,以实现司法独立精神;其检察官职务,由高等法院检察处委由县长兼任,诉讼较繁之县,另加派检察官,但以县长为首席,其书记官、录事、吏警等额,照章则及需要情形核定,属于检察部分者,由县长以检察官名义统属指挥之,属于审判部分者,归推事统属指挥。[1] 根据上述意见而进行的县级司法革新,虽然是对县长兼理司法的一种突破,但仍属于司法公署制度的范畴。

1935年初,司法当局基于县长兼理司法造成审判与检察混合、司法与行政不分的弊端,提出今后拟将制度方面略加改革,各县承审员专理审判,负审判之全责,县长只兼检察,庶审判有专责,县长不得干预。[2] 随后,司法部拟定《县长兼理司法事务暂行条例草案》,其主要内容为:第一,县长兼理司法事务应于县政府之司法处;第二,司法处置审判官独立行使审判职务;第三,审判官由高等法院院长呈部核派;第四,司法处行政事务及检察职务均由县长兼理。该条例制定的目的,"无非使行政与司法不分之锢习渐次蜕化于无遗,藉树最近将来各县遍设法院之初基"[3]。这在司法行政部训令中也有明确表示:"明正观听,树立楷模,使行政与司法不分之锢疾,渐次蜕化于无形,藉培将来各县遍设法院之初基"。[4] 然而,该条例草案在讨论过程中,遭到激烈反对。反对者普遍认为,该草案并不能

---

[1] 参见"河北革新各县司法",载《法律评论(北京)》1934年第12卷第5期。

[2] 参见"当局研究改良司法具体办法",载《法律评论(北京)》1935年第12卷第11期。

[3] 王用宾:"视察华北七省司法报告书",载《法律评论(北京)》1935年第12卷第49期。

[4] 啸北:"对于县长兼理司法事务暂行条例草案之商榷",载《法律评论(北京)》1935年第12卷第41期。

根除县长干涉司法之弊。兼理司法制度之最大弊端，是县长干涉审判，审判不能独立进行，该草案虽将审判权完全委之于审判官，县长不得干涉，意在解决县长干涉审判之弊，但事实上，司法经费仍由县长控制，审判官难免仰县长鼻息行事。另外，审判官为县政府内附设之司法处中的一员，就如同县长之下的一个科长而已，受传统观念影响，欲求其独立审判，也实属不易。因此，虽然审判职权不再属于县长，"然亦无妨其行私也"[1]。

1935年7月1日，随着《法院组织法》的实施，司法行政部以县政府兼理司法为《法院组织法》所不许，遂加快了对基层司法的改革步伐，拟将县长兼理司法之旧制加以改造，使审判之权能够脱离县长而独立行使。

1935年10月，全国司法会议议决，"各县审判权，应完全独立，承审员改为审判官，并提高其待遇"，司法行政部根据该原则，拟于兼理司法之各县，设立司法处，以为将来设置地方法院之初步。[2]

（二）县司法处之组织及职权

1936年4月9日，南京国民政府公布施行《县司法处组织暂行条例》[3]。该条例规定：凡未设法院各县之司法事务，暂于县政府设司法处处理之。县司法处置审判官，审判官有2人以上时，以1人为主任审判官。县司法处置书记官，掌理记录、编案、文牍、统计及其他事务，有2人以上时，以1人为主任书记官。前项书记官由高等法院委派。书记官任用标准，由司

---

[1] 啸北："对于县长兼理司法事务暂行条例草案之商榷"，载《法律评论（北京）》1935年第12卷第41期。

[2] 参见"兼理司法各县将改设司法处"，载《法律评论（北京）》1936年第13卷第12期。

[3]《县司法处组织暂行条例》，载《法律评论（北京）》1936年第13卷第27期。

法行政部定之。县司法处置检察员、执达员、录事、庭丁、司法警察。前项检察员，由高等法院甄选派充，执达员、录事、庭丁、司法警察，由县长商同审判官派充或雇佣之，并将名额呈报高等法院备案。书记官、检察员、执达员、录事、庭丁、司法警察受审判官及县长之监督指挥。

县司法处受理下列事件：①民事、刑事第一审诉讼案件，但法院另有规定者不在此限；②非讼事件。按照审检分离的原则，审判官和县知事的权限有明确的划分。审判官独立行使审判职务，不受县长之干涉；县知事兼理检察职务，并负责司法处行政事务。县司法处之司法行政事务，受高等法院院长之监督；审判事务和检察事务，受高等法院或其分院院长之监督。

对于审判官独立行使审判权，从制度设计上讲，已经没有什么疑问。对于县知事在司法处的地位和权限，各地尚存有疑惑。1937年6月，司法行政部颁发的"核示县长在司法处地位疑义令"指出："查县长在县司法处地位，系以兼理检察职务资格，并兼理司法行政事务，与法院院长以推事而兼理法院行政事务相类似，法院院长兼理推事职务既不能有监督检察官之职权，则县长亦不能以兼理检察职务而有监督审判官之职权，其理至为明显"。该令还进一步明确了县长和审判官在司法处互不统属的关系：县长、审判官各自直接受上级长官之监督，审判官既不受县长之监督，县长自不能谓为审判官之长官。[1] 这一规定突出了审判官在审判中的独立地位，在一定程度上保障了审判官独立行使审判权。

在《县司法处组织暂行条例》颁行后不久，司法行政部即通令各地改进县司法组织，分期筹办司法处："关于县司法处之

---

[1] 参见《核示县长在县司法处地位疑义令》，载《新订国民政府司法例规》（第一册），司法院参事处1940年版，第253页。

第二章 司法审判机关的专门化

改设，仍以分省分期筹备为较宜，除广东宁夏两省现已无兼理司法县分可不计外，其尚未施行法院组织法之广西等七省，既尚须筹备施行该组织法，若复同时责以筹备县司法处，容或力有未逮，得延至该组织法施行之日筹备之，并自本年七月一日起，按所有兼理司法县分，分三期改设，以各该县诉讼繁简情形定其先后，但每一期不得逾半年，易词言之，各该省应行改设之县司法处，至迟须于二十六年十二月末日以前，一律改设就绪"。[1] 司法行政部的这个训令表明，从 1936 年 7 月 1 日至 1937 年 12 月 1 日的一年半时间内，拟于全国未设地方法院之县，分三期筹设司法处，以期渐求基层审判之独立。此外，司法行政部还对司法处的人员和经费做出指示：①关于人员部分。各省现任及存记之承审员合于该条例第五条各项资格之一者，究有若干，业经另令通饬查复，大抵旁远省份，合格人员较少，临时补充亦较难，是否有举行审判官考试之必要，应俟查复后视需要情形再行核定，至关于县司法处之员额，因将来各该处所受理之案件，与县政府兼理司法时无异，事务并未增加，自亦无须增加，可就固有人员系数改充。②关于经费部分。审判官既以荐任待遇，其俸额须较承审员所支者为高，他项人员之待遇，亦须酌予改进，因此所必须增加之经费，应由各高院估计约数，商商省政府筹拨，并可酌由司法补助费项下即县司法处整顿法收所得部分挹注，或将向来划归省库之法收留用。[2]

与此前的司法公署制度相比较而言，司法处制度的实施比

---

〔1〕"法部通令改进县司法组织"，载《法律评论（北京）》1936 年第 13 卷第 27 期。

〔2〕参见"法部通令改进县司法组织"，载《法律评论（北京）》1936 年第 13 卷第 27 期。

较顺利。至1937年初，全国设立司法处达582处。[1]随着抗日战争的全面爆发，司法处的筹办速度减缓，1937年底在未设法院之县一律成立司法处的设想未能实现。但是筹办司法处的步伐并未终止，各县仍在陆续筹办，至1947年，除新疆外，全国各地普设县司法处，废止了县长兼理司法制度。

（三）县司法处制度之评价

县司法处的成立，是对北洋政府以来兼理司法制度的一种改良，为未来设置地方法院奠定了基础。司法处与当时的县长兼理司法制度相比，确实有明显的不同：①兼理司法制度下由县长主审案件，承审员只是一个辅助者，而县司法处之审判官，独立行使审判权；②兼理司法制度下，县长兼有审判、检察权，而司法处制度下，县长只有检察权；③兼理司法制度下，承审员为委任职，任用资格较为宽乏，而司法处制度下，审判官为荐任职，任用资格趋严；④兼理司法制度下，承审员由县长遴请高等法院委任，并受县长监督，而在司法处制度下，审判官由高等法院遴请司法行政部核派，直接接受高等法院监督；⑤兼理司法制度下，书记员及检验吏均由县长委派，而司法处制度下，书记官及检验员均有高等法院委任；⑥兼理司法制度下，不允许律师介入，而司法处制度下，允许律师在司法处执行职务。[2]因此，县司法处的设立，在一定程度上给当时的基层司法注入了新的因素，带来一丝希望。然而，县司法处的成立，并没有达到设计者的愿望，也没有能够有效地改变基层司法的混乱状况。

---

[1] 参见居正："十年来之司法建设"，载《中华法学杂志》1937年新编第1卷第5、6号合刊。

[2] 参见刘玉华：《民国民事诉讼制度述论》，中国政法大学出版社2015年版，第157~158页。

第二章　司法审判机关的专门化

首先，县司法处的成立，并没有真正实现基层司法审判的独立，"在'司法党化''司法行政化'及特务司法合流的趋势下，废除县长兼理司法制度，是没有实际意义的。而且县司法处成立后，县长还是兼理着行政及检察事务，所谓县司独立，亦属徒有虚名"。[1]

其次，司法处的成立，也没有完全改变基层司法状况，因此，对其谴责与批评声随之出现，"最近司法行政部虽创县司法处之制以代县政府兼理司法之制，顾究其实际，仍不过采用变相之承审员制。盖县司法处之司法辅佐人员与往日相差有限，固不足道。即就县审判官而论，其学识，经验，地位，与俸级，亦较承审员所胜无几。以此种人而主持一县之裁判事务，其弊有二：甲、威望不足。审判官与承审员在名称上颇属相似，在一般人民视之。以地位如之人而与县行政长官对峙，殊难维持平衡。乙、能力不足。县司法处之审判官，通常只有一人。故审判官往往须兼办民刑裁判及民事执行等事项。其职务较诸一般法院之推事为繁重。必有过于一般法院推事之能力，方克胜任愉快。乃其经验学识常较一般法院之推事为逊，并不能称职与明甚"。[2]除了审判官遭到时人非议外，人们对于兼理检察职务的县长也颇有微词："县长为亲民之官，辖地百里，综理全县行政，其事务之繁杂，责任之重大，迥异于一般机关之长官，非节其旁务之劳，策其心志之专，不足以赴事功，顾以事实所在，县长兼职繁多，统筹并顾，肆应为难，若非失之务广而荒，即或迫使舍本求末，检讨目前县长兼职，已十有余种，其所兼

---

[1] 裘孟涵："CC渗透的国民党司法界"，载中国人民政治协商会议全国委员会文史资料研究委员会编：《文史资料选辑》（第78辑），文史资料出版社1982年版，第96~97页。

[2] 杨兆龙："司法改革声中应注意之基本问题"，载胡玉鸿、庞凌主编：《东吴法学先贤文录·司法制度、法学教育卷》，中国政法大学出版社2015年版，第116页。

理之检察职务，恒视为无关重要之工作，侦查犯罪多委诸秘书科长或军法承审代办，因循敷衍，聊草塞责！自所难免，此其一。又县司法处之检察事务，程序虽已简化，然委之于不谙法律之县长，或其秘书科长及军法承审兼办（军法承审多有非法律系毕业者），已属不甚相宜，且县司法处审判官额定一人或二人，检察事务则请人代办，就事论事，亦非县长一人所能胜任，查犯人之侦讯，证据之搜集，以侦查程序为最要，稍不留意，则罪证湮灭，犯人狡供，今第一审检察机关如此不健全，乌能尽侦查之能事？其影响一二两审案件之进行，增加人民之讼累，殊非浅鲜，此其二。"[1]可见，在司法处创办后，无论是专掌审判的审判官，还是兼理检察的县长，仍是时人口诛笔伐的对象。

　　正因为如此，县司法处制度仍须进一步改革。1947年司法行政检讨会议上，再次形成决议：3年内所有县司法处一律改设法院，在司法处未改设法院前，县长不兼检察职务；上项检察人员之名称，由部酌定。[2]随后，司法行政部开始在各县筹办法院，至1948年初，县司法处改设为法院者计有57处，主要有江苏8县、浙江6县、安徽5县、江西5县、湖北6县、湖南7县、四川4县、福建5县、广西4县、贵州2县、陕西2县、甘肃2县。[3]然而，司法行政部提出的遍设法院计划最终未能实现。

---

〔1〕 "县长不宜兼任检察官"，载《法律评论（北京）》1947年第15卷第8期。

〔2〕 参见"司法行政检讨会议在京举行"，载《法律评论（北京）》1947年第15卷第11期。

〔3〕 参见"司法行政部实施普设法院五年计划"，载《法令周刊》1948年第11卷第20期。

第三章 司法审判人员的专业化

司法审判机关的职能是通过司法审判人员的具体活动完成的,司法审判人员素质的高低、品行的优劣、履行职责的好坏,直接关系到审判机关职能的发挥。因此,不仅要建立新型的司法审判组织,还要提供新式审判所需要的人力资源。随着各级新式审判机关的创办,清末和民国政府构建了一支法律知识较为渊博、职业技能较为高超以及行为操守较为良好的专业化法官队伍,为司法审判制度近代化奠定了人力资源基础。然而,在兼理司法模式下,尚有为数甚多的兼理司法人员的存在,从而使基层司法状况难以有根本的改变。

第一节 专业化的法官队伍

近代以来,为了保障司法独立,提高法官的素质以及改变司法实践中的紊乱状况,各界政权都比较重视法官的选任和管理,并为此建立了一套比较严格的法官考选任用制度、考核与奖惩制度、物质与职业保障制度,这三套制度相互联系,密不可分,从而在造就专业化的法官队伍方面起到非常重要的作用。

一、法官的考试与选任

(一)法官考试

法官考试制度是为实现审判人员专业化而推行的一项制度,

中国古代并无此制,虽然隋唐科举考试中有"明法科",宋朝也出现了专门选拔司法人员的考试,但这并不是严格意义上的法官考试。严格意义上的法官考试是从西方传入的。清末司法改革过程中,鉴于法官选任的重要性,借鉴西方国家的法官考试制度,颁行了以《法官考试任用暂行章程》为主的一套考试法规[1],法官考试制度在中国大地上初步出现。随后的南京临时政府虽有关于法官考试制度方面的设想,但没有外化为具体制度。北洋政府为了改变民初法官素质低下的状况,希望通过考试"以杜躐进"[2],制定并颁行了《司法官考试令》、《司法官考试令施行细则》和《司法官考试规则》等法律法规,初步完成了法官考试制度的构建。随后的广州国民政府和南京国民政府,在北洋政府的基础上,通过制颁《司法官任用考试暂行条例》《考试令》《法官初试暂行条例》《高等考试司法官考试规则》等法规,使法官考试制度不断发展。上述法律法规对法官考试主体、应考资格、考试程序、考试内容等作了较为详细的规定,为近代法官考试确立了基本的制度依据。

1. 法官应考资格

从近代法官考试的资格规定来看,一般要求 20 岁以上之本国人方可应考。除此之外,尚须具备如下几项资格条件:第一,新式学历教育。清末法官考试处于初创阶段,受传统官本位思想的影响,加之接受新式学历教育的人才相对缺乏,官宦履历是法官考试的主要资格之一。北洋政府时期,随着新式教育的逐步发展,传统的举人、监生、贡生、刑幕逐渐退出历史舞台,

---

[1] 这套考试法规包括宣统元年(1909 年)十二月颁布的《法官考试任用暂行章程》以及宣统二年(1910 年)四月颁布的《法官考试任用暂行章程施行细则》和《考试法官主要各科应用法律章程》。

[2] "令整顿司法事宜",载《东方杂志》1914 年第 10 卷第 8 号。

失去了法官考试资格,新式学历教育背景成为法官考试的主要条件。南京国民政府建立后,对学历教育也比较重视,1928年的《司法官任用考试暂行条例》把"在国内外大学或专门学校"毕业作为主要的应考资格[1]。第二,法律专业素质。清朝末年的《法官考试任用暂行章程》开始把"法政法律学堂肄习三年领有毕业文凭"作为主要资格,并放在各种应试资格之首要位置。北洋政府于1917年颁行的《司法官考试令》和广州、武汉国民政府1926年颁布的《法官考试条例》也把"修法政学科三年以上毕业"或教授法官考试主要科目二年以上作为对法官考试者的基本要求。南京国民政府时期制定的考试法规比较多,但无一例外地将应试资格限定在获得"法律政治学科毕业证书者"或教授法官考试主要科目者这样的范围之内。此外,近代各届政府在法官应考资格中,对于社会经验和专业经验也有一定的要求。如南京国民政府颁布的《司法官任用考试暂行条例》把"办理审判或法院记录事务三年以上者"作为应试资格之一[2]。《法官初试暂行条例》特别强调"口试就民法、刑法、民事诉讼法、刑事诉讼法四科目及应试人之经验试之"[3]。

2. 法官考试程序

清末把法官考试分为第一次考试和第二次考试,北洋政府对清末法官考试程序方面的经验和教训加以总结,创设了自报名、审核、甄录试、初试、学习、再试等一套完整而严密的考试程序。南京国民政府时期法官考试程序复杂多变,1928年《司法官任用考试暂行条例》将法官考试分为三个环节,即甄录试、初试和再试。1931年的《高等考试司法官律师考试条例》

---

[1] 参见《司法官任用考试暂行条例》,载《司法公报》1928年第17期。
[2] 参见《司法官任用考试暂行条例》,载《司法公报》1928年第17期。
[3] 《法官初试暂行条例》,载《司法公报》1930年第93号。

则规定了更为复杂的考试程序。按照该条例规定，法官考试分初试和再试，其中初试又分第一试、第二试、第三试，再试分笔试、面试、学习成绩审查三项。虽然这种程序规定显得有些苛刻，但事实证明，只有通过详尽而又严密的考试程序，层层筛选，方可选拔出优秀的司法人才。

3. 法官考试内容

清末举行法官考试之际，正值立法修律进行之时，许多法律法规尚未及制定或颁布，因此考试侧重于西法以及晚清政府已经颁行之现行宪法和刑律等内容，例如清末第一次法官考试的科目主要集中在钦定宪法大纲、现行刑律、现行各项法律及暂行章程以及各国民法、商法、刑法、诉讼法、国际法、主要论说等科目上。北洋政府建立后，在清末立法修律成果的基础上，又先后制定并颁布了商法、诉讼法、法院组织法等法律法规，至南京国民政府时期，终于完成了包括宪法、刑法、民法、刑事诉讼法、民事诉讼法以及法院编制法等部门法及其关系法规在内的"六法"体系的构建。随着近代法学理论水平的提高以及法律体系的逐步完善，民国时期法官考试的内容比晚清法官考试内容更加丰富一些。在甄录试阶段，考试的具体科目主要有国文和法学通论，该环节主要是对考生国学根基、法学基础理论和法学通论等方面知识的考查。与甄录试重在考查基础理论不同的是，初试则侧重对应试者各个部门法掌握情况的考查，考试科目有宪法、行政法、刑法、国际公法、民法、商法、民事诉讼法、刑事诉讼法、法院编制法、国际私法等。与初试阶段测试考生对现行法律掌握程度有所不同的是，再试阶段重在对应试者法律运用能力的考查。再试一般以2件以上诉讼案件为题，令应试人详细叙述事实及理由，拟具判词作答。可见，中国近代法官考试内容非常丰富，涵盖了法学基础理论知识和各种部门法知识，涉及古今中外的基本法律知识，既要求考生对中国传统法学知识有所了解和掌握，又要求考生通晓现今中西各国的法律法规，同时还要求考生在熟悉法规的基础上找出解决实际问题的方法，尤其是再试环节的考试内容不再局限于对应试者法学基本知识的考查，而是通过各种案例分析考查应试者的法律运用能力。

中国近代法官考试无论是制度设计还是制度实施，都取得了一定的成效。

在制度设计层面，近代各届政府以立法的形式规范了法官考试的各个环节，尤其值得一提的是，创设了一套严密的考试程序。一个法学毕业生，须历经甄录试、初试、司法实习或培训、再试等多个重要环节，方能取得法官资格，这是一个非常漫长的过程，这一过程中充满了艰辛、考验和各种挑战，正是因为这一过程的漫长和严格，才有可能保证法官具有较高的法律专业素质和良好的法律素养。考试内容的设计也有值得称道之处。从近代各个阶段法官考试内容来看，考试科目的设置具有一定的科学性、合理性、现实性，考试内容侧重能力测试，而不是机械记忆法律条文。另外，考试覆盖面非常广泛，不仅涵盖了法学基本理论知识和当时所有部门法的知识，而且还以案例分析的形式深入到法律实践环节，基本上可以满足法官任职专业化的要求。

在制度实践层面，近代法官考试在一定程度上贯彻了公开、平等、竞争、择优的考试原则，更为难能可贵的是，自清末以来，在考试主管机构的主持下，先后举行了一系列法官考试，为近代中国的司法界培养了一批新式司法人才。宣统二年（1910年），晚清政府举行的法官考试共录取800余人。辛亥年举行的民国第一次法官考试录取18人[1]。北洋政府时代举行法官甄拔考试1次，合格者171人，举行正式法官考试5次，合格者618人。广州国民政府于1926年举行法官考试1次，合格者50人。南京国民政府举行正式法官考试20次，临时法官考试10次，甄审考试和铨定考试5次，合计35次，考试合格者2 000余人。[2]

虽然通过考试选拔出来的法官数量有限，还远远不能满足近代司法建设的需要，加之受社会政治经济环境的影响，通过考试选拔出来的新式法官中，也难免存在一些滥竽充数、碌碌无为之辈，但近代各届政府对法官考试的制度设计及其实践，是对传统司法官员选任制度的一种突破，也是在法官专业化道路上的一种探索，因此，该制度的意义不容低估。

（二）法官的任用

中国近代各届政府为了实现法官任用的制度化，都在法院组织法中规定了法官的任职资格、任用条件等内容，除此之外，各个时期的司法行政部门还纷纷颁发具体的任用法规，如宣统元年（1909年）的《法官考试任用暂行章程》，1915年7月22日的《简任法官资格》和《荐任法官资格》，1915年11月22日的《司法官任用现行办法》，1916年4月27日的《司法行政官与司法官互相任用办法》，1921年8月9日的《荐任法官资格》，1932年4月的《司法官任用暂行标准》，1932年5月31日的《荐任司法官叙补办法》，1937年3月18日的《司法官临时叙补办法》，等等，从而对法官的任职资格、任用程序等都做出严格要求。

---

〔1〕参见展恒举：《中国近代法制史》，商务印书馆1973年版，第114页。转引自李启成：《晚清各级审判厅研究》，北京大学出版社2004年版，第119页。

〔2〕参见余伟雄：《王宠惠与近代中国》，文史出版社1987年版，第191~192页。

1. 法官任用资格

从法官的任职资格来看，近代各届政府都非常重视法律专业知识。对法律专业知识的重视体现在两个方面：一是具有一定的法律专业背景。具有法律专业背景即可取得法官资格的情况，仅仅限于特定的时期，换句话说，仅仅存在于法院组织法和法官任用法规未能有效实施的时间段。例如，在清末《法院编制法》出台以前，法官的任用并不存在统一的标准。成立最早的天津各级审检机构，法官的构成主要包括如下三部分人员：一为对法学素有专长者；一为法政留学生；一为府县原有司法人员。民国初年，政体更新，前清的《法院编制法》与《法官考试任用暂行章程》已经失去效力，新的法院编制法和考试法规尚未制定，考试选任法官的条件尚不具备。这一时期基本上把在国内外修习法律学科1年半至3年作为任用法官的主要资格条件。二是法官考试合格。法官考试合格意味着应试人员已经具备了担任法官所必须具备的法律专业知识。因为法官考试资格条件中就已经包含了对应试者法律专业知识的要求，而且经过两次法官考试、1年至2年的法官培训或在审检机构学习的经历，具备担任法官所需的法律专业知识已不成问题。因此，在近代的各个时期，无论是一般的法官任用法规还是法院组织法都把法官考试合格作为主要的任职资格。

法律经验也是近代各届政府任用法官的重要资格条件。综观近代各个时期对于法律经验的要求，无非集中在三个方面：①曾在司法机关或司法行政机关办理过民刑案件若干年；②从事律师职务若干年；③在大学教授法律专业科目若干年。这三类人员中，前两类属于直接从事司法实务工作的人员，在长期的司法工作中，自然会积累一些司法经验，这对以后的法官工作是非常有利的。后一类人员虽然没有在司法部门任职，但他们在长期的法律教学工作中，积累了比较丰富的法律专业经验，对于法律的理解更加深刻，理论功底更加深厚，从事法官工作自然会驾轻就熟。南京国民政府司法行政部部长王用宾认为，这些资格如果"运用得当，则以明于学理之教授学者考取人员，与富于经验之法官律师司法行政官，兼收而并蓄之，国内法律人才，可以搜罗无遗矣"[1]。

2. 法官任用程序

清末司法改革属于应急之举，法官考试与任用也因此而受影响，加之清王朝很快覆亡，任用法官未能按照正常程序进行。南京临时政府也因存在时间较短，未及完善法官任用制度，任用程序更无从顾及。随后的北洋政府在构建法官制度时，将法官任用程序予以法定化。南京国民政府时期，虽然政权更迭，政府易人，国家的方针政策发生较大变化，唯法官任用程序一如既往。因此，与法官任用资格的多变不同的是，在民国几十年间，法官任用程序基本上保持了详尽严密的特征，而且前后变化不太明显。

(1) 候补。无论是法官考试合格人员还是其他具备法官任职资格的人员，最初只能作为候补法官，分发地方以下审检机构待补。由于职少人多，候补法官须排队等待序补，至于多长时间才可以等到序补名额，近代各个时期均未有明确规定，因此，候补法官除了等待机会外，在待补期间所能做的就是努力工作，以便做出一定的成绩，在诸多排队序补人员中受到主管长官的赏识，优先得到序补资格。各该长官会随时考查候补法官的办事成绩，并于每年12月出具考语呈报司法总长，由司法部备案，其中成绩优异人员得于该类人员中优先序补，其不能

---

[1] 王用宾："二十五年来法官任用之检讨"，载《中央周报》1936年第438期。

第三章 司法审判人员的专业化

称职人员于一年内停止其序补，经三次议决不能称职者撤销其候补资格。[1]

（2）试署。在各高等、地方审检机构遇有缺出时，由高等审检机构长官，按照一定的序补顺序，将有关人选开具清单连同序补名册送交司法总长核定，派其试署该缺。在呈送的清单中，应将所请派署人员的各项证明文件，如毕业证书、教授讲义及聘书、充当法官或司法行政官职委札凭状、曾应法官考试或其他考试之及格证书裁判书及承办之司法文牍等其他凭证书类，连同其个人履历一齐送司法部审查。审查合格后，方可派署该法官试署该缺。

（3）荐署。由试署改为荐署，须由试署人员所在部门的长官将其成绩呈荐给最高司法行政部门审核后方可改派。例如，北洋政府时期规定，试署人员任职满6个月后，由各该长官以简表的形式胪列各该员办案成绩[2]，并就"各该员办案稿件书类"中，"择其略见短长者十六起，照抄原文"，呈司法部审核。司法总长、次长遂指派有专门学识之部员详细审查切实报告后，由司法部总务厅第一科将该员履历送铨叙局核定，合格者即由该局咨司法部，再由司法总长呈请大总统荐署各该员。如果在司法部或铨叙局审查中，发现不合格者，即分别摘抄审查报告情形交由原呈荐长官，暂缓荐署。南京国民政府时期的做法与此类似，试署人员由高等法院院长或首席检察官呈改荐署时，

---

[1] 参见《地方审检厅法官员缺序补规则》，载《法律评论（北京）》1926年第3卷第32期。

[2] 普通推事、检察官的办案成绩包括该员每月经办之旧受、新收第一审、第二审民事、刑事已结、未结之案件数量；署理地方审判厅厅长的办案成绩包括该厅办案成绩及其他可胪列之成绩；署理地方检察厅检察长的成绩包括该厅办案成绩、署理监所成绩及其他可胪列之成绩。参见"司法部训令第942号"，载《司法公报》1921年第1964号。

应将该员所作判词、处分书或其他承办文稿就最近者接连检取十份，连同任事期内案件收结表呈送司法行政部，再由专门成立的法官成绩审查委员会对各项材料予以审查，审查合格者方可改派。

（4）实授。被荐署之人员任职满一年以后，由各该长官将其办案成绩呈司法部审查，合格者仍送铨叙局核定，再由司法总长呈请大总统将该员由荐署改为实任。为了保证实任推检的质量，北洋政府司法部特别规定，荐署荐补虽已及期，但如该员办案较少，能否胜任尚难遽定者，各该长官尽可从缓办理；各原保长官仍应对所呈保人员的真实情况负责，已补实缺之推检，若所办案件确有重大错误及有不胜任之确据时，各该长官仍应据实报部，以免庸劣之员滥竽其间。[1]南京国民政府司法行政部也特别强调，各长官所报送之材料必须真实可靠，如查有不实情事，该院长首席检察官应负起责。[2]

总而言之，中国近代各届政府构建了一套与传统任官制度完全不同的新式法官任用制度，从任职资格到任用程序，都作出比较详尽的规划，体现了近代中国对法官选任的重视以及通过选任高素养的法官来改良司法的良好愿望。这种比较严密的法官任用制度也得到时人的认可，"法官之初任也，有甄拔，有轮序，任职以后，有荐补，有升转，登庸办法，固已至周且备"[3]。可见，要想成为一名法官，在考试合格后，还需要经历一个比较漫长的过程，从序补试署、荐署到实任。在这一过程中，法官须受到一番非同寻常的职业磨砺和人格的考验。从某种意义上

---

[1] 参见《司法部训令第九四二号》，载《司法公报》1921年第1964号。
[2] 参见《司法行政部训令（训字第284号）》，载《司法公报》1929年第9号。
[3] 陈福民、陶思曾："改良司法意见书"，载《法律评论（北京）》1925年第92期。

讲,这一过程的漫长和严格,也是保证法官良好素养的必要条件。

制度设计是良好的,但制度的实施却是另一番景象。在实践中,任用私人现象特别突出。尤其是抗日战争以后,在地方法院法官的任用方面,法院组织法与其他有关法官任用的法规几乎成为一纸空文,地方法院的院长及首席检察官们为了任用私人,暗中与高等法院人事科勾结,请其保留缺额,以他们的不合格的亲友暂代。这样做的后果是非常严重的,常常是有资格有能力的人不一定能成为法官,而成为法官的人却不一定具备资格和能力。于是,伪造证明者有之,冒名顶替者有之,卖官鬻爵者有之,司法界越来越不成样子。湖北襄阳地方法院院长田美棠因地方士绅之贿托,任用无恶不作的杨家森代理书记官,以后又转任湖北南漳地方法院检察官。又如南漳法院一书记官叫任殿珊,在私塾念过几年书,文字不通,态度粗野,原来是冒名顶替而来的。他的原名叫任在斌,由于其叔父在司法行政部工作,遂冒名顶替已经死去的任殿珊做了书记官,以后又经法官训练班毕业,升为光化地方法院推事,不久又调升为湖北房县地方法院首席检察官。[1]

二、法官的日常管理

(一) 法官的考核

与法官考试任用制度相比,近代法官考核制度形成较晚。从有限的资料中可以看出,清末法官的考核方式与普通官员的考核方式是一样的,如在光绪三十四年(1908年)十月,法部提出

---

[1] 参见常增益:"旧中国的地方法院",载党德信总主编,徐朝鉴主编,中国人民政治协商会议全国委员会文史资料委员会编:《文史资料存稿选编(政府·政党)》,中国文史出版社2002年版,第481页。

让总检察厅及京师各级审检厅的法官参加传统的京察大典[1]：
"将总检察厅及京师各级审判检察等厅所有推事及检察各官比照部院五六品官之制，一体举行京察。"光绪三十二年（1906年）法部成立后，即开始忙于筹建审检厅和法官考试任用的准备工作，直至清亡，专门的法官考核工作也未提上日程。南京临时政府在存在的几个月时间内，也只是提出了法官考试和法官保障的设想，在其颁布的文件和法规中，并未涉及法官考核的内容。北洋政府成立后，对法官的监督管理工作正式启动，而考核是监督管理的一项重要内容，为此，北洋政府及其后的南京国民政府先后颁布了一些法规政令，成立了考核机构，规定了考核标准，明确了考核程序和考核方式，形成一套比较完善的法官考核制度，为规范法官的考核工作提供了制度依据。

1. 考核内容

清末没有制定专门的法官考核办法，法官考核内容与普通行政官无异。1914年2月16日，北洋政府司法部制定的《司法官考绩规则》[2]中首次以法律的形式明确了考绩内容，该规则第11条规定："各衙门长官就所属司法官按照左开事项，随时调查编制报告书于每年六月及十二月，经由各上级长官添附意见后，提出于司法总长，但同一内容之记载应省略之：一品行、二履历、三学历及其现况、四执务状况、五交际状况、六健康状况、七性格才能、八志愿、九其他参考事项。"上述九个方面涉及法官的道德品行、业务知识、专业能力、对待工作的态度、勤奋敬业精神、身体状况以及日常交际等各个方面，可谓全面而具体。

然而，1921年3月29日司法部呈准的《考核法官成绩条

---

[1] 京察是中国传统社会中对京官的一种考核方式。
[2] 《司法官考绩规则》，载《司法公报》1914年第2年第6号。

例》在考核内容方面则主要侧重于对法官办案成绩的考核。考核内容集中在如下几方面：①每月办案之多寡迟速；②上诉再审再议或非常上告之结果；③报部判词审核之结果；④办理重大案件之特别成绩；⑤有无滥押人犯情弊；⑥所受之惩戒及警告。可见，对于法官的考核主要集中在办案成绩，而对于法官的品行和经验则缺乏关注，与《司法官考绩规则》所确定考绩标准相比，似乎又退了一步。

南京国民政府初期没有制定专门的关于法官考核的法律法规，实践中法官考核工作主要依据司法行政部制定的《司法人员考绩程序表》[1]。该表规定的考核事项主要包括：承办案件、操守、性情、学识、办案成绩、勤慎、曾受处分、本人愿望等。承办案件是法官考核的主要内容，为此，1935年11月司法部专门制定并公布《高等以下各级法院推检结案计数标准》[2]，对法官承办案件在数量上提出具体要求。操守是指法官的道德品行，根据《推检考绩表呈报及保管规则》[3]的规定，法院长官须对本院法官填写诸如"可信""难信""尚无可议""未曾被人指摘"之类的简明扼要的评语。性情是指法官的秉性、气质、性格和脾气，如"心思细密""才气发皇""寡言""喜与人争"等，尤其是有特殊嗜好或平日行动有异于常人，与同僚以外多交际往来者应详细记明情形。学识栏要求根据文理、法学根底及常识三项，分为甲、乙、丙、丁四等，其外国文项下应记明为何国。办案成绩栏应就其办理审判检察或司法行政等事务之

---

[1]《司法人员考绩程序表》，载蔡鸿源主编：《民国法规集成》（第65册），黄山书社1999年版，第412~413页。

[2]《高等以下各级法院推检结案计数标准》，载蔡鸿源主编：《民国法规集成》（第65册），黄山书社1999年版，第419页。

[3]《推检考绩表呈报及保管规则》，载蔡鸿源主编：《民国法规集成》（第65册），黄山书社1999年版，第414页。

优劣分列甲、乙、丙、丁四等填写。勤慎栏应记载其是否常守办公时间及请假之多寡与事由。曾受处分栏应填写该法官于本年度内是否曾受惩戒或警告处分。本人愿望应由法官本人填写，凡愿以推事改检察官，或以检察官改推事，及愿迁转何职改调何地均可随意记载，其只求迁职而不择地，或只求易地而甘于降职者，亦可记明。

1935 年《公务员考绩法》和《公务员考绩法施行细则》先后制定颁行，法官被纳入公务员考核系统之中。根据《公务员考绩法》规定，法官的考核内容有三项：平日工作（包括工作数量及质量）、学识（包括补习教育成绩）和操行（包括操守及性行）。其中工作在考核中占 50 分，学识占 25 分，操行占 25 分。法官各项成绩分数，应注意下列各款情形核定之：①对于所任职务，卓著成绩者；②平日办事勤慎敏捷者；③对于本机关行政有特殊贡献者；④才力短绌，身体衰弱，不能胜任者；⑤因循荒怠，废弛职务者；⑥经办事务，发生重大错误，或屡次发生错误者；⑦学识浅陋，行为不检者。[1]

虽然法律规定的考核内容包括平日工作、学识和操行，但事实上，法官考核主要是对履职情况的一种考核。1935 年司法行政部要求应按照如下标准每月立表上报部院："（甲）应结若干案；（乙）有无上诉或上诉若干案；（丙）改判或发回更审若干案。""各款计其分数复积月成年，以求最后之成绩，上考升擢，中考留任，下考绌退，引起责任之心，则司法自履澄清之域矣。"[2]

2. 考核程序

中国近代法官考核程序经历了一个不断发展演变直至最终

---

[1] 参见《修正公务员考绩法施行细则》，载《司法公报》1937 年第 159 号。
[2] 《司法行政部训令（训字第 6236 号）》，载《司法公报》1935 年第 84 号。

定型的过程。早在清朝末年，法官考核主要在各级法院长官主持下进行。南京临时政府存在时间较短，法官考核问题未及提上日程。北洋政府初期，按照惯例各地审检机构长官要对法官月收及月结案件数量进行上报考核，一般来说，每月上旬地方审检厅之长官应提出所编制及该管初级厅所编制之上前月份成绩表于各该高等厅之长官，高等厅之长官接受所属长官提出之成绩表后，应于10日内添注意见，上报司法总长。除了对法官月收及月结案件数量进行上报考核外，1914年的《司法官考绩规则》还规定了每年6月和12月进行两次的综合考评。

1921年的《考核法官成绩条例施行细则》则将考核分为季考核和年考核，其中季考核于每年3月、6月、9月、12月举行，年考核于每年4月举行，均由考核法官委员会执行。季考核时，由委员长主持召开评议会，根据法定的考核标准对各法院上报的法官成绩进行审查和评议。法官成绩经评议后分别列为甲、乙、丙、丁四等。考核法官委员会每季开完会后，应将各审检厅法官成绩表两份分别呈送司法总长、次长存查，另备两份由委员会及司法部总务厅分存备考。年考核主要是对季考核所定等级的综合和概括，年考核评定等第后由考核法官委员会汇编名册呈送司法总长核办。

南京国民政府沿用《公务员考绩法》的规定，对法官的考核也分为年考和总考两类，无论是年考还是总考，又分别分为初核和覆核，以其直接上级长官执行初核，再由上级长官执行覆核，主管长官执行最后覆核。为了严格法官考核程序，1935年12月21日，南京国民政府制定了专门的《司法人员考绩程序表》，对各级法官的考核程序作出明确规定。最高法院检察署的检察长由司法行政部次长初核呈部长核定，检察官由检察长初核送司法行政部考绩委员会汇核呈部长核定；各省高等法院院长及首席检察官由司法行政部次长初核呈部长核定,庭长、推事及检察官分别由院长、首席检察官初核送司法行政部考绩委员会汇核呈部长核定;高等法院分院院长及首席检察官分别由高等法院院长、首席检察官初核送司法行政部考绩委员会汇核呈部长核定,庭长、推事及检察官分别由院长、首席检察官初核送高等法院院长、首席检察官覆核转送司法行政部考绩委员会汇核呈部长核定;地方法院院长及首席检察官分别由高等法院院长、首席检察官初核送司法行政部考绩委员会汇核呈部长核定,庭长、推事及检察官分别由院长、首席检察官初核送高等法院院长、首席检察官覆核转送司法行政部考绩委员会汇核呈部长核定。[1]在考核程序中,司法行政部考核委员会的汇核是必不可少的一道程序,而且这一汇核程序也有明确的规定。司法行政部考绩委员会收到各类人员之考绩表后,由主席、副主席指定委员若干人,先行初步审查,为前项审查时得命考核人员列席或书面说明。初步审查完毕后应将审查结果书面报告正、副主席,正、副主席接受前项报告后应定期召开会议汇核,但不受多数拘束。正副主席应将会议结果填入考绩表,呈部长核定并得加具意见,最后报请考试院铨叙部审查并最终核定。南京国民政府关于法官考绩程序的规定是以往所没有的,可以说是对北洋政府时期考绩制度的一大发展。

综上可见,为了促使法官尽职尽责,并检验用人之效,中国近代各届政府通过颁行相应的法律法规,以比较客观的标准确定法官的业务能力和工作素质,希冀做到严格考核、论功行赏、克服评价人员的主观性影响、促进公平与平等,与西方近代考绩制任人唯贤、奖优罚劣的精神相一致。此外,通过制颁

---

〔1〕 参见《司法人员考绩程序表》,载《司法公报》1936年第87号。

法规命令，形成了一套日常考核和综合考核相结合的考核体系。例如，北洋政府时期实行由法官考绩委员会主持的固定性的年考、季考与监督长官主持的临时性的日常考核相结合的复合式考核方式，南京国民政府时期实行以初核与覆核为基础的日常考核、年考与总考相结合的考核办法。这套考核体系对于监督法官的日常行为、提高法官工作积极性是有一定的好处的。

近代法官考核制度对于增强法官的工作责任感，激发其进取心，无疑起到一定的作用。但是该制度无论是在制度设计还是制度的执行方面，却难以尽如人意。第一，考核内容存在疏漏，考核标准不够明确。从理论上讲，对法官的考核，应当从道德品性、工作业绩、工作能力、工作态度以及责任心等方面进行综合考察和评价，并以此作为奖惩升降的依据，这样才能增强其工作责任感，激发其进取心，达到激励的效果。然而，近代中国，诉讼延滞、案件积压是司法上的主要弊端，各届政府制定考绩制度的目的重在督促各级法院尽快清理积案，受理新案，以做到案无留牍，因此，在对法官的考核方面侧重于对办案成绩的考察，而对于其道德品性、工作态度等则缺乏关注。第二，考核过程中存在严重的因循敷衍之风。考核制度的设计虽然存在诸多问题，但各级考核机构如果能够尽心尽职，认真履行考核职责，法官考核制度仍能起到奖优惩劣的作用。然而，各级法院长官往往将考绩视为例行公事，或者根据个人好恶，随意内定优劣，或者搞内部平衡，优劣轮流坐庄；法官考核委员会组成人员多是兼职，他们受固有职务牵累，对于考核工作常多疏忽，故考核之结果，动辄经年累月，往往人已更掉而考核尚无结果[1]；作为主管考绩工作的司法部（司法行

---

[1] 参见杨兆龙："司法改革中应注意之基本问题"，载杨兆龙著，郝铁川、陆锦碧编：《杨兆龙法学文选》，中国政法大学出版社2000年版，第340~341页。

政部）无法洞察法官的真实情况，只能根据上报表册评定优劣，予以奖惩，考绩制度应有的奖励贤能、澄汰庸劣的激励作用无法发挥出来。

（二）法官的惩戒

中国古代没有专门的法官惩戒制度，一是因为古代行政兼理司法，没有专门的法官职业；二是因为中国传统法律的重刑特征，兼理司法的官员有违法失职行为时，都要追究其刑事责任，例如，西周的"五过之疵"，秦汉以来的"失刑"罪、"不直罪"，隋唐时期的"出入人罪"等。

近代法官惩戒制度始于清末。在预备立宪和司法改革中，为了保障司法独立，防止行政官员掌握法官的进退之权，法官惩戒制度首次被介绍到中国，并被当政者所接受。南京临时政府建立后，在其颁发的《中华民国临时约法》中原则性地规定了法官惩戒条规"以法律定之"，由于政权很快易位，也未及制定。法官惩戒制度正式形成于北洋政府时期。1915年10月15日，北洋政府在清末和南京临时政府有关法官惩戒设想的基础上，第一次公布并实施了《司法官惩戒法》，随后，又先后颁布了《司法官惩戒法第三章惩戒委员会施行令》（1915年11月7日）、《司法官惩戒委员会审查规则》（1915年12月18日）、《司法官惩戒处分执行令》（1918年5月15日）、《司法官惩戒法适用条例》（1921年2月17日）。这些法规的颁布，使北洋政府对法官的惩戒有了明确的法律依据。南京国民政府成立后，在北洋政府法官惩戒制度的基础上，于1928年5月12日公布了《法官惩戒暂行条例》。20世纪30年代开始，由于政府组织机构的调整，法官惩戒制度与公务员惩戒制度合并施行。上述法规对法官惩戒机构、惩戒事由、惩戒程序、惩戒措施等作出了明确的规定，从而形成比较系统的近代意义上的法官惩戒制度。

1. 惩戒事由

惩戒事由是指法官在什么样的情况下应当受到惩戒，换句话说，就是引起法官受惩戒的行为。一般而言，凡是有失司法公信力与司法权威的行为，诸如违法犯罪行为、渎职失职行为、有失法官尊严的行为等，都应当受到惩戒。但是如何根据法官职业的特殊性把法官应受惩戒的行为在法律法规中表达出来，近代各届政府可谓煞费苦心。

1915年，北洋政府颁布的《司法官惩戒法》[1]规定，凡是违背或废弛职务、有失官职上威严或信用的司法官，即应受惩戒。这是中国最早以法律形式对法官惩戒事由作出的明确规定。由于法官惩戒制度刚刚由设想变为现实，在某些方面尚不够完善，该法对惩戒事由的规定也显得过于笼统、模糊，无法显示出法官的职业特性，而且不具有可执行性，在实践中也容易引起歧义。

经过几年的实践，1921年的《司法官惩戒法适用条例》[2]对惩戒事由做出较大的调整，详细列举了22种应受惩戒的违法失职行为，使其具有较强的可操作性。该条例规定的惩戒事由按照法官失范的严重程度依次分为如下几类：①行止卑污、贪缘奔竞、对于管辖诉讼或非讼事件勾结律师徇私舞弊、直接或间接购买诉讼内物产、从事与报馆有关系之职务、隶籍党派或虽非隶籍党派而为党派活动、受刑法上拘役以上刑之宣告等。这些行为应受到褫职之惩戒。②旷废职务或擅离职守、对于诉讼或非讼事件为人请托、擅自处分公款、泄露应秘密之文书或消息，这些行为应受停职或降等处分；③关于国内具体政治发

---

[1]《司法官惩戒法》，载《东方杂志》1915年第12卷12号。
[2]《拟订司法官惩戒法适用条例请公布呈并指令》，载《司法公报》1921年第135期。

表言论、从事与商业有关系之职务、出入娼寮、受刑法上罚金刑之宣布，这些行为应受停职或减俸之处分；④关于署内行政事项未受司法部允准变更定章、关于簿记表册等项违法不设备、虽非从事商业上之职务而投资商业（为股份公司之股东不在此限），这些行为应受减俸或诫饬处分；⑤长官对于属员携款私逃失于觉察、长官知有属员犯渎职罪而不举发、处理案件失于出入、应回避而不回避，这些行为应受诫饬处分。这些惩戒事由都属于影响司法威信和司法公信力的不当行为，符合法官的职业特性，表现出北洋政府在惩戒事由中对法官职业特性的探索。另外，上述惩戒事由详细而具体，在司法实践中为法官惩戒提供了明确具体的依据。但是，在法规中对惩戒事由采取列举的方式，似乎又存在不妥之处。因为要想列举所有禁止性规则是不切实际的，《司法官惩戒法适用条例》也不可能穷尽法官所有的不良行为，这样就容易形成法律上的漏洞。

　　1928年的《法官惩戒条例》对惩戒事由不再采取上述列举的方式，而是采用概括的方式，把法官应受惩戒的行为分为四类：①违背职务；②废弛职务；③有失职务上威信之行为；④有恶劣之嗜好。这些惩戒事由中，前两项属于法官履行职责时的不当行为，后两种基本上属于法官履行职务之外的不良活动，因为法官职业是一种比较特殊的职业，与人民利害关系密切相关，受到人民的高度关注，即使在工作之外的时间，法官如果有不当行为，也极易导致人们对司法公信力产生怀疑，因此把职务外的不当行为列入惩戒事由中，是法官职业特点所决定的。

　　1931年《公务员惩戒法》颁行后，法官作为公务员之一种，惩戒事由与公务员惩戒事由完全相同。根据《公务员惩戒法》的规定，公务员的"违法"或"废弛职务或其他失职行为"应受惩戒。按照这个规定，法官应受惩戒的事由完全属于职务范围内的行为,而法官职务范围之外的不当行为以及道德操守和个人品行等足以影响司法权威和司法公信力的行为都被排斥在惩戒事由之外。至此,法官职业的特殊性在惩戒事由中已无法显现,近代对法官惩戒事由职业特性的追求已经完全落空。

2. 惩戒程序

法官惩戒制度的目的不仅仅是惩处,也在于保障法官在受到惩戒时须有公正的待遇,在受到惩戒时权利能够得到充分保障,这就需要建立一套完备的惩戒程序,并使其具备司法化特性,即"对受惩戒法官的追诉职能与裁决职能应当由不同的机构和人员分别承担,并保证被惩戒者的申诉、辩解等程序性的权利,对法官的惩戒决定应当由专门的审判组织听取当事人双方的意见,审理中应当允许当事人提出证据并按照一定的证据规则予以判断,最后才做出处分决定。"[1]中国近代政府在法官惩戒程序司法化的追求过程中,由于受传统观念的影响,难免掺杂一些行政性的内容在内。

从1915年的《司法官惩戒法》和1928年的《法官惩戒暂行条例》来看,当时法官惩戒大致遵循这样的一套程序。

(1) 提出与受理。惩戒程序的启动大多是由各级监督长官提出,报请法官惩戒委员会受理。例如,最高法院院长对于本院推事、高等法院院长对于本院推事及所辖下级法院院长推事、地方法院院长对于本院推事、最高法院首席检察官对于本院检察官及高等以下各级检察官、高等法院首席检察官对于本院检察官及所辖下级法院检察官、地方法院首席检察官对于本院检察官,如认为应付惩戒时,应备文声叙事由连同证据一同报送司法部,司法总长认为该法官确有应付惩戒事由,北洋政府时

---

[1] 全亮:《法官惩戒制度比较研究》,法律出版社2011年版,第37页。

代尚须依法呈请大总统交惩戒委员会受理，南京国民政府初期则直接由司法部交付法官惩戒委员会议决。这是法官惩戒程序启动的主要途径，此外，还有刑事案件引发惩戒、监察院提起弹劾而引发惩戒等途径。

（2）调查与申辩。法官惩戒事件提交到法官惩戒委员会后，由委员长指定主任调查委员，负责对惩戒案件的调查事宜。调查完毕，主任委员须向委员长提交调查报告书。法官惩戒委员会除依职权调查外，还应将原送文件抄送被惩戒人并指定日期令其提出申辩书或令其到会询问，如违令不提出申辩书或不到会者，得径为惩戒之议决。

（3）审查与评议。委员长接受报告书后，限期令各委员到会就报告书及本会调查卷宗以下列标准进行审查：其一，报告书所载认定事实与证据是否相符或有无缺漏和疑义；其二，报告书认为应否受惩戒或处分，其见解可否采用。审查期满或于期前已审查完毕时，由委员长定期召开评议会，对该请求惩戒事件进行评议，评议时以 2/3 以上委员之同意，作出"惩戒处分"或"免于惩戒处分"之议决。

（4）制作议决书。事件议决后，由委员长于主任调查委员中指定 1 人或 2 人拟具议决报告书，议决报告书需要包括"被付惩戒人姓名官职""事件之案由""议决之处分""议决之理由""会议列席议决各员姓名""议决之年月日"等几个组成部分。惩戒委员会将议决书呈交大总统，由大总统核准后，交司法部执行。[1]

1931 年《公务员惩戒法》把法官惩戒纳入公务员惩戒之列，从该法来看，公务员惩戒程序与原来的法官惩戒程序大致

---

[1] 参见《司法官惩戒法》，载《东方杂志》1915 年第 12 卷第 12 号；《拟订司法官惩戒审查规则呈并批令（附单）》，载《司法公报》1916 年第 51 期。

相同，居正对于中央公务员惩戒手续曾有一个说明："惟将来惩戒手续，为避免冤诬之弊，决将国府交下之被弹劾人先予通知，准予被弹劾人以充分之申辩机会，本会一面即派员赴各该地秘密调查，并得转托各该地监督长官，与法院等机关代为调查，然后根据被弹劾之申辩，与调查者之报告，开一全体会议，依照公务员惩戒办法，而定处分之轻重。"[1]公务员惩戒程序与原法官惩戒程序不同之处在于，惩戒程序的启动是由监察院弹劾而引发的。《弹劾法》规定，各监察委员对于公务员违法或失职之行为，应提出弹劾案于监察院，经监察院认可后，即应将被弹劾人由国民政府交付公务员惩戒委员会办理。与原来由各级法院监督长官提出报经司法部转交法官惩戒委员会受理不同，公务员惩戒程序有了监察院与国民政府的参与，而这两个部门实际上属于行政机关，在法官惩戒过程中由于有了行政力量的介入，不可避免地削弱了惩戒程序的司法色彩。更有甚者，国民政府曾订立一补充办法，在公务员惩戒委员会之上又增加一个复核机关，"中央政治会议认为必要时得复核之"。在隶属于司法院的公务员惩戒委员会上又多了一个中央政治会议，从而使得行政机关成为法官惩戒的复议机关，无疑加重了惩戒程序的行政色彩。

3. 惩戒措施

惩戒措施就是对法官不当行为采取的具体惩处办法。惩戒措施恰当与否直接影响到受惩戒法官的利益。惩戒处分过重，有可能影响法官履行职务的积极性，惩戒处分过轻，则达不到惩戒的目的。因此，惩戒措施要与法官违法失职行为相适应，避免畸轻畸重，而且需要有轻重层次的划分。从近代各种惩戒

---

[1] 中华民国史事纪要编辑委员会编：《中华民国史事纪要（初稿）》（1932年1月至6月），史料研究中心1971年印行，第826页。

法规来看，法官的惩戒措施经历了一个复杂多变的过程，最终形成了多元化的惩戒体系。

清末民初，法官惩戒制度尚未正式形成，实践中出现的法官违纪失职行为在惩处上与普通文官无疑，1915年《司法官惩戒法》[1]针对法官的不当行为，规定了七种惩戒办法，分别是：夺官、褫职、降官、停职、调职、减俸、诫饬等七种。该法规定的惩戒处分，重到夺官，轻至诫饬，轻重相去甚为悬绝，实践中难免出现畸轻畸重之弊；夺官与褫职相差不大，实践中也不易区分；调职实际上往往起不到惩戒作用。为了补偏救弊，1921年的《司法官惩戒法适用条例》[2]对其作出调整，将惩戒处分定为褫职、停职、降等、减俸、诫饬等五种。该条例还规定，法官受惩戒处分后3年内再犯者，加重一等处罚，三犯者加重二等或褫职；惩戒之处分竞合时，除了处褫职不执行其他处分外，其他的情况合并执行；法官在职中犯事，去职后事发，仍得以司法官惩戒法之规定褫夺其为法官之资格。该条例成为北洋政府后期法官惩戒的主要依据。

南京国民政府建立后，于1928年在《司法官惩戒法适用条例》的基础上制颁了《法官惩戒暂行条例》。该条例规定的惩戒措施有四种，分别是免职、降等、停职、申诫。受免职处分者需要免去其现任之官职，受降等处分者依其现任官等降一等改叙，受停职处分者停止2月以上2年以下职务之执行并停止其俸给，受申诫处分者由国民政府司法部或相关法院长官以命令行之。[3]

---

〔1〕《司法官惩戒法》，载《东方杂志》1915年第12卷12号。

〔2〕《拟订司法官惩戒法适用条例请公布呈并指令》，载《司法公报》1921年第135期。

〔3〕参见《法官惩戒暂行条例》，载《司法公报》1928年第12期。

1931年6月公布的《公务员惩戒法》规定的惩戒措施有免职、降级、减俸、记过、申诫五种。1933年6月、1948年4月先后两次对《公务员惩戒法》进行修正，修正过的惩戒处分将免职改为撤职，另外增加休职一种。法官惩戒措施与普通公务员惩戒措施合二为一。

综上可见，中国近代法官惩戒制度形成发展过程并非一帆风顺，而是屡屡变更，但制度本身的意义不容低估。首先，初步实现了法官惩戒机构的专门化，避免了多头执法现象的出现，有利于统一惩戒标准和惩戒程序；其次，基本上实现了法官惩戒事由的行为主义，这是符合国际惯例的做法，理应得到肯定；再次，初步实现了惩戒程序的规范化和法制化，有利于保障惩戒过程的客观和公正。专门的惩戒机构、较为详细的惩戒程序以及比较明确的惩戒事由，为法官惩戒制度的执行提供了执行主体和操作依据，从而使近代法官惩戒制度在对法官违法失职行为的惩戒、维护司法公正，提升司法公信力等方面发挥了一定的作用。

然而，近代法官惩戒制度在设计上仍然存在一些问题，例如惩戒机构欠缺稳定性，时有时无，复杂多变，且未形成自中央到地方的完整体系；惩戒程序也存在某些漏洞，与成熟的法官惩戒不可同日而语；惩戒事由和惩戒措施也有不当之处。由于法官惩戒制度设计上存在种种弊端，加之缺乏必要的社会环境、相应的配套措施以及司法行政部门在惩戒问题上的避重就轻，法官惩戒制度在实践中远未达到应有的效果。例如，近代颁布的各部法官惩戒法规中都对法官的职务外活动作出限制性规定，司法部也多次颁布训令予以制止，但其职务外的不良行为仍然存在，社会活动也十分频繁，以上海论，各处游艺场所、酒楼、妓馆，处处留下他们的踪迹，"乃近闻法官中，偶有与律师同居旅馆,沆瀣一气者;有于宴会往来之际,与律师谈及公事,或听亲友刺探案情者,甚至借口消遣,接近烟赌者亦有其人"[1]。更有甚者,一些法官为了达到个人的目的,不顾禁令,与军政要人勾结,导致"现实生活中的法官却去做行政官的傀儡,大半敷衍将事"[2]。

三、法官的薪酬待遇与职业保障

(一) 法官的薪酬待遇

1. 俸禄

司法独立是中国近代司法改革追求的目标之一,而司法独立的核心是法官独立,如何维护法官独立审判是当政者急需解决的一个重要问题。美国当代学者汉密尔顿曾经说过这样一句话:"最有助于维护法官独立者,除使法官职务固定外,莫过于使其薪俸固定。……就人类天性之一般情况而言,对某人的生活有控制权,等于对其意志有控制权。"[3]这话道出了法官独立的关键所在,即为其提供一定的物质保障,使其免于后顾之忧。对于法官物质保障的重要性,近代有识之士以及当政者皆有所认识。清末法制改革的主持者沈家本在1911年初的一份奏折中谈道:"故此次所任用之法官,必优给薪俸,重其考成,庶人知自爱,而司法前途方可有望矣。"[4]民国第一任司法总长伍廷芳也提出"高薪制"的主张:"中国政治欲有所进步,须先从司

---

[1] 《法官宜避嫌疑令》,载《司法公报》1927年第238期。

[2] "法官之修养",载《法律评论(北京)》1927年第240期。参见《梁馆长演讲》之"法官之修养",北洋政府司法部档案:1049—2788,第二历史档案馆存。

[3] [美]汉密尔顿、杰伊、麦迪逊:《联邦党人文集》,程逢如、在汉、舒逊译,商务印书馆1989年版,第396页。

[4] "果有适用法律之人材耶",载《申报》1911年2月11日。

第三章 司法审判人员的专业化

法一门入手,改良审判优给薪俸,是为第一要义。"[1]1932年1月,初任南京国民政府司法部长的罗文干在谈到司法行政改革时提出,要培植司法人才,除了"严别资格""惩奖分明"外,"更应于制度上,设法提高其待遇及地位,使人人均知自爱,以得人民之信仰,并极力保障之,使能安于其位"。[2]在这里,"优给薪俸""提高待遇"实际上就是提高法官物质保障的另一种说法。

薪俸是近代法官物质保障的基本内容。中国近代法官薪俸经历了一个从参照行政官俸禄标准到逐渐走向独立继而又回归行政官俸禄标准的过程。

出于维护司法独立的需要,清末法部曾提出要制定专门的法官官俸章程,并准备在宣统二年(1910年)至宣统四年(1912年)完成从编定到实行的整个过程。但由于朝廷重视不够,加之时间紧迫,准备不足,这项计划未能实现,法官的俸禄比照行政官的俸禄实行。宣统二年(1910年)法官考试之后,法官任用即将开始,在法官俸禄标准上,法部确定了略高于同级行政官员俸禄的地方法官俸禄标准,即省直高等审判厅普通推事每月俸禄标准为160元,地方审判厅推事每月140元,初级审判厅推事每月100元。[3]这个标准的确立,主要基于宪政编查馆和法部对法官职业重要性的认识:"法官独立执法,责成甚重,限制复多,其考用之法既如是其严,则待遇之方即不宜过薄;应

---

[1] 伍廷芳:"中华民国图治刍议",载丁贤俊、喻作凤编:《伍廷芳集》(下册),中华书局1993年版,第594~595页。

[2] "罗文干氏之改革司法行政院",载《法律评论(北京)》1932年第432期。

[3] 参见"清法部编定省直提法司署及审判各厅经费细数表说明",载汪庆祺编:《各省审判厅判牍》,北京大学出版社2007年版,第430页。

设员额固须多寡适中，而应需官俸亦应丰啬各当。"[1]

1913年初，北洋政府司法部将《司法官官等官俸法草案》提交参议院会议，但迟迟未能议决施行。国务会议只得议定一暂行办法：除大理院长比照各部总长支俸外，自总检察长以下各缺，权其轻重，视其繁简，悉比照中央行政官官等官俸法暂行支俸。这种办法只限于中央与京师各司法官，至于外省司法官应视本省财政状况由各省自行掌握，没有统一的标准。[2]

随着司法独立进程的深化，将法官官俸从行政官官俸中独立出来，制定专门的官俸章程以保障法官的独立地位变得尤为重要和必要。1917年7月17日，北洋政府公布了《司法官官等条例》[3]和《司法官官俸条例》[4]，确立了法官的官等和官俸。法官的官等，除大理院院长为特任外，其余人员分为五等，一二等为简任，三四五等为荐任。法官的薪俸是与官等相辅相成的，特任职大理院院长月俸1 000元，简任职官俸分5级，自600元递减至400元，级差为50元，荐任职分14级，自360元递减至100元，级差为20元。

1928年7月1日，南京国民政府颁布施行《司法官官俸暂行条例》。按照该条例，法官分为简任法官和荐任法官。简任法官俸禄分7级，自675元递减至435元，级差为40元。荐任法官俸禄分13级，自400元依次递减至160元，级差为20元。

---

[1] "宪政编查馆会奏遵议府厅州县地方审判厅办法折"，转引自李启成：《晚清各级审判厅研究》，北京大学出版社2004年版，第190页。

[2] 参见《呈京师各厅法官节经比照叙等请准备案至外省法官应如何办理请裁夺文并批令》，载《司法公报》1915年第29期。

[3] 《司法官官等条例》，载《东方杂志》1918年第15卷第8号。

[4] 《司法官官俸条例》，载《东方杂志》1918年第15卷第8号。司法官官等官俸条例于1920年11月、1924年8月、1926年7月分别加以修正，但未有实质性的变化。

1928 年的《司法官官俸暂行条例》比北洋政府时代的《司法官官俸条例》所定的法官俸禄标准有所提高。但是下级法院法官之薪俸与行政官相比，仍是相形见绌。下级法官事务更为繁忙，俸禄却较低，这样"不足以使下级法官安于其位也"。1935 年《法院组织法》第 41 条规定：法官俸给应适用公务员之俸给。从此，法官官俸开始参照公务员之俸给标准发放。

2. 其他福利

除正常俸禄外，中国近代法官的物质保障还包括名称不同、表现形式不一的一些福利待遇。

（1）年功加俸和补助俸禄。从有限的资料来看，近代法官福利主要采取年功加俸的形式发放。根据 1913 年的《中央行政官官俸法》规定：简任官晋至各该官最高之等，受至最高级之俸满 5 年以上，确有功绩者，得享 700 元以内之年功加俸；同等情况下，荐任官享有 500 元年功加俸，委任官享有 200 元年功加俸。年功加俸实际上是对资历较深的文官给予的一次性年终奖励。在专门的法官官俸颁布之前，法官薪俸比照文官薪俸法执行，有关文官年功加俸的规定同样适用于法官。

1917 年的《司法官官等条例》和《司法官官俸条例》基本上继承了这一做法，规定：法官受至各该官等最高级之俸在 5 年以上，且确有功绩者，简任官得给以 600 元以内之年功加俸，荐任官得给以 200 元以内之年功加俸。[1]年功加俸得计算每年所加总额分月平均计算，与官俸同时发放[2]。

1928 年的《司法官官俸暂行条例》规定：法官受至各该官等最高级之俸在 5 年以上，确有劳绩者，简任官得给以 600 元以内之年功加俸，荐任官得给以 400 元以内之年功加俸。法官之

---

〔1〕 参见《司法官官俸条例》，载《东方杂志》1918 年第 15 卷第 8 号。

〔2〕 参见《司法官官俸发给细则》，载《政府公报》1918 年第 917 号。

年功加俸由司法部长定之，但最高法院庭长推事之年功加俸由最高法院院长定之，仍须咨报司法部。[1]

除了上述年功加俸外，江苏上海各级法院还有特别的补助俸。根据 1933 年《江苏上海特区各级法院司法官补助俸津办法》和《江苏上海地方法院职员补助俸津办法》之规定，江苏上海特区各级法院法官除依《司法官官俸暂行条例》及《学习候补推事检察官津贴暂行规则》叙俸支津外，得照下列额数分别给予补助俸：高等分院院长 450～600 元，高等分院首席检察官、庭长 200～300 元，高等分院推事、检察官 150～250 元，地方法院院长 300～400 元，地方法院首席检察官、庭长 150～250 元，地方法院推事、检察官 150～250 元，候补推事、检察官 100～150 元，在特区办事之分发候补推事检察官 30～60 元。[2]

抗战爆发后，物价渐涨，南京国民政府遂于 1942 年，拟定补助俸办法。补助俸之分配标准为：荐任职司法人员 240 元，委任职司法人员 160 元，而且可以按年资递增，荐任职最高可达到 400 元，委任职最高可达 240 元。1943 年至 1947 年，补助俸标准又先后调整三次，调整的总趋势是渐次提高。上述补助俸办法主要是针对各法院法官及监所人员，而当时南京国民政府对于一般公务员所规定的战时生活补助办法，包括法官在内的司法人员仍可一体享受。[3]

（2）公费。公费实际上是京外各高等审检厅厅长、检察长按月支取的用于公事的交际费用。1914 年 7 月，司法部呈准"各省高等审判厅长公费办法"，把全国省份分为大、中、小三

---

〔1〕 参见《司法官官俸暂行条例》，载蔡鸿源主编：《民国法规集成》（第65册），黄山书社 1999 年版，第 530 页。

〔2〕 参见《江苏上海特区各级法院司法官补助俸津办法》，载《法律评论（北京）》1933 年第 11 卷第 8 期。

〔3〕 参见汪楫宝：《民国司法志》，商务印书馆 2013 年版，第 58 页。

第三章 司法审判人员的专业化

等,大省月支公费 200 元,中等省份月支公费 150 元,小省月支公费 100 元,新疆司法筹备处与小省同。该办法属于暂行性质,存在着一些不合理之处:其一,京师高等审检两长不支公费;其二,热河、察哈尔、绥远审判处长不支公费。同为高等审检机构,对外繁忙程度基本一样,因公交际及其他费用却无所支取,显然有失公允。在《司法官官等条例》和《司法官官俸条例》颁布后,司法部重新拟订了"京师暨各省区厅处长官公费办法",对上述问题做出更正:首先,京师高等审检两厅长"既系简任,与外省高厅相同,而案牍之繁、交际之广,亦复与之相等",应当与大省同,月支 200 元;其次,热河、察哈尔、绥远等准与小省同,月支 100 元;再次,此项应需经费在未追加预算前,拟暂由司法收入项下开支。〔1〕上述公费由高等审检厅厅长、检察长均分具领。特殊情况下,地方审检厅厅长、检察长也可申请到一定的公费。如天津、上海、夏口等处商埠夙称繁盛,其地方审判检察两长曾先后由司法部酌情给予公费。吉林的滨江、长春地方审检厅随着中东铁路附属地内审判权的收回,华洋诉讼日渐增多,也得到司法部的批准,每月由司法收入项下酌情支取公费 96 元。〔2〕南京国民政府时期,在司法收入项目下截留一部分款项作为公费。公费为数虽然不多,但毕竟是政府给予法官的一种特殊待遇,这是传统社会中不曾有的一种规定,其首创意义显而易见。

(3) 恤金和退养金。关于法官退职及退职后的生活待遇,清末《法院编制法》作出原则性的规定。其第 122 条明确了法

---

〔1〕 参见《司法总长朱深呈大总统拟订京师暨各省区厅处长官公费办法文》,载《政府公报》1918 年第 906 号。

〔2〕 参见《滨江地方审检两厅长援案给予公费呈并指令》,载《司法公报》1920 年第 123 期。

官退职的缘由："推事及检察官如因精神衰弱，不能任事，各省由提法司申报法部奏请退职；京师由各审判衙门检察厅长官报明法部奏请退职。"可见，"精神衰弱不能任事"是法官退职的客观条件。这里所说的"精神衰弱"主要是指老病废疾及疯癫等而言。为了保障退职法官的生活，《法院编制法》第126条规定："推事及检察官退职后，得受恩俸，其细则于廉俸章程中附定之。"这只是一个笼统的规定，至于具体实施细则，及至清亡也未见颁行。

北洋政府除了在立法中继承了上述规定外，实践中主要适用《文官恤金令》的相关内容。按照规定，法官与普通文官一样，在退休、退职或因公死亡时，其本人或家族享有抚恤金。这一规定基本上解除了法官的后顾之忧，为近代法官以及其他公务人员退休和伤亡保障立法之先导。

1934年和1943年，南京国民政府先后颁布《公务员恤金条例》和《公务员恤金法》。法官作为公务员之一种，自然与普通公务员享受一样的恤金，抚恤办法与北洋政府大同小异，在此不再赘述。根据1942年之调查，包括法官在内的国统区所有司法人员，"因战事殉难者一百十八人，而在职积劳病故之四百八十人不与焉。殉难人员中，多数被轰炸而死，其有为敌伪戕杀者十余人。如上海法院庭长郁华、钱鸿业、吴廷琪，金华法院院长陆宝铎等，均经国民政府明令褒扬，优予抚恤"[1]。

特别值得一提的是，南京国民政府对法官退休金作出专门规定。1935年《法院组织法》第43条规定："推事检察官任职在十五年以上，因积劳不能服务而辞职者，应给退养金。"[2]根

---

〔1〕 汪楫宝：《民国司法志》，商务印书馆2013年版，第59页。
〔2〕 《法院组织法》，载蔡鸿源主编：《民国法规集成》（第65册），黄山书社1999年版，第494页。

据这一规定，1936年，司法行政部通过《司法官退养金条例》。根据该条例，法官具备下列条件之一者，可以享受退养金：①凡是任职十五年以上，因积劳不能服务而自己呈请辞职者；②年过六十而由国家强令退休者。[1]退养金额大约为原有俸额之二分之一。[2]

（二）法官的职业保障

法官的职业保障可分为任职保障和职权保障两种。任职保障与职权保障是密切联系的，只有保障法官身份不为国会、内阁、政党及其他政治、社会势力所左右，法官的职权才能得以维持。

1. 任职保障

法官的任职保障，在西方国家通常称为不可更换制，也称职务终身制、职务常任制，是指法官一经任命，不得随意更换，不得随意被免职、转职，只有依据法定条件和程序，才能对其予以弹劾、撤职。这是世界各国为保证法官任职的稳定性而通行的一项制度。该制度可以使法官避免因政局的变动而被经常性地更换，也使法官无须担心因秉公办案得罪他人而在职务上受到不利的变动，有利于司法独立和司法公正的实现。

近代中国在学习西方进行司法改革过程中，借鉴了该项制度。早在清末，就曾有人提出法官终身制的设想。光绪三十三年（1907年）十月，御史赵炳麟在上奏中谈道："再司法人员，各国皆定为终身官，所以尊荣其身，令其入于职事，无所顾虑，无所偏袒，不难伸公理而雪民怨，此固万国之通例也"，他建议政务处"查照各国司法官通例，议定法部大理院及各项裁判所

---

〔1〕 转引自何勤华、李秀清：《外国法与中国法——20世纪中国移植外国法反思》，中国政法大学出版社2003年版，第494页。

〔2〕 参见范忠信、尤陈俊、龚先砦选编：《为什么要重建中国法系——居正法政文选》，中国政法大学出版社2009年版，第337页。

人员，皆为终身官"。[1]政务处在议覆该御史的建议时，首先肯定了其作用，即可以收司法独立之功效，杜钻营奔竟之风，符合各国之通例，但最终还是驳斥了该建议，理由是目前中国法官来源复杂，素质参差不齐，各地法官薪俸未能一律，定法官为终身官一时尚难办到，但又表示，"俟将来分科学堂毕业各项专门学生较多，再行照此任用。"[2]

清廷既然把司法独立作为预备立宪的重要内容，定法官为终身制则是迟早要做的事情。宣统元年二月二十七日（1909年3月18日），法部奏进《统筹司法行政事宜分期办法折并单》，提出了本部在预备立宪期内逐年筹备事宜，定法官为终身官是其中一项重要工作，预计在宣统八年完成。随着清朝的覆亡，该制度未能真正实现，但宣统元年（1910年）十二月颁行的《法院编制法》第125条规定，法部对于推事及检察官不得有勒令调任、借补、停职、免职及减俸等事项，[3]这无疑是对法官任职的一种切实保障。

清朝灭亡后，法官任职保障制度被其后的民国政府所继承。北洋政府的《法院组织法》全盘照搬了清末《法院编制法》有关法官任职保障的全部内容，南京国民政府的《法院组织法》对法官任职保障的规定更加明确，其第14条规定："实缺推事非有法定原因，并依法定程序，不得将其停职、免职、转调或减俸。"

更加值得一提的是，民国政府不仅仅在法院组织法中规定了法官的任职保障，而且将其上升到宪法保障的高度。

---

[1]"御史赵炳麟奏司法人员按次升转片"，载《政治官报》1907年第20号。

[2]"会议政务处议覆御史赵炳麟奏司法人员官阶终身升转分别准驳折"，载《政治官报》1907年第54号。

[3]"宪政编查馆奏核订法院编制法并另拟各项暂行章程折并单"，载《政治官报》1910年第826号。

第三章 司法审判人员的专业化

武昌起义胜利后，由湖北军政府制定的《中华民国鄂州临时约法草案》第6章第56条规定："法官非依法律受刑罚宣告，或应免职之惩戒宣告，不得免职。"[1]当然，湖北军政府只是武昌起义后建立的一个地方性政府，《中华民国鄂州临时约法草案》尚不具有全国意义。1912年1月1日成立的南京临时政府则是中国近代第一个全国性的资产阶级民主政权，在它成立后，产生了中国近代第一部资产阶级性质的宪法性文件《中华民国临时约法》。该约法以根本法的形式明确了法官的身份保障，"法官在任中不得减俸或转职，非依法律受刑罚宣告或应免职之惩戒处分，不得解职。惩戒条规定，以法律定之。"[2]

与《中华民国临时约法》相比较，在袁世凯授意下制定的《中华民国约法》在诸多方面出现了倒退，但对法官的任职仍然予以保障，"法官在任中不得减俸或转职，非依法律受刑罚之宣告或应免职之惩戒处分，不得解职。惩戒条规，以法律定之。"[3]

袁世凯死后，各派军阀争权夺利，混战不止。在这种局面下出台的《中华民国宪法》虽然落得一个"贿选宪法"的骂名，但对法官任职保障制度进一步予以确认，"法官在任中，非依法律，不得减俸、停职或转职。法官在任中，非受刑法宣告或惩戒处分，不得免职。但改定法院编制及法官资格时，不在此限。法官之惩戒处分，以法律定之。"[4]

---

[1]《中华民国鄂州临时约法草案》，载蔡鸿源主编：《民国法规集成》（第2册），黄山书社1999年版，第1~5页。

[2]《中华民国临时约法》，载蔡鸿源主编：《民国法规集成》（第2册），黄山书社1999年版，第12~17页。

[3]《中华民国临时约法》，载蔡鸿源主编：《民国法规集成》（第2册），黄山书社1999年版，第12~17页。

[4]《中华民国临时约法》，载蔡鸿源主编：《民国法规集成》（第2册），黄山书社1999年版，第12~17页。

南京国民政府成立后，基本上继承了清末与民国前期各届政府的法官任职保障制度，1936年《中华民国宪法草案》第81条规定："法官非受刑罚或惩戒处分或禁治产之宣告，不得免职，非依法律不得停职、转任或解俸。"1947年的《中华民国宪法》第81条正式将对法官的任职保障表述为"法官为终身职"，从而在立法层面实现了与西方国家"法官终身制"的接轨，这也是自清末以来中国近代各届政府孜孜追求的目标。

2. 职权保障

职权保障实际上是对法官独立行使职权的保障：一是以法律的形式明确规定司法权与其他权利的彻底分立，使法官独立于行政机关和立法机关，在行使权利时不受其他机关的干预；二是使法官在行使职权时独立于上级法院、独立于其职务监督长官、独立于同级其他法官。职权保障可以使法官摆脱对其他机关和上级官员的应酬而专注于业务工作，有利于提高司法活动的效率，并保持司法机关的廉洁与公正。

近代以来，西方分权思想和学说逐渐传入中国，并对国人产生重要影响。清末预备立宪和司法改革中制定的《法院编制法》，借鉴西方国家的相关制度，在法官职权保障方面，明确规定了行政部门和监督长官不得干涉法官的职权，司法部及有监督权之审判官和检察官不得限制法官"审判上所执事务及审判官之审判权"。这些规定虽然因为缺乏相关配套措施而未能有效施行，但却为其后各届政府对法官职权的保障提供了一种思路。

南京临时政府颁发的《中华民国临时约法》首次以宪法的形式对法官独立审判权予以确认，"法官独立审判，不受上级官厅之干涉"。这就意味着法官审判案件只服从法律，不受其他个人或机关的干涉。

北洋政府初期，临时总统袁世凯为了在政权体制方面达到变分权为集权的目的,同时也是为了避免法官独立行使职权对其专制统治构成威胁,在《中华民国约法》中没有规定法官的独立审判权,只是象征性地规定了实行法院的独立审判,"法院依法律独立审判民事诉讼、刑事诉讼,但关于行政诉讼及其他特别诉讼,各依其本法之规定行之"。与《中华民国临时约法》相比,在法官职权保障方面是一个严重倒退。

袁世凯死后,中国政治并没有走上正轨。1923年,在军阀混战中产生的曹锟政府颁行了《中华民国宪法》,再次确认了法官的独立审判权,"法官独立审判,无论何人,不得干涉之",这样不但从制度上保证了法官行使职权的独立性,而且使法官的职权保障制度进一步得以明确。

南京国民政府建立后,提出一党专制理论,把党治思想绝对化,对司法领域的影响主要表现为法官党化,即法官必须通晓和明了党义,在运用法律时要体现党义,这是对司法独立的严重干扰与破坏。然而,1936年《中华民国宪法草案》第80条仍然原则性地规定了"法官依法独立审判"。1947年颁行的《中华民国宪法》把《中华民国宪法草案》第80条修订为"法官须超出党派以外,依据法律独立审判,不受任何干涉",这就意味着南京国民政府奉行多年的法官党化政策被废除,旨在维护司法独立、保障法官职权的法官超党政策以宪法的形式得以重新确认。当然,南京国民政府的这一举措与其召开所谓的国民大会以及制定公布宪法一样,是挽救其濒临危亡的统治以及安抚人心的一种手段。

综上所述,中国近代法官无论在选拔任用、职业管理还是职业保障等方面,均已实现制度化。这一系列制度塑造出专业化的法官队伍,为中国司法审判制度近代化奠定了人力资源基础。对于近代法官队伍,诋毁者有之,赞扬者有之。无论如何,中国近代法官群体是司法审判制度近代化过程中产生的新兴力量,反过来对司法审判制度近代化又起到一定的推动作用。在这支新式法官队伍中，涌现出大量不畏权势、执法如山的法官，给近代司法审判注入一股清流。当然，近代法官群体中也不乏滥竽充数者、碌碌无为者，甚至还有贪赃枉法者、暴虐无道者。对于近代法官，陈嗣哲的认识比较客观公允："司法官为终身职，官位有保障，生活安定，无失业之忧，安心工作者，此其一。多有超然思想，少与外界人士交往，以避免嫌疑、影响声誉者，此其二。其中有思想较高尚者，洁身自爱，不贪污、不枉法、不惧权威与恶势力的迫害，能执法如山者，此其三。爱读书钻研法律，有法学著作出版，成了名家，或任法学讲座，最受学子欢迎的名教授，此其四。更有部分中庸思想及世故较深的人，遇事推拖，怕负责任冒风险，有官僚主义作风者，此其五。尚有思想落后，升官心切，对上阿谀奉迎，生活腐化，逐渐滋生贪污者，此其六。"[1]

第二节 兼理司法模式下的基层审判人员

自民国初年裁撤初级审判厅以来，基层司法审判事务长期由县政府兼理，这种兼理司法模式一直饱受法界人士的诟病。但是，任何制度的存在都有其存在的基础与依据，兼理司法制度也是如此。该制度之所以能够长期存在，一方面是因为经费与人才不足，普设法院短时间内无法实现，另一方面是因为中国司法行政不分的传统仍然具有强大的历史惯性，以至于该制度的施行并没有受到来自民间的抵触。实际上，兼理司法模式在基层社会的运作尚属正常，该制度下的司法审判与新式法院

---

[1] 陈嗣哲："1912 年至 1949 年我国司法界概况"，载党德信总主编，徐朝鉴主编，中国人民政治协商会议全国委员会文史资料委员会编：《文史资料存稿选编（政府·政党）》，中国文史出版社 2002 年版，第 462 页。

的司法审判,"所依照的法律及司法程序是一致的,在法律运行的意义上并没有本质性的不同,两者的差异主要是审判人员职业资格上的不同"[1]。兼理司法模式下的基层司法审判人员主要包括兼理司法之县知事与承审员、司法公署和司法处之审判员。这些兼理司法审判人员在任职资格、任用程序、考核、奖惩等方面与普通法官存在着较大的差异。

一、兼理司法之县知事与承审员

(一)兼理司法之县知事

县知事是北洋政府初期裁撤初级审判厅以后在县级层面兼理司法的人员之一。虽然县知事仍属于行政官,但由于有了兼理司法之职责,在选任、管理等方面,也注入了一些新内容。其后的南京国民政府时期,虽然县知事被改称为县长,但在任职资格、奖励惩戒方面,基本上还是沿用北洋政府时期的相关规定。在此仅以北洋政府时期县知事为例,来探讨近代县级层面兼理司法之县知事或县长之任职资格、奖励、惩戒等方面的制度。

1. 县知事的任职资格

县知事在基层社会治理中起着重要作用,尤其是裁撤初级审判厅以后,县知事履职好坏关系到人民的生命财产安全,非严定资格不足以保障其职权的正当行使。然而,民国初建,政局动荡,地方秩序混乱。而事关地方治乱的县知事,大多是清末官宦出身,有的来自清末县令,有的是其他旧官僚,封建社会官场上的各种恶习在他们身上表现得淋漓尽致,吏治败坏不堪。难怪时人评价当时的县知事,"非市井无赖之徒,即党会强梁之辈,流品纷杂,吏治卑污"。为了强化"中央用人行政之

----

[1] 蒋秋明编:《南京国民政府审判制度研究》,光明日报出版社2011年版,第89页。

权，涤荡地方滥用私人之弊"，更主要是为了强化对地方的控制，北洋政府"以考试知事实为澄清吏治之根本要图"。[1]1914年2月5日，《申报》刊登了总统府传出的消息："一月三十日上午大总统谓熊总理云，'知事为亲民之官，苟知事得人，则地方治安可安，否则事端百出，其害有不可胜言者'"，此语道出了政府对知事在基层地方治理中重要作用的认识。后来，在大总统第一次接见县知事的训辞中又一次强调："民为邦本，本固邦宁。固本之责，惟在官吏。而官吏之责任最重者，尤莫如县知事。盖知事为亲民之官，于人民之安危利病，关系特切。值兹民生凋瘵之余，自宜共体时艰，力图上理。"[2]可见，吏治败坏的现实状况以及对县知事在地方治理中重要作用的认识促使北洋政府下决心通过考试来选拔官吏，希望通过举办知事考试重建公开的、程序化的选官制度。

1913年12月2日，北洋政府颁布了《知事任用暂行条例》和《知事试验暂行条例》。《知事任用暂行条例》规定，"各县知事非依知事试验暂行条例试验及格或经保荐由部注册者，各该地方民政长官不得荐请任命"，"关于知事试验暂行条例施行以前，已经任命或未经任命之现任知事，应由各该地方民政长官分期送部试验；其未经试验之现任知事一律改为署理或代理，仍限期送部试验。"[3]《知事试验暂行条例》第1条规定："知事依本条例试验及格者任用之。"[4]1913年12月7日，内务部又颁布了《知事试验暂行条例施行细则》，对县知事试验的具体工作作出明确细致的规定。这些法规的颁布，标志着县知事考试

---

[1] "试验知事之谈片"，载《申报》1914年2月3日。
[2] "大总统训第一次觐见县知事训辞"，载《东方杂志》1914年第10卷第12号。
[3] 《公布知事任用暂行条例》，载《东方杂志》1914年第10卷第7号。
[4] 《知事试验暂行条例》，载《政府公报》1913年第569号。

录用要纳入规范化、法制化的轨道。

根据《知事试验暂行条例》，凡年满 30 岁以上，具有下列资格之一者，得应知事试验：①在本国或外国大学或专门学校，修法律、政治、经济之学 3 年以上，得有毕业文凭者；②在本国或外国专门以上各学校，或本国讲习所，修法律、政治、经济之学 1 年半以上，得有证明书，并曾办行政事务满 2 年以上者；③曾任简任或荐任文官满 3 年以上者；④曾有与简任或荐任文官相当之资格，历办行政事务满 3 年以上者；⑤曾有与简任或荐任文官相当之资格，在本国或外国专门以上各学校或本国法政讲习所，修法律政治经济之学 1 年半以上，得有证明书，并曾办行政事务满 1 年以上者；⑥无上述各款资格，而由国务总理、各部总长、各地方最高民政长官特送试验者。[1]另外，《知事试验暂行条例》还特别规定，下列人员不得应试：曾受褫夺公权处分，尚未复权，或受褫职处分未满 2 年者；品行不端，曾受绅民控诉查明属实者；亏欠公款尚未缴清者；侵蚀公款者；年力衰弱不堪任事者。[2]

县知事试验分为甄录试、第一试、第二试、口试，实行层层淘汰制。甄录试的科目为论文。第一试的科目为"现行法令之解释""国际条约大要"。第二试的科目为关于地方行政之策问、设案之判断、草拟文牍。口试的内容为就当地民情风俗习惯设为问答，就其经验设为问答。

根据《知事试验暂行条例》的规定，知事试验平均满 80 分以上者为甲等，70 分以上者为乙等，60 分及 60 以上者为丙等。其考列甲乙两等者，在揭晓后两星期内由知事试验委员长朱启钤分班带领觐见大总统而加训辞后，即交内务部存记。其分发

---

〔1〕 参见《知事试验暂行条例》，载《政府公报》1913 年第 569 号。
〔2〕 参见《知事试验暂行条例》，载《政府公报》1913 年第 569 号。

之办法，主要有两种：第一，凡从前曾在某省为官，政绩较优者，即分发某省，由民政长酌量任用；第二，现在某省有差务者仍发回原省候补，甲等为优先补用班，乙等次之。[1]同时，考取丙等的人员还必须入行政讲习所补习，以国文为主要科目，辅之以关系地方行政诸科学，原定以一年零六个月为毕业期限，后经内务部总长朱启钤与行政讲习所所长商议，对讲习所中"学问较优、人才出众者"，可以提前分发。[2]

1914年2月至1915年5月，北洋政府举行了四届县知事试验，选拔了一批基层官员。从历次试验内容来看，北洋政府的知事试验侧重于法律、国际条约、地方行政以及风土民情等方面知识，其中既有现行法令之解释、国际条约大要，也有诉讼案件的判决，还有文牍的草拟等，反映了知事试验强调对考生具体行政事务、法律事务的理解力、判断力及实际工作能力的考察，类似于现代文官考试对行政能力的考察，与科举考试只重视四书五经的记诵相比，已是一个莫大的进步。

然而，从多次知事试验录取结果来看，北洋政府不是以新式教育制度中的学历为录取标准，而是以年龄和资历为标准。虽然北洋政府也标榜以懂法律、政务与否为考试录取标准，不问其阅历及背景，但录取者大多为前清官员，而纷纷来京应考的法律学堂学生却名落孙山，因此，第一次县知事试验结果发榜后，落第学生中六百多人联名上书内务总长朱启钤："窃对民国二年二月二日以大总统命令国务员全体副署颁布之《知事试验暂行条例》第二条所定，应试资格以三年法政毕业者列诸第一项，皇皇明令在人耳目，议考者均为政府诚心求才，刷新政治，故学生来应试者独多，迨经第一试第二试揭晓，又居然多

---

[1] 参见"知事试验之一：结束"，载《申报》1914年3月9日。
[2] 参见"考试知事之过去与未来"，载《申报》1914年3月28日。

列前茅,……一经口试,大反前案,录取者尽是有经验之老人。学生等均以未曾做过前清十年亡国大夫,竟不能邀口试委员之青睐,而概遭摈斥,或跻于丙等之列,实非意料所及也"。为发泄其愤懑之情,这些学生甚至"请求政府大发慈悲,即将第一项资格(笔者按:三年法政毕业者)删去,以免后来者再受其骗"。〔1〕这表明北洋政府在择人方面仍抱有"惟求旧排新"之态度,对接受新式教育的青年是不放心的。这样录取的结果是"滥竽者甚多,……有文理不通者,有大写别字者,有素日不能缀二三百字者。"〔2〕从而使知事试验的效果大打折扣。

即便如此,如果县知事都是经过考选任用,民初的县政与地方司法状况或许也能改善一些,然而,任用私人现象特别突出,有背景者或许可以得到任用,没有背景的考试合格人员往往得不到任用。民国初年曾任广西省某县县长的沈樾笃曾经回忆说:"民初,中央考选一批合格人员分发各省以县知事委用,称候用县知事。广西独自为政,不予理会,这批人员有背景者酌予委用。其余久居逆旅候用,看看已成绝望,一部分回籍另想办法,一部分到各县任总务科长或司法承审员等职。"〔3〕可见,北洋政府时期县知事在任用方面混乱不堪。

2. 县知事之奖励

奖励是管理制度中的一项重要制度。通过奖励,可以使工作成绩优异者得到实际的物质利益、社会荣誉以及升迁的机会,从而在更大程度上激发其工作的积极性和创造性,同时还可以起到激励他人、鞭策后进、树立良好风气的作用。1913 年 12 月

---

〔1〕"关于知事试验之尾声",载《申报》1914 年 3 月 14 日。
〔2〕"知事试验第二试情形",载《申报》1914 年 2 月 28 日。
〔3〕沈樾笃:"清末民初广西县政概况",载全国政协文史资料委员会编:《文史资料存稿选编(晚清·北洋)(上)》,中国文史出版社 2002 年版,第 235 页。

31日，北洋政府公布《知事奖励条例》。该条例将县知事奖励等级分为五等：一等奖励为勋等、勋章，二等奖励为记名、晋升，三等奖励为进级、加俸，四等奖励为金质棠荫章、银质棠荫章，五等奖励为记大功、记功。关于奖励事由，条例主要列举了县知事在行政事务方面的一些突出业绩，关涉司法事务者甚少，只是在第12条规定，知事每月民刑案件审结7/10以上者、前任积案除有特别理由外审理清结者，以第五等奖励（记大功、记功两种）[1]。关于奖励的申报程序，应奖以勋等、勋章者，以勋位令及勋章令办理；应奖以记名、晋升者，由该管长官详列事实，呈由内务总长核准，国务总理呈请大总统行之；应奖以金质棠荫章、银质棠荫章者，由该管长官详叙事实，呈报内务总长会同国务总理行之；应奖以进级、加俸、记大功、记功者，由该管长官专行之，但须汇报内务总长。[2]

由于《知事奖励条例》对县知事兼理司法事务的内容规定甚少，而在实践中，处理司法审判事务是县知事诸多职责中一项重要内容，各省为了规范对县知事的奖惩，根据《知事奖励条例》第13条之规定[3]，自行制定了奖惩规则。如1914年11月3日的《浙江知事司法考成通则》、1915年10月26日的《湖北省知事兼理司法奖惩补充细则》、1915年7月10日的《河南各县知事办理司法事务惩奖规则》等。其中《湖北省县知事兼理司法奖惩补充细则》最为详细。

---

[1] 参见《知事奖励条例》，载余绍宋：《改订司法例规》，司法部编印1922年，第414页。

[2] 参见《知事奖励条例》，载余绍宋：《改订司法例规》，司法部编印1922年，第413~414页。

[3] 该条例第13条规定，前条所未列举而实施相等者得受同等之奖励。见《知事奖励条例》(1913年12月31日)，载余绍宋：《改订司法例规》，司法部编印1922年，第414页。

第三章 司法审判人员的专业化

根据《湖北省知事兼理司法奖惩补充细则》之规定,县知事有下列情形之一者,按照《知事奖励条例》中规定的奖励等级,予以一等奖励:①审理民刑案件不违审限,且毫无错误,继续至 6 年以上者;②历任地方筹办或捐办监狱工作,确能切实改良,著有逐渐减少犯罪之成效者。有以下情形之一者,予以二等奖励:①征收司法收入毫无浮冒且依限报解全数满 3 年以上者;②审理与外交或与外国人有重大关系之民刑案件及其他民教相仇之重大案件,确能守法不挠,经内外国人公认为公允者。有以下情形之一者,予以三等奖励:①按月报解司法收入毫无违误满 1 年以上者;②按月详报判词及诉讼各项表册从未逾限并查核判决尚少错误满 1 年以上者;③诉讼繁杂地方审结民刑案件除有特别理由外,能全数不违审限满 1 年以上者。有以下情形之一者,予以四等奖励:①一切司法上共助事件每能认真办理者;②捐廉助办监狱工作 300 元以上者。有以下情形之一者,予以五等奖励:①应处徒刑以上之刑事案件除亲告罪外,无人告诉告发经知事直接侦查办理至五分之一以上者;②对于署内办事人员及其他属员犯罪行为能认真举发毫无徇隐者。[1]

3. 县知事之惩戒

通过奖赏可以发扬优良行为,而通过对违法失职者的惩戒,不但可以对其以后的行为起到一种警示作用,而且还可以教育他人,对整个县知事队伍起到一种约束作用。1913 年,北洋政府颁布《知事惩戒条例》。该条例规定了县知事惩戒处分、惩戒事由和惩戒程序等内容。

关于惩戒处分,以事实之轻重主要分为三种:第一种为褫

---

〔1〕 参见《湖北省知事兼理司法奖惩补充细则》,载余绍宋:《改订司法例规》,司法部编印 1922 年,第 397~399 页。

职和免官，第二种为降等和减俸，第三种为记大过和记过。关于惩戒事由，主要集中在该条例的第六条、第八条和第九条，涉及县知事办理司法事务的惩戒事由主要有：故讳命案或盗案者、受人请托处理公务意为出入者、监犯越狱至 2 名以上者、境内命盗案件逾限而不破获者、呈报命盗案件手续不完备者、民刑事诉讼案件无特别理由逾限而不判结者、监押人犯因未给医药病毙或有凌虐情形者。关于惩戒程序，应受褫职、免官、降等处分者，由该管地方长官电呈内务总长经由国务总理呈请大总统行之；应受减俸、记大过、记过处分者，由该管地方长官专行之，但仍须汇报内务总长。

由于知事惩戒事由中涉及司法事务者较少，各地作了一些补充规定。例如，1915 年 10 月 26 日的《湖北省知事兼理司法奖惩补充细则》规定，县知事有下列情形之一者，按照《知事惩戒条例》中规定的惩戒等级，得认为与《知事惩戒条例》第六条之事实相等，予以褫职或免官惩戒：①在任入党或入党在前而到任后仍不遵饬脱党者；②未决案件滥用刑讯或不在易笞范围之罪而任意易笞者；③征收讼费不遵定章而浮收及其他，短收 3 成或 4 成以上者；④罚金及其他司法收入于造报时以多报少希图取利者；⑤克扣囚粮或其他虐待行为致囚犯不堪痛苦而自尽者。有下列行为之一者，得认为与《知事惩戒条例》第八条之事实相等，予以降等或减俸惩戒：①审理民刑案件徇人请托枉法而未得赃者；②监督不严致属员公役法警藉人民诉讼案件，在外招摇或舞弊及已知后而容隐不举者；③民事案件及刑事不应科罚金案件而罚金及不应没收而没收者；④应科罚金案件超过本刑法定最高额或巧立名目改罚为捐者；⑤没收品不照章拍卖致令全数遗失或损毁者；⑥接管已裁初级地方法院之房屋器具及其他财务，不为善良保管，致令遗失或损毁者；⑦民事及刑事罚金案件无特别理由而羁押人至 2 月以上或因羁押致有疾病后暴毙者；⑧合法上诉案件抑不为详送及应送覆判案件不为照章详送者。有下列行为之一者，得认为与《知事惩戒条例》第九条之事实相等，予以惩戒：①前任积案自接管之翌日起无特别理由逾限不清理者；②民事及刑事罚金案件无特别理由而羁押人尚系 2 月未满者；③受嘱托之司法共助事件自受嘱托之翌日起逾 60 日以上不为处分具复者；④周年判决案件有适用之法律而不适用，或违反法定主刑范围致罪有出入满十成之四成以上者，但因解释不同致有结误者不在此限；⑤诉讼与监狱报册及判词不依所颁格式按月以限造报或造报不实者。[1] 上述规定详细而具体，为违反司法审判方面职责的县知事惩戒提供了直接的制度依据。

（二）具有一定审判权之承审员

自从北洋政府初期裁撤初级审判厅，实行兼理司法制度以来，在县级层面，职掌司法权的除了县知事外，还有协助县知事处理司法事务的承审员。两者在司法权限上有着比较明确的分工，最初县知事与承审员同掌司法审判权，根据《县知事兼理司法事务暂行条例》之规定，县知事审理案件得设承审员助理之，承审员审理案件由承审员与县知事同负其责任。1923 年《县知事兼理司法事务暂行条例》和《县知事审理诉讼暂行章程》修改后，承审员取得了独立审判初级案件的权限。这一做法被其后的南京国民政府所继承。因此，在兼理司法之县份，承审员具有部分案件的独立审判权。但是，承审员毕竟不同于兼理司法之县知事，也不同于专业化的法官，在选任管理方面自然也有别于县知事与专职法官。

---

[1] 参见《湖北省知事兼理司法奖惩补充细则》，载余绍宋：《改订司法例规》，司法部编印 1922 年，第 400~403 页。

1914年4月5日公布实施的《县知事兼理司法事务暂行条例》规定，承审员由县知事于具有下列资格人员内呈请高等审判厅长审定任用之。①在高等审判厅所管辖区域内之候补或学习司法官；②经高等文官或县知事考试及格，在各省区所管辖区域内候补，而在国内外法律法政学校1年半以上毕业，得有文凭者；③曾充推事或检察官半年以上者；④经承审员考试及格或在举行承审员考试省份具有承审员考试面试资格者；⑤曾充各县帮审员或承审员经呈司法部核准有案者。[1]

在承审员的几项任用资格中，考试是其中之一。但由于种种原因，承审员考试一直没有提上日程。直到1919年6月20日，北洋政府才公布了《各县承审员考试暂行章程》。为了规范承审员考试，1920年5月至7月，又先后颁布《各县承审员考试典试委员会组织令》《各县承审员考试暂行章程施行细则》《各县承审员考试处务章程》等法律文件。

根据上述法律文件，应承审员考试人员须年满20岁以上，且具有下列资格之一：①有应司法官考试资格之一者；②在外国专门学校修习法律或法政之学1年半以上毕业，得有文凭者；③在国立或教育部认可之公立私立大学或专门学校教授法律之学2年以上，经报告教育部有案者；④有与委任职以上资格曾办理司法或司法行政事务1年以上，或在国立大学或高等专门学校教授法律之学1年以上，经报告教育部有案者。此外，有下列资格之一者，不经考试得为承审员：①经文官普通考试及格系曾在法律法政专门学校3年毕业，得有文凭者；②在高等审判厅管辖区域内之候补或学习司法官；③在省长管辖区域内之候补县知事系曾在国内外法律法政专门学校3年毕业，得有

---

[1] 参见《县知事兼理司法事务暂行条例》，载余绍宋：《改订司法例规》，司法部编印1922年，第160~161页。

文凭者。上述资格条件有些属于法律教育经历,有些属于法学教学经历,还有些属于法律从业经验,无论属于哪一项条件,都体现了对于法律专业背景和法律专业知识的要求,这对于承审员此后的审判工作无疑是非常必要的。

承审员考试分为甄录试、正试,均以笔试行之。甄录试之科目为:国文、法学通论;正试之科目为:宪法、新刑法、民法、商法、刑事诉讼法、民事诉讼法、各级审判厅试办章程及县知事审理诉讼暂行章程、法院编制法、国际公法、国际私法(法律适用条例)。考试各科目以平均满70分以上者为及格[1],及格者授以各县承审员考试及格证书,由京外高等审判厅或审判处令行各该县知事,遇有承审员缺出,遴请委任。

南京国民政府建立后,县级层面仍然实行兼理司法制度。为了规范承审员的任用,一些省份出台专门的承审员法规,规范承审员的任用办法。如《湖南各县承审员任用暂行条例》《河南各县承审员任用条例》《山东各县承审员任用暂行章程》《湖北各县承审员任用及奖惩暂行办法》等。这些暂行章程或办法主要适用于统一的承审员考试之前。1933年3月9日,考试院公布《承审员考试暂行条例》,6月10日修正后公布施行。

关于承审员应试资格,与北洋政府时期相比,废除了年龄上的限制,凡是中华民国国民具有下列资格之一者,即可应试:①在国立或经教育部立案或承认之国内外专门以上学校修法律政法学科1年半以上毕业,得有证书者;②高等检定考试第二种及格者;③有法政专门著作经审查及格者;④曾办理司法或司法行政事务3年以上,得有证明者。考试程序与北洋政府时期基本

---

[1] 参见新刑法、民法、商法、刑事诉讼法、民事诉讼法、各级审判厅试办章程及县知事审理诉讼暂行章程、法院编制法为主要科目,这些科目不及格者,其他科目即使分数虽多,也不得录取。

一致，只是考试内容有所变化。甄录试的考试科目为：①国文、论文及公文；②党义、三民主义及方略；③中国历史及地理；④宪法（宪法未公布前考中华民国训政时期约法）；⑤法院组织法。正试的考试科目为：民法、商事法规、刑法、民事诉讼法、刑事诉讼法、设案拟判。面试应考人以正试之科目及经验面试之。[1]

由上可见，在兼理司法制度下，承审员的选任有一定的规则可循，其任用资格条件中尤其强调法律专业背景和法律知识，如果照章选任，任用得人，基层司法审判工作或许会有所改善。事实上，承审员的选任并非完全依照规章，实践中往往有诸多变通的办法。就在《各县承审员考试暂行章程》颁行的第二年，浙江省高等厅即向司法部提出变通任用承审员的呈请："为疏通仕途起见，现拟嗣后浙江省承审员遇有缺出，仍于候补县知事人员中先就有法校毕业资格者请求派充，如无此项人员时，准由各县知事于未经法校毕业之候补县知事内择优呈请高等审判厅长核派，作为暂行代理。"[2]司法部批准了这个提议。其他各省未经请示擅自变通任用资格的事例比比皆是，尤其是县知事或县长私自任用不合格承审员的现象非常普遍，"乃近查各县遵章奉行者固不乏人，而蔑视章程命令置若罔闻者，亦指不胜屈。因之遂有擅自委人充任并不报院者，有对于院委人员公然拒绝请予他调者，甚有多方掣肘逼令辞职求退者"[3]。有些省份并没有按照规定举行承审员考试，因此很多承审员并非法律学校出身，"加之待遇菲薄，遂不免滥竽充数。据说有曾任承审数，

---

[1] 参见《承审员考试暂行条例》，载《增订国民政府司法例规》（上），司法部参事处编纂1934年7月，第81~82页。

[2] 《变通承审员任用办法令》，载余绍宋：《改订司法例规》，司法部编印1922年。

[3] "冀高院整顿司法"，载《法律评论（北京）》1931年第8卷第35号。

而向未做过判决书的。"[1]承审员任用中的混乱,也遭到时人的指责与批评:"承审员之设置乃一时之权宜之计,在未改设法院以前,其为一般人民生命财产之所寄托,职责重大尽人皆知,无待赘述。惟各省对于承审员之任用,每每忽视其先经考试方行委任者固不乏人,而以获一纸八行书即予以录用者,当在多数。"[2]

承审员任用资格的宽泛与任用过程中的混乱,导致各地承审员素质良莠不齐。天津大公报上曾记载了一件兼理司法制度下的案件,颇能说明问题:"邳县农民杨如兰,富有田产,因嫌隙被系狱,开庭九次,原告均不到庭,县府亦不加拘传,计二十年一月二十七日被押看守所以来,历时已三十六个月,递诉状至十七次之多,请求依法审讯,历五任县长,十一任承审员,均拟此《候传集讯明核夺》。杨之财产大粮田壹仟六百亩,未经判决,即被土劣诬为匪产,无形充公,家中十六口,冻馁待毙。该案经苏省高等法院催审六次,历任县长承审员均置不理"。[3]民国法学家孙晓楼认为,在这个案件中,承审员的无法无天、万恶不赦充分暴露出来,并进一步指出,"承审制固不能说是好,然而录用的方法变换一个方式,于承审员的取材严格些,也未尝不可使县司法改善些"。[4]言外之意,是认为当时承审员的选任过于宽泛,以致滥竽充数者混杂其间,导致司法审判中

---

〔1〕 杨宗虎:"今日陕西的司法",载胡玉鸿、庞凌主编:《东吴法学先贤文录·司法制度、法学教育卷》,中国政法大学出版社2015年版,第33页。
〔2〕 郑天锡:"视察闽浙两省司法后对于改良司法之意见",载胡玉鸿、庞凌主编:《东吴法学先贤文录·司法制度、法学教育卷》,中国政法大学出版社2015年版,第60页。
〔3〕 《大公报》1937年1月26日邳县特讯。
〔4〕 孙晓楼:"改进我国司法的根本问题",载胡玉鸿、庞凌主编:《东吴法学先贤文录·司法制度、法学教育卷》,中国政法大学出版社2015年版,第108页。

种种弊端的产生。

二、司法公署和司法处之审判官

（一）司法公署之审判官

为了克服县知事兼理司法制度的弊端，1917年5月1日，北洋政府颁布《县司法公署组织章程》，拟于未设法院之县设置司法公署，由审判官主管审判事务，县知事不得干涉。审判官由高等审判厅长依审判官考试任用章程办理，呈由司法部任命之。

为了规范审判官的考试选任，在颁布《司法公署组织章程》的同时，北洋政府还颁布了《县司法公署审判官考试任用章程》[1]。该章程规定：凡年满20岁以上有下列资格之一者，得应审判官考试：①在外国公私立大学或专门学校修法律之学3年以上得有文凭者；②在国立大学或教育部认可之公私立法政专门学校修法律之学3年以上得有文凭者；③曾充帮审员或承审员1年以上经正式委任者；④曾任各法院书记官长民刑事记录书记官满1年以上曾经司法部任命者；⑤曾于前清充各官署刑幕5年以上品学夙著经原官或现任本省荐任以上官证明者。有下列各款之一者不得应审判官考试：①曾经褫夺公权或停止公权者；②受破产之宣告尚未复权者；③有精神病或年力衰弱者；④其他法令有特别规定者。

与法官考试相比，司法公署审判官考试程序和考试内容相对简单一些。考试分甄录试、笔试和口述。甄录试以论文一题为内容，笔试考试科目较多，主要有中华民国宪法、暂行新刑律、民法、商法、诉讼法、强制执行律、破产法、法院编制法、关于司法部分各项现行法令、设案判断。口述内容以暂行新刑

---

[1] 余绍宋：《改订司法例规》，司法部编印1922年版，第274~276页。

律、民法、商法、诉讼法、强制执行律、破产法等为主。

应试人及格不及格并其等第，由典试委员长就考试各科总平均分数依下列核定之：80分以上为甲等，70分以上为乙等，60分以上为丙等，不及格及60分者不录。典试委员长须将及格者之姓名及试卷呈报于司法总长，并给及格者以证书。

除了上述考试及格人员可以得到任用外，凡是具有下列资格之一，志愿充审判官者，得以凭证呈请各该高等审判厅验明注册，可以免于考试，与考试及格人员一体任用：①在司法部司法讲习所毕业者；②在外国公私立大学或专门学校及国立大学或教育部认可之公私立法政专门学校修法律之学3年以上毕业，得有凭证，曾任推事检察官1年以上者；③本省候补县知事曾在教育部认可之公私立法政学校修法律之学3年以上，得有凭证者。前项注册人数过多时，高等审判厅长得停止其注册。

审判官考试及格人员以及合于上述免试资格注册有案者，按照下列顺序依次分班派赴各审判厅检察厅实习：①检察厅一个月；②审判厅刑事处一个半月；③审判厅民事庭及民事执行处一个半月；④审判厅书记科一个月。学习期满后，由各该厅长核造实习成绩，连同该实习员日记，加具切实考语报告高等审判厅长。凡是实习成绩优良者，即由高等审判厅以厅令委派试署各县审判官，其成绩认为尚欠良好者，高等审判厅长得分别延长其学习期间。

试署审判官满1年后，由高等审判厅长就历办案件成绩切实考核，认为确系称职者，呈请司法部任命，试署满1年后，如成绩尚欠良好或实不称职者，高等审判厅长得延长其试署期或竟撤去之。

由上可见，县司法公署审判官考试任用制度与承审员考试任用制度相比，有了明显的变化：首先，审判官考试结束后，被录取者需要经过 5 个月的实习，方可进入任用程序，而承审员考试及格即可任用，没有中间的实习环节；其次，审判官须先试署 1 年，成绩优良者，方可得到正式任命，而承审员却没有试署环节；再次，审判官任用须由高等审判厅呈请司法部行之，而承审员任用则是由县知事呈请任用。可见，审判官在任用方面比承审员任用要严格，任用程序也更为规范。此外，审判官与承审员的级别和待遇也存在较大的差异，审判官是荐任职待遇，而承审员是委任职待遇。

（二）司法处之审判官

县司法处是南京国民政府改良基层司法的成果。根据 1936 年 4 月 9 日颁行的《县司法处组织暂行条例》[1]之规定，县司法处置审判官，独立行使审判职务。具有下列资格之一者，得由高等法院院长呈请司法行政部核派为审判官，以荐任待遇：①依法有司法官资格者；②经审判官考试及格，并训练期满者；③曾经承审员考试及格，或各省司法委员承审员考试及格，领有复核及格证书者；④修习法律学科 3 年以上，领有毕业证书，经高等考试及格者；⑤修习法律学科 3 年以上，领有毕业证书，并办理法院记录事务或司法行政事务 3 年以上，曾经报部有案，成绩优良者；⑥修习法律学科 3 年以上，领有毕业证书，曾任承审员或帮审员、审判官、审理员、司法委员 2 年以上，或连同办理法院记录事务、司法行政事务合计在 3 年以上，成绩优良者。

上述资格条件中，其中一项条件为"经审判官考试及格并训练期满者"。为此，南京国民政府考试院制定《县司法处审判官考试暂行条例》和《县司法处审判官学习规则》，明确审判官

---

[1]《县司法处组织暂行条例》，载《法律评论（北京）》1936 年第 13 卷第 27 期。

考试和训练事宜。

根据《县司法处审判官考试暂行条例》之规定，中华民国国民有下列资格之一者，得应县司法处审判官考试：①有高等考试司法官考试应试资格者；②公立及经教育部立案或承认之国内外专科以上学校，法律政治各学科1年半以上毕业，得有证书者。审判官考试分为第一试、第二试和第三试。第一试考试科目为：①国文、论文及公文；②总理遗教、建国方略、建国大纲、三民主义及中国国民党第一次全国代表大会宣言；③中国历史及地理；④宪法（宪法未颁布之前考中华民国训政时期约法）；⑤法院组织法及县司法处关系法规。第二试之科目为：民法、刑法、民事诉讼法、刑事诉讼法、商事法规、土地法。第三试就第二试之科目及经验面试之。

审判官考试及格人员由司法行政部令各省高等法院分发各地方法院学习审判检察及司法行政事务。学习审判官到该法院后，由该法院长官指定推事、检察官及书记官负指导之责。学习期间为8个月，民事刑事及检察事务各2个月，民事执行及司法行政事务各1个月。指导人员得将所办事件交与学习审判官试行拟办，拟办文件有不合格者，指导人员应就原稿改正指示之，并于原稿内载明指示方法并签名盖章。指导推事于开庭时得随时指定学习审判官入席旁听，指导检察官关于检察事务亦同。关于勘验及执行事务，指导人员得使学习审判官莅场参观。学习审判官得阅览诉讼卷宗。学习审判官得将每日学习事项记载于学习日记簿，每月终送由指导人员核阅附加评语及分数，每期学习终了后，应由各指导人员将学习审判官品行学术分别密呈院长首席检察官核阅，汇报本省高等法院。

学习期满后，各地方法院长官应出具切实考语，连同学习审判官拟办文件原稿呈经高等法院转司法行政部备核。学习审判官如有行止不检或学习成绩不良者，各地方法院长官应加警告，情节较重者并得呈请高等法院转呈司法行政部撤销其学习资格。

司法处审判官与司法公署审判官相比，无论是资格条件，还是训练内容，都略胜一筹。虽然两者都是荐任官待遇，但司法处审判官任职满一定年限后，有转任正式法官的机会，如《县司法处组织暂行条例》第5条规定：审判官任职满2年，成绩优良者，由高等法院院长罗列成绩，呈报司法行政部，得以推事或检察官任用。可见，虽然都属于独掌审判权之审判官，司法处的审判官比司法公署的审判官更加接近正式法官。

第四章
司法审判程序的规范化

"程序的实质是管理和决定的非人情化,其一切布置都是为了限制恣意、专断和过量的裁量。"[1]中国传统法律重实体,轻程序,以至于有限的程序法内容被淹没在实体法之中。因此,在司法实践中,无论是刑事案件的审判还是民事案件的审判,都缺乏严格意义上的程序规范,从而使部分法官在司法审判中恣意妄为,专横不法,造成司法的混乱。近代以来,随着西方法律文化的传播,国人逐渐认识到一套规范的审判程序对于保障司法公平和公正至关重要,于是有了制定程序法的要求。清末修律时,修律大臣沈家本在《奏诉讼法请先试办折》中指出:"华洋讼案日益繁多,外人以我审判与彼不同,时存歧视,商民又不谙外国法制,往往疑为偏袒,积不能平。每因寻常争讼细故,酿成交涉问题,比年以来更仆难数。若不变通诉讼之法,纵令事事规仿,极力追步,真体虽充,于法政仍无济也。"制定诉讼法典遂被提上议事日程。民国年间对审判程序仍予以高度重视,司法院院长王宠惠曾特别强调:"至于诉讼程序,尤与人民有密切之关系,年来上诉案件,日见增加,往往毫无理由,惟希延宕执行,必须酌加限制,以杜狡讼。"[2]由于认识到程序

---

[1] 季卫东:《法治秩序的构建》,中国政法大学出版社1999年版,第57页。
[2] 王宠惠著,张仁善编:《王宠惠法学文集》,法律出版社2008年版,第294页。

法的重要性，自清末至民国年间，各届政府在制定实体法的同时，分别制定了刑事诉讼法、民事诉讼法和法院组织法等一系列诉讼法和组织法，不仅为刑事审判和民事审判提供了一套具体的程序规范，而且为保障程序的公正提供了一系列制度设计。

第一节　司法审判的程序规范

一、刑事审判程序

刑事审判的实体法依据主要是近代各个时期颁行的刑法及其关系法规，程序法依据则是各个时期颁行的法院组织法、刑事诉讼法及其关系法规，主要包括清末的《法院编制法》和《大清刑事诉讼律草案》、北洋政府时期的《暂行法院编制法》和《刑事诉讼条例》以及南京国民政府时期的《法院组织法》和《中华民国刑事诉讼法》等。在上述法律法规中，南京国民政府时期的《中华民国刑事诉讼法》无疑是最具有代表性的，在此主要以1935年的《中华民国刑事诉讼法》[1]为例，来了解近代刑事审判程序规范的主要内容。

（一）第一审程序

根据《法院组织法》以及《中华民国刑事诉讼法》的规定，地方法院对于刑事案件有第一审管辖权，但下列案件第一审管辖权属于高等法院：①内乱罪；②外患罪；③妨害国交罪。据此，第一审程序主要适用于地方法院审理一般刑事案件以及高等法院审理上述三类案件。

---

[1]《中华民国刑事诉讼法》，载蔡鸿源主编：《民国法规集成》（第65册），黄山书社1999年版，第279~302页。

第四章 司法审判程序的规范化

1. 检察机关侦查与起诉

（1）侦查。一般情况下，检察机关提起公诉是基于被害人的告诉、他人的告发、犯罪嫌疑人的自首等情况。1935年的《中华民国刑事诉讼法》第207条规定：检察官因告诉、告发、自首或其他情事，知有犯罪嫌疑者，应即侦查犯人及证据。侦查一般不公开进行，遇到被告不能到场或有其他必要情形，检察官得就被告所在处所讯问之。讯问证人、鉴定人时，被告可以在场，并得亲自诘问，诘问有不当者，检察官得禁止之。但恐证人、鉴定人于被告前不能自由陈述者，检察官得命被告退场。检察官实施侦查过程中遇有急迫情形得命在场或附近之人为相当之辅助，于必要时并得请附近军事官长派遣军队辅助。

在侦查完备后，检察官以侦查所得之证据，足以认为被告有犯罪嫌疑者，应提起公诉。但是，案件有下列情形之一者，得为不起诉之处分：①曾经判决确定者；②时效已完成者；③曾经大赦者；④犯罪后之法律已废止其刑罚者；⑤告诉或请求乃论之罪，其告诉或请求已经撤回或已逾告诉期间者；⑥被告死亡者；⑦法院对于被告无审判权者；⑧行为不罚者；⑨法律应免除其刑者；⑩犯罪嫌疑不足者。检察官以上述规定或其他理由为不起诉处分者，应制作不起诉处分书详细叙述不起诉之理由。该不起诉处分书应以正本送达于告诉人及被告。告诉人接受不起诉处分书后，得于7日内以书状叙述不服之理由，经由原检察官向直接上级法院首席检察官或检察长声请再议。上级法院首席检察官或检察长认为再议之声请为无理由者，应驳回之；认为有理由者，应分别为下列处分：①侦查未完备者，命令原法院检察官续行侦查；②侦查已完备者，命令原法院检察官起诉。

（2）起诉。提起公诉应由检察官向管辖法院提出起诉书为之。起诉书应载明下列事项：①被告之姓名、性别、年龄、职业、住所或居所或其他足资辨别之特征；②犯罪事实及证据并所犯法条。起诉时应将卷宗及证物一并送交法院。法院不得就未经起诉之犯罪审判。检察官于第一审辩论终结前发现有应不起诉或以不起诉为适当之情形者，得撤回起诉，撤回起诉应提出撤回书并详述理由。

2. 法庭审理与判决

（1）法庭审理。为了准备审判起见，法院在正式开庭审理之前，须做如下几方面的准备工作：第一，在检察官及辩护人在场的情况下讯问被告；第二，传唤证人、鉴定人或通译，以及调取或命令提出证物；第三，进行搜索、扣押及勘验；第四，就必要事项请求该管公署报告。在做好各项准备工作后，即可进入法庭审理阶段。

法庭审判期日应由推事、检察官及书记官出庭，并传唤被告或其代理人，通知检察官、辩护人、辅佐人到庭。法庭审理以朗读案由为始。随后，审判长按照规定，询问被告的姓名、年龄、籍贯、职业、住居所以查验其人有无错误，如系错误，应即释放，如无错误，即由检察官陈述起诉之要旨。检察官陈述起诉要旨后，审判长遂开始讯问被告，并调查证据，证据之证明力由法院自由判断之。证人、鉴定人由审判长讯问后，当事人或辩护人得声请审判长或直接诘问之。当事人或辩护人诘问证人、鉴定人时，审判长认为有不当者，得禁止之。

调查证据完毕后，应命下列人员依次序就事实及法律辩论之：①检察官；②被告；③辩护人。审判长于宣示辩论终结前，应最后一次讯问被告有无陈述。辩论终结后，遇有必要情形，法院可以决定再开辩论。审判并非一次就可以完成，除有特别情形外，应于次日连续开庭，如下次开庭因事故间隔至15日以上者，应更新审判程序。

（2）判决。被告犯罪已经证明者，应谕知科刑之判决，但免除其刑者，应谕知免刑之判决。不能证明被告犯罪或其行为不罚者，应谕知无罪之判决。因未满14岁或心神丧失者而其行为不罚为有谕知保安处罚之必要者，并应谕知其处分及期间。案件有下列情形之一者，应谕知免诉之判决：①曾经判决确定者；②时效已完成者；③曾经大赦者；④犯罪后之法律已废止其刑罚者；⑤被告就他罪受重刑之判决已经确定因其于执行之刑无重大关系、认为本罪无庸科刑者。案件有下列情形之一者，应谕知不受理之判决：①起诉之程序违背规定者；②已经提起公诉或自诉之案件在同一法院重行起诉者；③告诉或请求乃论之罪，未经告诉、请求或其告诉请求经撤回，或已逾告诉期间者；④曾为不起诉处分或撤回起诉而违背第239条〔1〕之规定再行起诉者；⑤被告死亡者；⑥对于被告无审判权者；⑦依第8条〔2〕之规定不得为审判者。

（二）上诉审程序

1. 第二审

根据《中华民国刑事诉讼法》的规定，不服地方法院之第一审判决者，可以向有管辖权的第二审高等法院提起上诉。提起上诉应以上诉书状提出于原审法院。原审法院如认为上诉违

---

〔1〕《中华民国刑事诉讼法》第239条规定："不起诉处分已确定者，非有下列情形之一不得对于同一案件再行起诉：（1）发现新事实或新证据者；（2）有第413条第一项第一款、第二款、第四款或第五款所定得为再审原因之情形者。"蔡鸿源主编：《民国法规集成》（第65册），黄山书社1999年版，第290页。

〔2〕《中华民国刑事诉讼法》第8条规定：："同一案件系属于有管辖权之数法院者，由系属在先之法院审判之，但经共同之直接上级法院裁定亦得由系属在后之法院审判。"蔡鸿源主编：《民国法规集成》（第65册），黄山书社1999年版，第279页。

背法律上之程式或其上诉权已经丧失者，应以裁定驳回之；如认为上诉符合法律规定者，应速将该案卷宗及证物送交第二审法院，同时须将被告解送至第二审法院所在地之看守所或监狱，并通知第二审法院。

第二审法院审判长依照第一审程序的相关规定讯问被告后，应命上诉人陈述上诉之要旨，并就原审法院经上诉之部分进行法庭调查和言词辩论。被告经合法传唤无正当理由不到庭者，第二审法院可以不待其陈述径行判决。经过第二审法院的审理，做出如下几种处理：①第二审法院如认为上诉违背法律上之程式者、上诉权已经丧失者或者上诉无理由者，应以判决驳回上诉；②第二审法院如认为上诉有理由者，应将原审判决经上诉之部分撤销，并就该案件自为判决，但因原审判决谕知管辖错误免诉不受理系不当而撤销之者，得以判决将该案件发回原审法院；第二审法院因原审法院判决未谕知管辖错误系不当而撤销之者，如第二审法院有第一审管辖权，应为第一审之判决。

第二审法院所作判决书得引用第一审判决书所记载之事实及证据。第二审判决被告或自诉人得为上诉者，应将提出上诉理由书之期间记载于送达之判决正本。

2. 第三审

一般情况下[1]，不服高等法院第二审判决者，得上诉于最高法院。上诉于第三审法院必须以判决违背法令为前提。判决违背法令是指判决不适用法则或者适用不当。有下列情形之一者，其判决为违背法令：①法院之组织不合法者；②依法律或裁判应回避之推事参与审判者；③禁止审判公开非依法律之规定者；④法院所认管辖之有无系不当者；⑤法院受理诉讼或不

---

[1]《中华民国刑法》第61条所列各罪之案件经第二审判决者，不得上诉于第三审法院。

第四章 司法审判程序的规范化

受诉讼系不当者;⑥除有特别规定外,被告未于审判期日到庭而径行判决者;⑦依本法[1]应用辩护人之案件,或已经指定辩护人之案件,辩护人未经到庭辩护而迳行判决者;⑧除有特别规定外,未经检察官或自诉人到庭陈述而为审判者;⑨依本法应停止或更新审判而未经停止或更新者;⑩依本法应于审判期日调查之证据未予调查者;⑪未予被告以最后陈述之机会者;⑫除本法有特别规定外,已受请求之事项未予判决或未受请求之事项予以判决者;⑬未经参与审理之推事参与判决者;⑭判决不载理由或所载理由矛盾者。

与第一审和第二审不同的是,第三审法院为书面审,一般情况下无须经言词辩论,但法院认为有必要者,得命辩论。

经过审理,第三审法院如认为上诉违背法律上之程式,或上诉权已经丧失,或系对于不得向第三审法院上诉之判决而上诉者,或上诉无理由者,应以判决驳回之。第三审法院如认为上诉有理由者,应将原审判决中经上诉之部分撤销,分别作出以下几种判决:第一,第三审法院因原审判决有下列情形之一而撤销之者,应就该案件自为判决:①虽系违背法令而不影响于事实之确定可据以为裁判者;②应谕知免诉或不受理者;③因判决后刑罚有废止、变更或免除者。第二,第三审法院因原审判决谕知管辖错误免诉或不受理系不当而撤销之者,应以判决将该案件发回原审法院,但有必要时得径行发回第一审法院。第三,第三审法院因原审法院未谕知管辖错误系不当而撤销之者,应以判决将该案件发交该管第二审或第一审法院,但内乱罪、外患罪和妨害国交罪经有管辖权之原审法院为第二审判决者,不以管辖错误论。第四,第三审法院因前三种情况以外之

---

[1] 这里的"本法"指 1935 年颁行的《中华民国刑事诉讼法》。

情形而撤销原审判决者，应以判决将该案件发回原审法院或发交于原审法院同级之其他法院。

(三) 再审

为了维护受判决人的利益，有罪判决确定后，下列人员有权向宣布判决之原管辖法院声请再审：①管辖法院之检察官；②受判决人；③受判决人之法定代理人或配偶；④受判决人已死亡者，其配偶、直系血亲、三亲等内之旁系血亲、二亲等内之姻亲或家长、家属。上述人员声请再审须具备下列条件之一：①原判决所凭之证物已经证明为伪造或变造；②原判决所凭之证言、鉴定或通译已经证明其为虚伪者；③受有罪判决之人已经证明其系被诬告者；④原判决所凭之通常法院或特别法院之裁判已经确定裁判变更者；⑤参与原判决或前审判决或判决前所行调查之推事或参与调查或起诉之检察官，因该案件犯职务上之罪，已经证明者；⑥因发现确实之新证据足认受有罪判决之人应受无罪、免诉、免刑或轻于原判决所认罪名之判决者。此外，不得上诉于第三审法院之案件除上述规定外，其经第二审确定之有罪判决如就足生影响于判决之重要证据遗漏未审酌者，亦得声请再审。

为了进一步追究受判决人的责任，在有罪、无罪、免诉或不受理判决确定后，管辖法院之检察官有权向宣布判决之原管辖法院声请再审。声请再审须具备下列条件之一：①原判决所凭之证物已经证明为伪造或变造；②原判决所凭之证言、鉴定或通译已经证明其为虚伪者；③原判决所凭之通常法院或特别法院之裁判已经确定裁判变更者；④参与原判决或前审判决或判决前所行调查之推事或参与调查或起诉之检察官，因该案件犯职务上之罪，已经证明者；⑤受无罪或轻于相当之刑之判决而于诉讼上或诉讼外自白其应受有罪或重刑判决之犯罪事实者；

⑥受免诉或不受理之判决而于诉讼上或诉讼外自述其并无免诉或不受之原因者。符合上述第①、②、③、④条件之一者,自诉人也可以向宣布判决之原审法院提出再审之声请。

声请再审应以再审书状叙述理由附具原判决之缮本及证据提出于管辖法院。法院对于再审之声请及其书状进行审查后,认为声请再审之程序违背规定者以及无再审理由者,应以裁定驳回之;认为有再审理由者,作出开始再审之裁定。开始再审之裁定确定后,法院应依其审级之通常程序更为审判。

再审之审判结果有如下两种情况:①为了维护受判决人之利益而声请再审之案件,再审后作出的有罪判决不得重于原判决,作出无罪判决后应将判决书刊登公报或其他报纸。②为了进一步追究受判决人的责任而声请再审之案件,法律上没有特别规定,一般情况下,法院须按照再审之结果,依法作出判决即可。

除了上述普通审判程序外,刑事审判还有一些特殊程序:第一,非常上诉程序。在判决确定后发现案件之审判违背法令时,由最高法院之检察长向最高法院提起非常上诉。第二,简易审判程序。对于《中华民国刑法》第61条所列之比较轻微的窃盗罪、侵占罪、诈欺罪、赃物罪等案件,第一审法院依被告在侦查中之自白或其他现存之证据足以认定其犯罪者,得因检察官之声请,不经普通审判程序,直接以命令处刑。第三,特种审判程序。针对所谓的《戡乱时期危害国家紧急治罪条例》中所列各罪,在特种刑事法庭上审理该类案件适用特种审判程序。

二、民事审判程序

民事审判的实体法依据主要是近代各个时期颁行的民法及

其关系法规，程序法依据则是各个时期颁行的民事诉讼法及其关系法规，主要包括清末的《大清民事诉讼律草案》、北洋政府时期的《民事诉讼条例》、南京国民政府时期的《中华民国民事诉讼法》等。在此主要以南京国民政府 1935 年颁行的《中华民国民事诉讼法》[1]为例，来了解近代民事审判程序规范的主要内容。

（一）诉前调解

与刑事审判程序相比，民事审判程序在正式提起诉讼之前，多了一道调解的程序。

1906 年 5 月，清政府制定的《大清刑事民事诉讼法草案》专门规定"和解"一节。1911 年 1 月完成的《大清民事诉讼律草案》中，删除了"和解"一节，但在"言词辩论""初级审判厅之程序"等章节中涉及和解的部分内容。这里的和解与后来的法院调解并无本质上的不同。然而，由于这些草案均未颁行，法院调解也就仅仅停留在纸面上，而未能真正施行。北洋政府于 1921 年公布的《民事诉讼条例》继承了清末关于和解的规定。1922 年 1 月 25 日，北洋政府又公布《民事简易程序暂行条例》，其中第 14 条规定："推事应于言词辩论日期随时劝谕和解。"[2]

1930 年 1 月，南京国民政府司法院颁行《民事调解法》16 条，对法院民事调解制度作出专门规定。为了实施《民事调解法》，南京国民政府分别于 1930 年 6 月、1931 年 1 月颁行《民事调解施行规则》和《处理民事调解应行注意事项》作为配套

---

[1] 以 1935 年《中华民国民事诉讼法》为例，主要是因为它是在继承清末和北洋政府时期民事诉讼法的基础上又有所发展，无论是体例还是内容都更加完善，代表了近代民事诉讼立法的最高成就。

[2] 徐百齐:《中华民国法规大全》，商务印书馆 1936 年版，总第 3469~3472 页。

法规。1935年,新修订的《中华民国民事诉讼法》将民事调解法及其施行规则各条文,酌予修改,纳入《中华民国民事诉讼法》"简易程序"中,并根据《民事调解法》在实践中暴露出的问题,做了一些修正和补充,从而使法院民事调解制度日益完备。

民事调解有强制调解和任意调解两种类型。强制调解是法律规定必须先予以调解、调解不成方可起诉的一种调解类型,主要适用于人事诉讼事件及初级管辖事件。人事诉讼事件主要包括婚姻事件、嗣续事件、亲子关系事件、禁治产事件及准禁治产事件、宣示亡故事件。[1]对于上述案件,《民事调解法》规定,除经其他调解机关调解不成立或调解主任认为不能调解者外,非经民事调解处调解不成立后,不得起诉。对于这种强制调解,时人普遍认为其适用范围"未免过于广泛"。1935年《中华民国民事诉讼法》缩小了强制调解的适用范围,一方面将人事诉讼案件中的离婚之诉、夫妻同居之诉以及终止收养关系之诉限定为必须经法院调解方得起诉之案件,另一方面将初级管辖案件限定为:①关于财产权之诉讼,其标的之金额或价额在800元以下者;②下列诉讼不问其标的之金额或价额,一律适用强制调解:出租人与承租人间因接受房屋或迁护使用修缮或因留置承租人之家具物品涉讼者;雇用人与受雇人之间因雇佣契约涉讼,其雇佣期间在一年以下者;旅客与旅馆主人、饮食店主人或运送人之间因食宿运送费或因寄存行李财务涉讼者。[2]此外,"非常时期民事诉讼补充条例更对于'买卖、租赁、借贷、

---

[1] 参见金绶:"民事诉讼条例详解",载陈刚总主编,邓继好主编:《中国民事诉讼法制百年进程》(民国初期第一卷),中国法制出版社2009年版,第508页。

[2] 参见《中华民国民事诉讼法》,载蔡鸿源主编:《民国法规集成》(第65册),黄山书社1999年版,第199页。

雇佣、承揽、出版、地上权、抵押权、典权九种法律关系，因受战事影响致生争议者，当事人得声请法院调解'的规定。"[1]将某些案件列为强制调解的对象，显然是希望通过简易程序、采用调解的手段尽快化解矛盾纠纷，以减轻法院面临的巨大诉讼压力，减轻民众的讼累，用心可谓良苦，但将过多的案件划归强制调解的范围，在某种程度上限制了人们的诉讼之权，也违背了调解中的自愿原则。

任意调解主要是依据当事人的声请，法院依法进行调解，适用于强制调解之外的其他民事诉讼案件。这种调解体现了当事人自愿的原则，无论是在立法上还是在实践中并无不妥之处。

无论是调解成立或是不成立，法院书记官应制作调解笔录。凡是调解成立者，调解笔录与法院判决具有同等法律效力，一造若不履行，其他一造应以送达之调解笔录正本为执行名义，依照普通程序声请实施执行。调解不成立者，当事人之一造得于调解日期以言辞起诉，并声请即行言辞辩论，遂开始进行诉讼程序。

(二) 第一审程序

根据《法院组织法》的规定，民事案件的第一审法院主要包括设在各县或市的地方法院及其分院，地方法院及其分院审理案件须遵循第一审程序的规定。

1. 起诉与受理

对于调解不成立的案件以及不必经过调解可以直接起诉的案件，当事人可以向法院起诉。起诉应以诉状表明下列各款事项：①当事人及法定代理人；②诉讼标的；③应受判决事项之声明。原告之诉有下列各款情形之一者，法院应以裁定驳回之，

---

[1] 陈盛清："我国调解制度"，载《东方杂志》1943年第39卷第20号。

但其情形可以补正者,审判长应定期间先命其补正:①起诉事件不属普通法院之权限者;②诉讼事件不属受诉法院管辖而不能为第 28 条之裁定者[1];③原告或被告无当事人能力者;④原告或被告无诉讼能力未由法定代理人合法代理者;⑤由诉讼代理人起诉而其代理权有欠缺者;⑥起诉不合程式或不备其他要件者;⑦起诉违背第 253 条[2]、第 263 条第 2 项[3]、第 380 条[4]或第 399 条[5]之规定者。

原告之起诉除了驳回或移送其他法院者外,审判长应速定言词辩论期日。诉状应随言词辩论期日之传票一并送达于被告。被告于言词辩论终结前得于本诉系属之法院提起反诉,原告对于反诉不得复行提起反诉。

2. 准备法庭辩论

各当事人在言词辩论之前,应将其言词辩论所使用的攻击方法或防御方法以及应对对方当事人之声明进行攻击或防御的方法,以书状的形式提交于法院,由法院送达于对方当事人。原告准备言词辩论之书状在提交法院后,法院应将其送达于被告,被告须提出答辩状并提交于法院。

---

[1]《中华民国民事诉讼法》第 28 条规定:"诉讼之全部或一部,法院认为无管辖权者,应依原告声请以裁定移送于其管辖法院,如有数管辖法院时,移送于原告所指定之管辖法院。前项情形原告未声请移送或指定管辖法院者,应于裁判前讯问之。移送诉讼之声请被驳回者,不得声明不服。"

[2]《中华民国民事诉讼法》第 253 条:"当事人不得就已起诉之事件于诉讼系属中更行起诉。"

[3]《中华民国民事诉讼法》第 263 条第 2 项:"于本案经终局判决后将诉撤回者,不得复提起同一之诉。"

[4]《中华民国民事诉讼法》第 380 条:"和解成立者,当事人不得就该法律关系更行起诉。"

[5]《中华民国民事诉讼法》第 399 条:"诉讼标的于确定之终局判决中经裁判者,当事人不得就该法律关系更行起诉。主张抵消之对待请求其成立与否经裁判者,以主张抵消之额为限不得更行主张。"

为了使辩论易于终结，法院得于言词辩论前做出下列处置：①命当事人或法定代理人本人到场；②命当事人提出文书物件；③传唤证人或鉴定人及调取或命第三人提出文书物件；④行勘验鉴定或嘱托公署团体协助调查；⑤使受命推事或受托推事调查证据。

3. 调查证据

当事人主张有利于自己之事实者，就其事实有举证之责任。法院不能依当事人所声明之证据而得心证，或因其他情形认为必要时，得依职权调查证据。在调查证据时，法院得嘱托公署、学校、商会、交易所或其他相当之团体为必要之调查；法院认为适当时得使庭员一人为受命推事调查证据，或嘱托其他法院之推事调查证据。受诉法院受命推事或其他法院受托推事于必要时得在管辖区域外调查证据。由受命推事或受托推事调查证据者，法院书记官应作调查证据笔录，其中受托推事调查证据笔录应送交受诉法院。应于外国调查证据者，嘱托该国管辖官署或驻在该国之中华民国大使公使或领事为之。调查证据之结果应晓谕当事人为辩论。

4. 开庭审理

在做好言辞辩论以及证据之调查的各项准备工作之后，法院即可进入开庭审理阶段。

开庭审理时，首先要传唤原告和被告，听取他们的陈述和答辩。然后，传唤证人。证人有作证的义务，在法院合法传唤的情况下，证人不得无故不到场。在讯问证人之前，审判长应命证人具结并告知其具结之义务及伪证之处罚。审判长应命证人就讯问事项之始末连续陈述，不得朗读文件或用笔记代之，对于证人陈述之有关案件事实认定之内容，审判长得对于证人为必要之发问，当事人在得到审判长许可的情况下，也可以对证人为必要之发问。

5. 评议与判决

经过开庭审理，在搞清案件事实的基础上，可以依据法律作出判决。

对于普通的民事案件，地方法院一般采取独任制，在搞清楚案件事实基础上直接作出判决。但对于较大的民事案件，法院一般采取合议制。根据1935年的《法院组织法》，合意裁判案件应依本法所定推事人数评议决定之。裁判之评议应以审判长为主席。裁判之评议均不公开。评议时推事应各陈述意见。评议以过半数之意见决定之。评议时各推事之意见应记录于评议簿，但应严守秘密。

经过评议之后，审判长即可对案件作出判决。除另有规定者外，法院不得就当事人未声明之事项为判决。关于判决的确定，有如下几种情况：①判决于上诉期间届满时确定，但于上诉期间内有合法之上诉者，阻其确定力；②不得上诉之判决于宣示时确定，不宣示者，于送达时确定。当事人得请求法院书记官付与判决确定证明书。判决确定证明书由第一审法院书记官付与之，但卷宗在上级法院者，由上级法院书记官付与之。

（三）上诉审程序

1. 第二审程序

第二审程序是当事人不服第一审法院之判决而提起上诉后，由第二审法院启动的一道程序。民事案件的第二审法院主要是设立于各省会城市的高等法院。根据1935年《中华民国民事诉讼法》的规定，对于第一审之终局判决得上诉于有管辖权的第二审法院。提起上诉应于第一审判决送达后20日内为之。提起上诉应于原第一审法院提交上诉状，上诉状须载明下列各款事项：①当事人及法定代理人；②第一审判决及对于该判决上诉之陈述；③对于第一审判决不服之程度及应如何废弃或变更之声明。上诉状内应记载新事实及证据并其他准备言词辩论之事项。

提起上诉如逾上诉期间或系对于不得上诉之判决而上诉者，原第一审法院应以裁定驳回之，上诉有其他显不合法之情形而可以补正者，原第一审法院应定期间命其补正。上诉状未被驳回者，第一审法院书记官应速将上诉状送达被上诉人，被上诉人应提出相应的书状。随后，第一审法院书记官应将诉讼卷宗连同上诉状及被上诉人提出之书状等材料，送交第二审法院。

第二审法院审理上诉案件时，法庭上仍须经过言词辩论。言词辩论应于上诉声明之范围为之。当事人应陈述第一审言词辩论之结果，但审判长得令庭员或者书记官朗读第一审判决笔录或其他卷内文书代之。

经过第二审法院的审理，做出如下几种处理。①第二审法院如认为上诉为无理由者，应为驳回之判决；②第二审法院如认为上诉为有理由者，应于上诉声明之范围内为变更原判决之判决；③第二审法院如认为第一审之诉讼程序有重大瑕疵者，得废弃原判决而将该事件发回原法院，但如果两造合意愿由第二审法院就该事件为裁判者，应即自为裁判。

上诉因判决而终结者，第二审法院书记官应于判决确定后，速将判决正本附入卷宗，送交第一审法院。

2. 第三审程序

对于第二审之终局判决，得上诉于管辖第三审之法院。第三审为法律审，即第二审判决违背法令者，方可上诉到第三审法院。所谓违背法令，指的是判决不适用法规或者适用不当。有下列各款情形之一者，其民事判决当然为违背法令：①判决法院之组织不合法者；②依法律或裁判应回避之推事参与裁判者；③法院于权限之有无辨别不当或违背专属管辖之规定者；④当事人于诉讼未经合法代理者；⑤违背言词辩论公开之规定者；⑥判决不备理由或理由矛盾者。凡是有上述情形之一者，当事人均可以第二审判决违背法令为由提起上诉。具有下列情况之一者，不得上诉于第三审法院：①对于第一审判决或其一部未经向第二审法院上诉，或附带上诉之当事人对于维持该判决之第二审判决，不得上诉；②对于财产权上诉讼之第二审判决，如因上诉所得受之利益不逾 500 元者，不得上诉；前项所定额数得因地方情形，以司法行政最高官署命令减为 300 元或增至 1 000 元；③对于第二审判决上诉非以其违背法令为理由不得为之。

提起上诉应以上诉状提出于第二审法院为之，上诉状内应标明上诉理由并添具关于上诉理由之必要证据，同时，上诉状内还须记载因上诉所得受之利益。被上诉人得于上诉状送达后 15 日内提出答辩状，并送交第二审法院。收到被上诉的答辩状或者上诉期满后，第二审法院书记官须送交诉讼卷宗于第三审法院。

与刑事审判程序中的第三审一样，民事审判之第三审也不需要经过言词辩论，但法院认为必要时不在此限。经过调查和审理，第三审法院如认为上诉为有理由者，就该部分应废弃原判决。经废弃原判决者，应将该事件发回原第二审法院或发交其他同级法院。受发回或发交之法院应以第三审法院为废弃理由之法律上判断为其判决之基础。然而，有下列情形之一者，第三审法院应就该事件自为判决：①因其于确定之事实不适用法规或适用不当废弃原判决而事件已可依该事实为裁判者；②因事件不属普通法院之权限而废弃原判决者。

(四) 再审程序

再审程序是当事人不服终审判决或裁定而提起再审之诉后由法院启动的一道程序。根据 1935 年《法院组织法》的规定,对于终局判决不服者,可以提起再审之诉。再审之诉须符合下列情形之一:①判决法院之组织不合法者;②依法律或裁判应回避之推事参与裁判者;③当事人于诉讼未经合法代理者;④当事人知他造之住所指为所在不明而与涉讼者,但他造已承认其诉讼程序者不在此限;⑤参与裁判之推事关于该诉讼违背职务,犯刑事上之罪者;⑥当事人之代理人或他造或其代理人关于该诉讼有刑事上之应罚之行为,影响于判决者;⑦为判决基础之证物系伪造或变造者;⑧证人、鉴定人或通译就为判决基础之证言、鉴定或通译,被处伪证之刑者;⑨为判决基础之民事或刑事判决及其他裁判或行政处分,以其后之确定裁判或行政处分,已变更者;⑩当事人发现就同一诉讼标的在前已有确定判决或和解、调解,或得使用该判决或和解、调解者;⑪当事人发现未经斟酌之证物,或得使用该证物者,但以如经斟酌可收较有利益之裁判者为限。上述第五至八项情形以宣告有罪之判决已确定或其刑事诉讼不能开始或续行因证据不足者为限,得提起再审之诉。

一般情况下,再审之诉专属为判决之原法院管辖,但有下列情形之一者,由专属原第二审法院管辖:①对于同一事件之第一审及第二审判决同时声明不服者;②对于第三审法院之判决,本于第 492 条第一项第七款至第十一款事由[1]声明不服

---

[1] 第 492 条第 7~11 款内容分别为:为判决基础之证物系伪造或变造者;证人、鉴定人或通译就为判决基础之证言、鉴定或通译,被处伪证之刑者;为判决基础之民事或刑事判决及其他裁判或行政处分,以其后之确定裁判或行政处分,已变更者;当事人发现就同一诉讼标的在前已有确定判决或和解、调解,或得使用该判决或和解、调解者;当事人发现未经斟酌之证物,或得使用该证物者,但以如经斟酌可收较有利益之裁判者为限。

者。再审之诉须在 30 日之不变期间内提起。

对于当事人提起的再审之诉，管辖法院须先审定再审之诉是否合法以及是否具备再审之理由，如系不合法者，法院以裁定驳回之；如无再审理由者，法院可不经言词辩论直接以判决驳回之。再审之诉即使具备再审理由，法院如认为原判决为正当者，应以判决驳回之。

除了上述普通审判程序外，民事审判还存在如下特殊诉讼程序：第一，法院基于当事人小额财产权之诉而启动的以调解为主要方式的简易诉讼程序；第二，法院基于债权人之请求，由法院签发支付命令以督促债务人偿还债务为目的而启动的督促程序；第三，法院基于债权人为保全强制执行之财产而声请假扣押而启动的保全程序；第四，法院基于权利人因证券被盗、遗失或灭失而向法院提出公示催告之声请，以请求法院作出除权判决为目的的公示催告程序；第五，基于当事人因婚姻事件、亲子关系事件、禁治产事件、宣告死亡事件等人事诉讼为标的而启动的人事诉讼程序。与一般诉讼程序相比，这些诉讼审判程序相对来说比较简便易行。但是，由于有诸多诉讼程序并行，使得南京国民政府时期的诉讼显得有些繁杂，这也是近代移植西方诉讼立法的结果，正如时人所言："民事诉讼手续濡滞，为行大陆法诸国之通病"。[1]

---

[1] 董康："民国十三年司法之回顾"，载胡玉鸿、庞凌主编：《东吴法学先贤文录·司法制度、法学教育卷》，中国政法大学出版社 2015 年版，第 7 页。

第二节 司法审判程序的制度保障

一、审级制度

中国传统社会中，虽然中央审判机关与地方各级行政机关，也存在着诉讼审判权限上的划分，对于重大案件也实行"逐级审转复核制"，但系统化、制度化的审级制度并未形成。近代以来，随着司法改革的推进以及审判机关的独立，为了适应司法审判程序的规范化要求，审级制度日渐形成。

（一）四级三审制的确立

近代意义上的审级制度是清末司法改革的产物，是随着各级独立的审判机关的出现而形成的。但关于审级制度酝酿，在正式审判机关设立之前即已开始。在预备立宪的推动下，光绪三十二年（1906年）清廷开始模仿西方三权分立制度，着手官制改革。同年十月二十七日（1906年12月12日），修律大臣沈家本上奏《审判权限厘定办法折》，提出模仿日本构建审级制度的设想。清廷认可了沈家本的奏请，遂决定变通日本成法，"改区裁判所为乡谳局，改地方裁判所为地方审判厅，改控诉院为高等审判厅，而以大理院总其成"[1]。《大清大理院审判编制法草案》[2]第2条明确规定了大理院在京直辖审判厅局有三级，即京师高等审判厅、京师城内外地方审判厅以及京师分区城谳局。该法尚未正式提出三审终审制，但在规定各级审判机关的

---

〔1〕《大清法规大全·法律部》（第七卷·审判），政学社1909年版，第1849~1850页。

〔2〕《大清大理院审判编制法草案》，载尤志安：《清末刑事司法改革研究——以中国刑事诉讼制度近代化为视角》，中国人民公安大学出版社2004年版，第229~233页。

职权时，已经有第一审、第二审和终审等概念的出现，这就意味着四级三审制度已经初步形成。值得注意的是，此时的四级三审制仅限于京师地区的审判机关。

光绪三十三年（1907 年）法部制定的《大清各级审判厅试办章程》[1]，则将三审终审制推向全国。该法第 4 条规定：凡民事、刑事案件，由初级审判厅起诉者，经该厅判决后，如有不服，准赴地方审判厅控诉。判决后，如再不服，准赴高等审判厅上告。第 5 条规定：凡民事、刑事案件，除属大理院及初级审判厅管辖者外，皆由地方审判厅起诉，经该厅判决后，如有不服，准赴高等审判厅控诉。判决后，如再不服，准赴大理院上告。

宣统元年（1909 年）清廷颁行的《法院编制法》以日本《裁判所构成法》为蓝本，正式在全国范围内确立了四级三审制：初级审判厅为第一审级，地方审判厅为第二审级，高等审判厅为第三审级，大理院为第四审级，此乃四个审级。初级审判厅管辖的案件可以逐级上诉到第三审级高等审判厅，地方审判厅管辖的案件可以逐级上诉到大理院，此乃三审终审。《清史稿》中也对此做了解释："由初级起诉之案不服，可控由地方而至高等，由地方起诉之案不服，可控由高等而至大理院，名为四级三审。"[2]

清末《法院编制法》中确立四级三审制，意在模仿西方，以收回领事裁判权为目的。至于实行这种审级制度的理论依据，清廷似乎并未做出明确的解释。直至民国年间，才有学者从立法的角度做出解说："一、诉讼案件，就其性质上及价额上观

---

[1] 《大清各级审判厅试办章程》，载尤志安：《清末刑事司法改革研究——以中国刑事诉讼制度近代化为视角》，中国人民公安大学出版社 2004 年版，第 215~228 页。

[2] "清史稿·志一百十九"，转引自蒋秋明编：《南京国民政府审判制度研究》，光明日报出版社 2011 年版，第 27 页。

察，重轻难易，各相悬殊，自易厘定界限，分别管辖。轻微案件，庶得迅速了结，重要讼事，亦不致率而定谳，权限既属明分，程序不致淆乱，此其一。二、法官决狱听讼，固须审慎将事，然一时之心思才力，或有未逮，则冤沉海底莫可昭雪，于是端赖上诉以为救济。案经三审，则案情既大白，人民不致冤抑，此其二。三、历来审判，悉委之于行政官署，以行政官而兼理狱讼，弊端百出，为世诟病，甚且为列强不肯放弃领事裁判权之口实，是以因循敷衍，既非应取之策，改弦更张，诚属急要之图，变法以还，锐意整顿者，亦谋法权之统一与减少人民之苦痛耳，此其三。"[1]

清末确立的四级三审制度与传统社会"逐级审转复核制"相比，其进步意义显而易见。第一，逐级审转复核制旨在通过对逐级审转复核，最终将审判权牢牢控制在皇帝手中，以加强集权为目的，司法并不独立；四级三审制是在司法独立的前提下，加强司法机关的内部监督。[2]第二，逐级审转复核制不以当事人意旨为转移，无关当事人权利的保护；四级三审制则以当事人启动上诉程序为前提，以保护当事人的利益为目的。谢振民在《中华民国立法史》中有一段话颇能说明审级制度的这一作用："盖法官亦人也，欲其判断案件，百无一失，殊不可能，设无救世主济之方，则一旦误判，平反末由，冤抑滋多，故对于不服判决者，许其一再上诉，庶几几经研讯，廉得其平，人民权利，可以确保"。[3]

---

[1] 蔡肇璜："改善司法制度刍议"，载《法律评论（北京）》1930年第8卷第3号。

[2] 参见蒋秋明编：《南京国民政府审判制度研究》，光明日报出版社2011年版，第28页。

[3] 谢振民编著：《中华民国立法史》，中国政法大学出版社2000年版，第1048页。

第四章 司法审判程序的规范化

由于四级三审制在清末刚刚形成，且在实践中并未真正实行多久，清廷就已覆亡，因而，该制度的弊端尚未显露出来，时人对于这种制度也没有太多的抱怨与不满。

（二）四级三审制的虚化

南京临时政府对清末的四级三审制予以认可。孙中山先生曾肯定了这种审级制度："四级三审之制，较为完备，不能以前清曾经采用，遂尔鄙弃。"[1]

北洋政府沿袭了这一审级制度。1914年裁撤初级审判厅后，县级层面实行县知事兼理司法制度。为了解决初级审判厅裁撤后初级管辖问题，北洋政府设置了地方分庭和简易庭。根据《暂行各县地方分庭组织法》之规定，凡已设地方审判厅之地方，得于附近各县设立地方分庭，受理初级或地方第一审审判管辖之民刑案件。此外，还在地方审判厅内附设简易庭，审理原初级审判厅管辖之案件。对于初级审判厅裁撤后设置的地方分庭和简易庭，民国一些学者并不认可其可以作为一级审判组织，有人将该时期的四级三审制称为虚四级主义。[2]还有人认为该时期的四级三审制已经名存实亡，"顾自民国三年裁撤初级审判厅后，四级之名实俱亡"。司法行政部长王用宾也持此观点："以同一法院强分之为两级，同一法院之裁判强名之为两审，四级名实，至此已俱亡矣。"[3]无论是认为虚四级制也好，认为四级三审制名存实亡也好，终北洋政府时代，四级三审制在名义上仍然得以保持。

---

[1]《命司法部将各省审检厅暂行大纲留部参考令》，载中国社会科学院近代史研究所中华民国史研究室、中山大学孙中山研究室等编：《孙中山全集》（第2卷），中华书局1982年版，第217页。

[2] 参见李光夏编著：《法院组织法论》，商会大东书局印行1947年，第36页。

[3] 王用宾："二十五年来之司法行政"，载《现代司法》1936年第2卷第1期。

（三）三级三审制的形成

南京国民政府初期，继续沿用四级三审制。1928年8月，司法部拟具《暂行法院组织法草案》，并附具理由，呈送国民政府转送中央政治会议审查。在所附具的理由中，仍主张依据四级三审制制定法院组织法，"吾国司法既确定四级三审制，自应依据是项制度，草订法院组织法，俾资遵循"[1]。

然而对于四级三审制，时人有颇多非议。论者大多认为，实行四级三审制，审级繁多，导致案件久系，造成人民的讼累。葛光宇指出，在四级三审制下，"每一诉讼发生，最少亦必经过三审，更合更审及再审计之，大抵非经过六审七审不能终结，非经历十数年之长久，期间不能确定一权利状态，虽帝制时代司法制度，其弊害之甚，尤远不及此也"[2]。张秉钺认为，自四级三审制施行以来，窒碍颇多，法界学者已久非之。因此，力主推行三级三审制，"今当我国政治刷新，力求推广法院制定民刑诉讼法规之际，亟应本五权宪法之主旨，司法独立之精神，铲除此不良制度，良为三级三审制，以期便民而利国"[3]。

1930年6月，中央政治会议议决《法院组织法立法原则》12项，交还司法院依据原则整理。在这12项原则中，其中一项原则涉及改原来的四级三审制为三级三审制："实行三级制度，地方法院为法院之单位，上级为高等法院，再上级为最高法院，以三审为原则，二审为例外。"谢振民曾对审级制度的改变做了说明："我国旧制为四级三审。然自民国三年裁撤初级审判厅

---

[1] 谢振民编著：《中华民国立法史》，中国政法大学出版社2000年版，第1039页。

[2] 葛光宇："司法改革刍议（二）"，载《法律评论（北京）》1929年第6卷第32号。

[3] 张秉钺："改良审级制度意见书"，载《法律评论（北京）》1931年第8卷第35号。

第四章　司法审判程序的规范化

后,四级之名实俱亡久矣。嗣乃于地方审判厅添设简易庭,而以向属初级审判厅管辖之案属之,所为判决,仍上诉于该地方审判厅。以同一之法院,强分之为二级,同一法院之判决,强名之曰两审,诉讼转滋纠纷,人民实受苦累。兹定为实行三级制度,曰地方法院,曰高等法院,曰最高法院,简单明瞭,民听不纷。其诉讼以三审为原则者,求诉讼之详慎也。沿用现行民刑诉讼之立法例,以二审为例外者,求诉讼之早结,减除人民缠讼之苦也。"〔1〕

对于立法院的上述立法原则,学者们也纷纷附和,痛斥四级三审制的弊端,主张实行三级三审制。蔡肇璜撰文历数四级三审制之弊端后,对实行三级三审制表示赞同:"用三级三审制,案件之经历既不变更,仍不失其之道,法院等级减少,管辖案件划一,又去强分轻重之弊,故对于中央政治会议通过之立法原则,审级问题,深为赞同",同时还指出实行三级三审制的理由:"一、法院等级,既更为三,应称为县法院省法院中央法院。县法院受理初级案件,省法院为第二审审判机关……此其一。二、我国各地方法院,原由旧日之地方审判厅更易而成,而旧日地方审判厅之设置,仅限于通商巨埠,未能普遍,人民兴讼应诉,既须跋涉,更耗巨资,嗣后如以县法院为单位,自应每县设置一所,以求便利,此其二。"〔2〕

1935年开始实施的《法院组织法》明确规定:法院分为地方法院、高等法院和最高法院三级,实行三审终审制,从而正式确立了三级三审制度。

---

〔1〕 谢振民编著:《中华民国立法史》,中国政法大学出版社2000年版,第1042页。

〔2〕 蔡肇璜:"改善司法制度刍议",载《法律评论(北京)》1930年第8卷第3号。

三级三审制取代四级三审制,一方面是因为自从初级审判厅裁撤后四级三审制已经虚化,名义上保留着四个审级,但事实上第一审与第二审都是在地方审判厅内部进行,一个审判厅没有存在两个审级的必要,加之四级三审制的虚化屡遭时人谴责和批评,遂有了将四级改为三级的提议,并最终由南京国民政府颁行的《法院组织法》完成了这一转变。另一方面与地方行政建制的改变不无关系。清末地方上实行省、府、州(县)三级制,在审判机关设置上也基本上是按照行政建制来实施的,除了中央的大理院外,在省会城市设有高等审判厅,在府、州县分别设地方审判厅和初级审判厅。北洋政府时期地方行政建制为省、道、县,司法审级仍可与行政级别相对应。南京国民政府成立后,地方行政建制改为二级制:省、县。在这种情况下,如果继续在地方设置三级审判机关,则无法与地方行政建制相对应。虽然也有人提议司法区域要独立于行政区域,但这只是个别人士的一种主张,并未被广泛认同,多数人仍然主张"以行政区划,为其土地管辖范围,将来请求行政机关协助时,亦较便利"[1]。

二、审判管辖制度

审判管辖虽然是一个具有近代意义的司法概念,但相关做法古已有之。传统社会中,中央与地方机关在司法管辖权限上的划分,具有事务管辖或级别管辖的色彩,"少囚就多囚""后发就先发"等司法管辖原则的确立,则带有明显的地域管辖的印记。然而,这种管辖尚未形成系统化的制度。审判管辖的制度化、系统化是近代以来司法审判制度改革的结果。近代各届

---

[1] 蔡肇瑛:"改善司法制度刍议",载《法律评论(北京)》1930年第8卷第3号。

第四章 司法审判程序的规范化

政府为了进一步规范司法审判程序,通过制颁法院组织法和各种诉讼法规,明确规定了审判管辖制度。从相关规定来看,近代审判管辖主要包括事务管辖、地域管辖、指定管辖和合意管辖等几类。

(一)事务管辖

事务管辖,也称为级别管辖,是指各级审判机关在第一审案件管辖范围方面的职权划分。中国近代事务管辖制度主要体现在近代各届政府颁行的法院组织法规、刑事诉讼法规和民事诉讼法规中。

宣统二年(1910年)的《大清刑事诉讼律草案》明确了刑事案件的地域管辖。该法第 1 条规定:审判衙门关于刑事诉讼之管辖,除《法院编制法》及他项有特别规定外,均依本律办理。初级审判厅于下列案件有第一审管辖权:①300 元以下罚金之罪;②四等以下有期徒刑或拘役之罪;③刑律第 366 条、第 376 条之盗窃罪及其赃物之罪。上述所列犯罪因累犯或俱发加重本刑者,仍属初级审判厅管辖。地方审判厅依《法院编制法》第 19 条之规定,享有不属于初级管辖及不属大理院特别权限内之案件的第一审管辖权,享有不服初级管辖法庭判决而控诉之案件以及以不服初级管辖法庭之决定或其命令按照法令而抗告之案件的第二审管辖权。高等审判厅依《法院编制法》第 27 条第 1 款至第 3 款,享有不服地方审判厅第一审判决而控诉之案件、不服地方审判厅第二审判决而上告之案件、不服地方审判厅之决定或其命令按照法令而抗告之案件的第二审及终审管辖权。大理院除了享有不服高等审判厅第二审判决而上告之案件、不服高等审判厅之决定或其命令按照法令而抗告之案件的终审权外,对于下列案件有第一审并终审管辖权:①关于帝室之罪,但刑律第 96 条所揭者,不在此限;②帝室缌麻以上亲之犯罪及其他共犯；③内乱罪；④关于国交及外患系三等有期徒刑以上者。遇有下列各款情形，由上级审判衙门合并管辖之：①被告人犯数罪中，其事务管辖不同者；②共犯内一人犯数罪，其事务管辖不同者；③共犯内一人别有共犯罪，该共犯内一人犯数罪，其事务管辖不同者。[1]上述规定大多被北洋政府所沿用。南京国民政府时期的法院系统分为三级：地方法院、高等法院和最高法院。其中地方法院享有除了内乱罪、外患罪、妨害国交罪之外的一般刑事案件的第一审管辖权。内乱罪、外患罪和妨害国交罪的第一审管辖权属于高等法院。[2]

1921年11月公布的《民事诉讼条例》对民事案件的事务管辖做出明确规定。该法规定：初级审判厅管辖之第一审民事案件主要有如下两类：第一，关于财产权之诉讼，其标的之金额或价额在800元以下之案件，此处所定数额，得因地方情形以司法部命令减为600元或增为1 000元。第二，下列诉讼，不问其标的之金额或价额，由初级审判厅管辖第一审：①业主与租户因接受房屋，或迁让、使用、修缮，或因业主扣留租户之家具物品涉讼者，业主或租户与转租人，因以上情事涉讼者，亦同；②雇主与雇人因雇佣契约涉讼，其雇佣期限在1年以下者；③旅客与旅馆，或酒饭馆主人，或水路运送人，因关于食宿、运送所负之义务或因寄放行李财物涉讼者；④因求保护占有状态涉讼者；⑤因定不动产之界线或设置界标涉讼者。除了上述由初级审判厅管辖之诉讼外，其他民事诉讼的第一审均由地方

---

〔1〕参见《大清刑事诉讼律草案》，载尤志安：《清末刑事司法改革研究——以中国刑事诉讼制度近代化为视角》，中国人民公安大学出版社2004年版，第254~255页。

〔2〕参见《中华民国刑事诉讼法》，载蔡鸿源：《民国法规集成》（第65册），黄山书社1999年版，第279页。

审判厅管辖。[1]1935年的《中华民国民事诉讼法》在管辖问题上侧重于地域管辖的内容,对事务管辖未有涉及。

(二) 地域管辖

地域管辖是指同级审判机关,以各自辖区为基础,在第一审案件审理权限上的分工。宣统二年的《大清刑事诉讼律草案》第12条规定了刑事案件地域管辖的基本原则,即审判衙门之土地管辖以犯罪地或犯人所在地为断。遇到下列各款,由一审衙门合并管辖之:①被告人犯数罪,其土地管辖不同者;②正犯数人,其土地管辖不同者。造意犯及从犯,由管辖正犯之审判衙门合并管辖之,共犯内一人别有共犯罪之关系者,亦由管辖正犯之审判衙门合并管辖之。二处以上审判衙门均有土地管辖权者,应以先受公诉者为管辖审判衙门。[2]1935年的《中华民国刑事诉讼法》所规定的刑事案件的地域管辖与上述规定大致相同,但随着犯罪区域的扩大,又增加了一些新内容。一般情况下,案件由犯罪地或被告之住所居所或所在地之法院管辖,但在中华民国领域外之中华民国船舰或航空机内犯罪者,船舰本籍地、航空机出发地,或犯罪后停泊地之法院亦有管辖权。几个同级法院管辖之案件相牵连者,得合并由其中一个法院管辖。有下列情形之一者,为相牵连之案件:①一人犯数罪者;②数人共犯一罪或数罪者;③数人同时在同一处所各别犯罪者;④犯与本罪有关系之藏匿人犯、消灭证据、伪证赃物各罪者。同一案件系属于有管辖权之数法院者,由系属在先之法院审判

---

[1] 参见金绶著、康志点校:"民事诉讼条例详解",载陈刚总主编、邓继好主编:《中国民事诉讼法制百年进程》(民国初期第一卷),中国法制出版社2009年版,第187~188页。

[2] 参见《大清刑事诉讼律草案》,载尤志安:《清末刑事司法改革研究——以中国刑事诉讼制度近代化为视角》,中国人民公安大学出版社2004年版,第256页。

之,但经共同之直接上级法院裁定,亦得由系属在后之法院审判。[1]

与刑事案件的地域管辖相比,民事案件的地域管辖更为复杂。1921年的《民事诉讼条例》采取概括的方式规定了民事案件地域管辖的一般原则:诉讼由被告普通审判籍[2]所在地之法院管辖。同时又列举了一系列特殊类型的因财产权、债权、物权、契约、票据、继承、遗产、担保、财产管理、不法侵害等而涉讼的专属管辖案件。

1935年的《中华民国民事诉讼法》在地域管辖上仍然是采取概括和列举相结合的方式,实行一般管辖和专属管辖相结合的原则。该法第1条从总体上概括了地域管辖的一般原则:诉讼由被告住所地之法院管辖;被告在中华民国现无住所或住所不明者,以其在中华民国之居所视为其住所,无居所或居所不明者,以其在中华民国最后之住所视为其住所;在外国享有治外法权之中华民国人不能依据前述规定定管辖法院者,以首都所在地视为其住所地。该法第2条至21条采取列举的方式规定了一些特殊诉讼的地域管辖:①对于公法人之诉讼由其公务所所在地之法院管辖;对于私法人或其他得为诉讼当事人之团体之诉讼,由其主事务所或其主管业所所在地之法院管辖,对于外国法人或其得为诉讼当事人之团体之诉讼,由其在中华民国之主事务所或主管业所所在地之法院管辖;②对于在中华民国现无住所或住所不明之人因财产权涉讼者,得由被告可扣押之财产或请求标的所在地之法院管辖;被告之财产或请求标的如为债权,以债务人住所或该债权担保之标的所在地视为被告财

---

[1] 参见《中华民国刑事诉讼法》,载蔡鸿源:《民国法规集成》(第65册),黄山书社1999年版,第279页。

[2] 普通审判籍即住址所在地。

产或请求标的之所在地；③对于生徒、受雇人或其他寄寓人因财产权涉讼者，得由寄寓地之法院管辖；④对于军人军属或海员因财产权涉讼者，得由其公务所、军舰本籍或船籍所在地之法院管辖；⑤对于设有事务所或营业所之人，因关于其事务所或营业所之业务涉讼者，得由该事务所或营业所所在地之法院管辖；⑥对于船舶所有人或利用船舶人因船舶或航行涉讼者，得由船籍所在地之法院管辖；⑦因船舶债权或以船舶担保之债权涉讼者，得由船舶所在地之法院管辖；⑧公司或其他团体或其债权人对于社员，或社员对于社员，于社员之资格有所请求而涉讼者，得由该团体主事务所或主管业所所在地之法院管辖；前项规定于团体或其债权人或社员对于团体职员或已退社员有所请求而涉讼者，准用之；⑨因不动产之物权或其分割或经界而涉讼者，专属不动产所在地之法院管辖；其他因不动产而涉讼者，得由不动产所在地之法院管辖；⑩对于同一被告因债权及担保该债权之不动产物权涉讼者，得由不动产所在地之法院合并管辖；⑪因契约涉讼者，如经当事人定有债务履行地，得由该履行地之法院管辖；⑫本于票据有所请求而涉讼者，得由票据付款地之法院管辖；⑬因关于财产管理有所请求而涉讼者，得由管理地之法院管辖；⑭因侵权行为涉讼者，得由行为地之法院管辖；因船舶碰撞或其他海上事故请求损害赔偿而涉讼者，得由受损害之船舶最初到达地或加害船舶被扣押地之法院管辖；⑮因海难救助而涉讼者，得由救助地或被救助之船舶最初到达地之法院管辖；⑯因登记涉讼者，得由登记地之法院管辖；⑰因遗产之继承分割特留分或因遗赠或其他死亡而生效力之行为涉讼者，得由继承开始时被继承人住所地之法院管辖；被继承人为中华民国人，于继承开始时在中华民国无住所或住所不明者，定前项管辖法院时准用第 1 条第 2 项及第 3 项之规定[1];⑱因遗产上之负担涉讼,如其遗产之全部或一部在前条所定之法院管辖区域内,得由该法院管辖;⑲共同诉讼之被告数人,其住所不在一法院管辖区域者,各该住所地之法院具有管辖权。[2]

(三) 其他管辖

1. 指定或移转管辖

刑事诉讼中的指定管辖是依检察官或当事人之声请,由上级法院指定某一下级法院对于案件实施管辖权。宣统二年(1910年)的《大清刑事诉讼律草案》规定:遇到下列各款情形,应由检察官向管辖各审判衙门之直接上级审判衙门声请指定管辖:①因管辖区域境界不明致不辨管辖审判衙门者;②依确定裁判二处以上之审判衙门有管辖权者;③有管辖权之审判衙门被裁判确定为无管辖权,此外并无其他审判衙门应管辖该案件者。遇有下列各款情形,应由检察官向直接上级审判衙门声请移转管辖:①管辖审判衙门及依《法院编制法》第52条得代行管辖之审判衙门因法律或事实不能行使审判权者;②因被告人身份、地方情形或诉讼经历恐审判有不公平者,但被告人于此情形,亦得声请之。[3]无论是指定管辖还是移转管辖,均应向审判衙门附送声请书,该声请书应由配置管辖审判衙门之检察官附送之。上述关于指定管辖和移转管辖的规定,被1922

---

[1]《中华民国民事诉讼法》第1条第2项及第3项之规定为:被告在中华民国现无住所或住所不明者,以其在中华民国之居所视为其住所,无居所或居所不明者,以其在中华民国最后之住所视为其住所;在外国享有治外法权之中华民国人不能依据前述规定定管辖法院者,以首都所在地视为其住所地。

[2] 参见《中华民国刑事诉讼法》,载蔡鸿源:《民国法规集成》(第65册),黄山书社1999年版,第180~181页。

[3] 参见尤志安:《清末刑事司法改革研究——以中国刑事诉讼制度近代化为视角》,中国人民公安大学出版社2004年版,第256~257页。

年开始施行的《刑事诉讼条例》和1935年公布实施的《中华民国刑事诉讼法》所继承。

民事诉讼中的指定管辖主要是依据当事人或受诉法院之声请,由上级法院指定某一下级法院实施管辖权。1921年公布的《民事诉讼条例》规定:有下列各款情形之一者,直接上级法院应依当事人之声请指定管辖:①有管辖权之法院,因法律或事实不能行审判权者;②因管辖区域境界不明,致不辨有管辖权之法院者;③有管辖权之法院经确定裁判为无管辖权,此外并无他法院管辖该诉讼者;④就同一诉讼标的在数处法院起诉,因不明其起诉之先后致不能为诉讼拘束之裁判者。当事人声请指定管辖者,得向受诉法院或直接上级法院以书状或言词为之。受诉法院遇到上述各款情形,亦得请求直接上级法院指定管辖。对于指定管辖之裁决,不得声明不服。[1]无论是当事人声请还是法院声请指定管辖,皆出于保护人民权利之目的。1935年的《中华民国民事诉讼法》也有关于指定管辖之规定,但其内容远不及《民事诉讼条例》详细具体。

2. 合意管辖

合意管辖是以保护当事人之私意为目的,对于非公益之事件,不关系事务管辖、地域管辖,均许当事人之合意于无管辖权之法院,声请受理其诉讼。

清末诉讼法规中尚未规定合意管辖的内容,1921年颁布的《民事诉讼条例》规定了合意管辖制度:①管辖权之有无,法院应以职权调查之。②第一审虽本无管辖权,其以当事人之合意由该法院管辖。该规定的意义在于明确了合意管辖以第一审法

---

[1] 参见金绶著、康志点校:"民事诉讼条例详解",载陈刚总主编、邓继好主编:《中国民事诉讼法制百年进程》(民国初期第一卷),中国法制出版社2009年版,第206~207页。

院为限，如果未受下级法院之审判，而欲以合意受上级法院之审判，则会紊乱上下审级之秩序，违法立法之本旨。③管辖之合意应以文书证之，但经法院书记官将其合意记明笔录者，不在此限。被告不抗辩法院无管辖权而为本案之言词辩论者，以有管辖之合意论。[1] 上述规定用语含糊，表达不甚明了，在实践中非常容易引起歧义。1935 年的《中华民国民事诉讼法》对于合意管辖的规定虽然比较简单，但明确具体。该法第 24 条规定，当事人得以合意定第一审管辖法院，但以关于由一定法律关系而生之诉讼为限。当事人之合意应以文书证之。[2]

三、审判回避制度[3]

回避制度在我国由来已久，早在东汉时期出现的《三互法》，即是中国最早的有关地区回避的成文法律，而《唐六典》中规定的"换推制"，则明确规定了官员的职务回避。由于古代司法行政不分，且审判程序具有较大的随意性，因此，严格意义上的审判回避制度并未正式形成。近代以来，随着西方法律文化的不断传入，诸如程序公正，司法独立、司法中立等诉讼审判理念和制度也对国人产生了较大的影响。为了维护司法中立，保障程序公正，近代各届政府制定和颁布了相关的法律法规，要求法官在任职、执行职务等活动过程中，必须避开某些地域、亲属或退出审判活动，从而形成了近代意义上的审判回

---

[1] 参见金绶著、康志点校："民事诉讼条例详解"，载陈刚总主编、邓继好主编：《中国民事诉讼法制百年进程》（民国初期第一卷），中国法制出版社 2009 年版，第 209~210 页。

[2] 参见《中华民国民事诉讼法》，载蔡鸿源：《民国法规集成》（第 65 册），黄山书社 1999 年版，第 181 页。

[3] 该部分参考毕连芳："中国近代的法官回避制度"，载《安徽师范大学学报（人文社会科学版）》2015 年第 1 期。

避制度。从相关法律法规来看，近代的审判回避主要体现在法官的职务回避、地域回避和任职回避等几个方面。

(一) 职务回避

职务回避是指承办案件的法官与所承办案件有利害关系时需要退出对该案件的审判活动的一种诉讼审判制度。中国古代职务回避制度开始于唐朝时期实行的"换推制"，此后各代在该项制度的基础上又有所发展。近代法官回避制度是近代诉讼机制的必然要求，它是伴随着中国近代司法改革的进行而逐渐形成和发展的。

光绪三十二年（1906年）晚清政府修订法律馆修订的《大清刑事民事诉讼法草案》，最早对法官职务回避的事由作出明确规定："凡承审官有下列情形者，应向高等公堂声明原由，陈请回避：一、承审官有被损害者；二、承审官与原告或被告有戚谊者；三、承审官于该案曾为证人或代理人者；四、承审官于该案无论现在或将来有关涉利益或损害者。"[1]该法由于遭到各省督抚反对而被搁置，其关于法官回避的内容也成为空谈。

光绪三十三年（1907年）颁布实施的《大清各级审判厅试办章程》在法官职务回避方面的发展之处在于，一方面明确了回避的提出主体为执行职务之法官和诉讼案件当事人，并根据回避提出主体的不同，将法官职务回避分为法官自行回避和当事人请求回避两种；另一方面将"法官与诉讼人有旧交或嫌怨"以及"恐于审判时有偏颇者"作为当事人请求回避的原因，从而丰富了回避事由的内容。

宣统二年（1910年）初编订完成的《大清民事诉讼律草案》和《大清刑事诉讼律草案》，用较大的篇幅规定了法官职务

---

[1] 尤志安：《清末刑事司法改革研究——以中国刑事诉讼制度近代化为视角》，中国人民公安大学出版社2004年版，第182页。

回避制度。该草案将法官职务回避分为回避拒却及引避，而且对回避事由、回避主体、回避的决定主体、回避的程序等问题作了明确规定，从而丰富了近代法官职务回避制度的内容。

北洋政府直接继承了清末诉讼立法的模式和内容，因此在实践上大致沿用清末法官职务回避制度。南京国民政府颁行的《中华民国刑事诉讼法》《中华民国民事诉讼法》等诉讼法在总结以往立法经验的基础上，用专章规定了法官职务回避制度，使该项制度更加完善。在此以南京国民政府时期的《中华民国民事诉讼法》为例来归纳一下近代法官职务回避制度的相关内容。

关于法官回避事由。《中华民国民事诉讼法》第32条规定了法官应自行回避的七种原由：第一，推事或其配偶、前配偶或其未婚配偶为该诉讼事件当事人者；第二，推事为该事件诉讼当事人或七亲等内之血亲或五亲等内之姻亲或曾有此亲属关系者；第三，推事或其配偶、前配偶或其未婚配偶就该诉讼事件与当事人有共同权利人、共同义务人或偿还义务人之关系者；第四，推事现为或曾为该诉讼事件当事人之法定代理人或家长家属者；第五，推事于该诉讼事件现为或曾为当事人之诉讼代理人或辅佐人者；第六，推事于该诉讼事件曾为证人或鉴定人；第七，推事曾参与该诉讼事件之前审判或公断者。该法第33条规定了当事人声请回避的原由：第一，推事有前条所规定之情形而不自行回避者；第二，推事有前条所定以外之情形足认其执行职务有偏颇之虞者。[1]回避事由是法官职务回避制度的核心内容，它决定着回避制度实施的效果。中国近代法官职务回避事由经历了一个不断发展变化的过程。虽然不无瑕疵，但内

---

[1] 参见《中华民国民事诉讼法》，载蔡鸿源主编：《民国法规集成》（第65册），黄山出版社1999年版，第181页。

容日趋丰富,尽可能将一切影响诉讼程序公平的情形包括在内。

关于法官回避程序。由《中华民国民事诉讼法》的相关规定来看,法官回避分为自行回避和当事人声请回避两种。法官自行回避的程序比较简单,一般情况下,执行职务之法官遇到法律规定应行回避之情形,应向所在法院院长声明原由,陈请回避。当事人声请回避的程序比较复杂。

(1) 声请回避的启动。根据声请回避事由的不同,分两种情况:一是在"推事为法律所应回避仍执行职务"的情况下,当事人得不问其诉讼程度如何,随时声请回避;二是在"推事之审判恐有偏颇"的情况下,当事人若就该案件有所请求或陈述,即不得声请回避,但回避之原因发生在后或当事人未知有此原因者,不在此限。当事人声请回避应用书状或言辞向推事所属审判衙门行之,同时必须在提出声请回避之日起3日之内将回避原因和事实用书状声叙。被声请回避之推事对于该声请得提出意见书。

(2) 声请回避的受理与裁定。声请回避的受理主体为法官所在法院或上级法院。一般情况下,法官回避之声请由该法官所属法院以合议审判裁定之,其因不足法定人数不能行合议者,由院长裁定之,如不能由院长裁定者,由上级法院裁定之。被声请回避之法官如以其声请为正当者,视为已有应回避之裁定。

(3) 抗告。当事人声请回避经裁定驳回者,得提起抗告。

(4) 回避的效力。法官被声请回避者除应急速处分者外,应即停止诉讼程序。可见,近代法官回避程序设计得比较严密,且具有较强的可操作性,但缺乏对驳回回避声请的救济以及未回避法官的责任的规定。

(二) 地域回避

地域回避也称为籍贯回避,是为了避免亲属关系、乡邻关系等对法官公务活动的干扰和破坏而回避一定地域范围的制度。早在汉代,任官中就已经实行《三互法》,隋唐两代任官中均实行籍贯回避,明朝实行"南北更调之制",清朝自康熙年间开始以 500 里作为回避的范围。

清末司法改革中,考虑到各级审判厅、检察厅开办伊始人才缺乏、经费不足等现实情况,宪政编查馆酌拟《各省法官变通回避办法》,适当缩小了法官回避的区域,"各省审判厅检察厅,如地方初级等厅皆有专管区域,拟令本省人员回避本管府州及本籍三百里以内,与各省人员一体任用。"〔1〕这是中国近代关于法官地域回避的最早规定。

辛亥革命后,各项规章制度尚未建立,无论政界还是法界的官员,大多由本地人担任,"各省自光复以来,省界划分若鸿沟,政席类皆本籍,而法官之任用亦遂因之",北洋政府建立初期,这种情况并无太大的改变,"查各该厅法官以本地人充任者,十之八九"〔2〕。法官服务故土,亲属必多,顾忌瞻徇,情所难免,且易卷入政党旋涡,为地方权势所左右。司法总长梁启超认为:"法官于民最切,于官最尊严,然自法院改组以来,利未大著而弊先乘之,征诸以往之事实,默计将来之进行,佥以为兴革之端,实以法官回避本籍为第一要义。"〔3〕

1914 年 1 月 14 日,袁世凯颁发大总统令,明确提出"嗣后司法各官应除省界,明示限制"。据此,司法总长梁启超拟订《司法官回避办法》4 条,并呈准施行。涉及法官地域回避的主要有两条:"一、各省高等审判检察厅司法官不得以本省人士充

---

〔1〕《宪政编查馆会奏酌拟各省法官变通回避办法折》,载《广益丛报》1910年第 242 号。

〔2〕余绍宋:《改订司法例规》(上册),司法部编印 1922 年,第 315 页。

〔3〕梁启超:《司法总长梁启超呈大总统councils将应行回避之河南等省高等厅长官互相调用人员开单请鉴核施行文(附单)》,载《政府公报》1914 年第 648 号。

第四章　司法审判程序的规范化

任；二、各省地方初级审判检察厅司法官不得以该地方厅管辖区域之人士充任。"同年1月27日，司法部补订《司法官回避办法》2条，对上述规定作了适当的补充和调整："一、各省设有高等审判检察分厅者，其高等本厅司法官之回避只以该本厅管辖区域内人士为限；二、各省高等审判检察分厅司法官不得以该分厅管辖区域内人士充之。"〔1〕

自从1914年颁布实施《司法官回避办法》（以下简称《办法》）以来，虽然在具体施行过程中有所变通，但终北洋政府之世，尚能大体遵行。然而，广州武汉国民政府时期，该《办法》逐渐流于形式。南京国民政府成立后，回避办法无形被取消，导致司法人才分配以及审判之进行等方面发生障碍，"盖以全国人才只有此数法官既可服务本省，即难免此疆彼界就地取材，在甲区既多致滥竽，在乙地反发生拥挤，此关于人才分配而发生障碍者一也。法官审判首在公平，稍失偏倚，难期折服，桑梓所在，不乏亲知，案件牵连，事所难免，贤者故为矫枉，嫌怨丛生，不消者曲意瞻徇，流弊滋大。此关于审判进行而发生障碍者二也。"司法行政部对此问题有着清醒的认识："近年人民对于司法颇滋诟病，而回避办法未能实行亦为诟病之一端。"〔2〕

为了解决上述问题，1932年1月27日，由行政院会议通过的《司法官任用回避办法》规定：各省区高等以下法院院长、首席检察官不得以本省本区人充任，但边远及交通不便或有特殊情形者暂得回避该法院管辖区域；各省区各级法院推事、检察官应回避该法院管辖区域；本办法无论实缺署缺代理及候补

---

〔1〕余绍宋：《改订司法例规》，司法部编印1922年，第315页。
〔2〕《司法官任用回避办法（附原呈及原令）》，载《法律评论（北京）》1932年第9卷第20号。

司法官均适用之。[1]可见，该办法基本上继承了北洋政府时期法官地域回避的内容，并根据当时边远以及交通不便省份司法人才短缺的实际情况对该地区法官的回避做出了变通性规定。

近代法官地域回避制度虽然时断时续，在实践中也多有变通，但对于防止亲属关系、乡邻关系以及地方权势等对法官审判活动的干扰和阻挠，产生了应有的作用。

（三）任职回避

任职回避是指对有一定范围内的亲属关系或比较密切的人际关系的法官，在担任职务方面做出的限制和约束，中国近代法官任职回避主要体现为回避亲属以及对法官离职或退职后担任律师职务予以限制两个方面。

1. 回避亲属

1914年初，司法总长梁启超拟订的《司法官回避办法》第3条规定："各省各级审判检察厅司法官与本厅或该管上级厅长官有四亲等内血亲或三亲等内姻亲之关系者，应行声请回避"[2]，首开近代法官任职中亲属回避之先河。为了保证法官任职中亲属回避办法的施行，1919年10月14日，司法部再次训令各审检厅，"本部于民国三年曾订有司法官回避办法四条，第三条内开各级审判检察厅司法官与本厅或该管上级厅长官有四亲等内血族或三亲等内姻亲之关系者应自行声请回避等语，业经呈准通行在案，此项办法意在屏绝嫌疑，保持公允，至关重要。该（厅长检察长）有监督属僚之责，允宜切实奉行，免滋物议。嗣后该两长对于任用法官务须随时注意，勿得视为具文，并仰转

---

〔1〕 参见《司法官任用回避办法（附原呈及原令）》，载《法律评论（北京）》1932年第9卷第20号。

〔2〕 余绍宋：《改订司法例规》（上册），司法部编印1922年，第314页。

令所属各厅，一体遵照此令。"[1]亲属回避有利于防止法官在司法部门中形成"亲族关系网"，有利于排除亲属因素、人情因素等对司法审判活动产生不良影响，为法官公正审判创造一个良好的环境。

南京国民政府建立后，由于法官回避制度被取消，亲属在同一司法机关中任职的现象屡屡出现，正如司法行政部所言："甚或父兄子弟，共事一堂，姻娅亲知，居然统属，无知充数，同僚存及乌之情，以法相绳，旁观怀投鼠之忌。"[2]这样极易导致援引私人现象的出现，使司法机关中出现亲缘化倾向。为了解决这个问题，1932年1月27日，南京国民政府颁行《司法官任用回避办法》（以下简称《办法》），再次强调：各省区各级法院院长及推事检察官与该管上级法院或本院长官有四亲等血亲关系、三亲等姻亲关系者，均应自行声请回避。可见，该《办法》与北洋政府时期《司法官回避办法》关于亲属回避的规定一脉相承，从而为法官任职回避制度提供了基本的法律依据。

2. 对法官离职或退职后担任律师职务的限制

在对法官离职或退职后担任律师职务的限制方面，相关法规禁令甚多。早在北洋政府时期，司法部即已认识到，辞职、退职法官改充律师后，"其中尤难保无恃有僚友关系，既可广通声气，亦即藉以招徕，而诉讼当事人不明真象，或竟妄有希冀托其关白贿赂，种种弊害，防不胜防"，因此，对辞职、退职或离休法官执行律师职务予以一定的限制，"嗣后审检长官暨推检

---

[1]《法官与长官有姻亲关系者应声请回避令》，载《司法公报》1919年第113期。

[2]《司法官任用回避办法（附原呈及原令）》，载《法律评论（北京）》1932年第9卷第20号。

候补实习各员，经退职后三年内不得在原任各厅管辖区域内执行律师职务"。[1]南京国民政府建立初期，对法官退职后转任律师年限没有限制。1929年2月28日，司法行政部向各省高等法院院长、首席检察官颁发部令称："查各法院退职人员即在原任区域执行律师职务，恐有声息相通发生流弊之虞，本部体察情形，亟应酌予限制，以期防微杜渐，整饬法纪。嗣后各法院院长首席检察官暨推检学习候补各员，经退职后一年内不得在原任法院管辖区域执行律师职务。"[2]该部令对法官转任律师从区域和时间上进行了限制，但因限制的区域狭小、时间太短而招致时人的不满和批评。针对上述法令存在的问题，司法当局先后进行了修正。关于区域限制，将对退职法官执行律师职务的区域由原来的原任法院管辖区域，改为同一律师公会区域。关于时间限制，将对退职法官执行律师职务的限制时间由1年延长至3年。[3]对法院退职法官从事律师职业从时间上和地域上做出限制，可以在一定程度上消除人缘关系对司法审判活动的消极影响，不失为保证审判公正的一项举措。

---

[1]《审检各员退职后不得执行律师职务令》，载《司法公报》1918年第94期。

[2]"司法行政部训令（训字第二八五号）"，载《司法公报》1929年第9号。

[3]参见"各法院退职人员须满三年始能在原任法院区域执行律师职务"，载《法律评论（北京）》1933年第10卷第49号。

第五章
司法审判制度近代化之成效与检讨

如前所述,随着西方法律文化在中国的传播,中国司法审判制度开始踏上缓慢的近代化之路。司法审判制度近代化过程中,兼理司法的行政衙门逐渐被独立的法院所取代,实现了审判机构的专门化;兼理司法的全能型行政官员逐渐被新式的法官所取代,实现了审判人员的专业化;具有较大随意性的审判程序开始被严格的程序所取代,实现了审判程序的规范化。但是,中国司法审判制度近代化的道路并非一帆风顺,自始至终充满着新与旧的矛盾、中与西的冲突,从而使得制度运行和发展过程中往往遭遇到种种意想不到的障碍和尴尬。分析和总结中国司法审判制度近代化之成效,检讨其不足与缺憾,无疑对于我们正确认识和理解中国司法审判制度近代化的艰辛历程有着重要的作用。

第一节 司法审判制度近代化之成效

一、创建了一批独立的司法审判机关

近代以来,审判机关实现了由传统到近代的转型。在这个转型过程中,虽历经曲折与艰辛,但毕竟实现了从无到有的转变,经历了由少到多的发展过程。清末新式审判厅的建立,拉开了中国近代法院建设的序幕,终北洋政府时代,全国法院数

量为 114 所，包括大理院 1 所，高等审判厅 21 所，高等审判厅分厅 26 所，地方厅 67 所。南京国民政府时期法院建设步伐逐渐加大，至 1948 年，全国法院数量达到 900 多所，包括最高法院 1 所，高等法院 37 所，高等法院分院 119 所，地方法院 782 所。[1] 可见，自清末至民国，法院设置的绝对数量在不断地增长，分布区域逐渐扩大，由最初的京师、沿海一带，逐渐扩大到内地以及边疆地区。

与高等法院、地方法院建设相比，县级层面的审判机关一直未能获得独立地位。自 1914 年袁世凯宣布裁撤初级审判厅、实行县知事兼理司法以后，基层司法状况不容乐观。即便如此，县级层面的司法审判机关也在缓慢地发展变化。北洋政府时代，虽有设置司法公署的尝试，但成效不大，县知事兼理司法仍是主流。南京国民政府时期开始在县级层面设置司法处，由审判官独立行使审判权，以逐渐改变行政官兼理司法审判的传统，至 1948 年，除了新疆情形较为特殊外，"县长兼司法审判之秕制，已不复存在"，县司法处达到 1 318 所。[2]

无论是清末民初的审判厅，还是民国后期的各级法院，已经完全不同于传统的司法审判机关：它们是近代权力分立和司法独立理论指导下的产物，职权独立，垂直领导，与行政机构之间没有隶属关系，在近代国家权力结构体系中占有一席之地。此外，这些新式审判机关内部组织健全，民刑分立，院长（厅长）、推事、书记官、司法警察等职权划分明确，各司其职，共同推动着司法近代化的进程。即便是兼理司法审判机关，与传统社会州县司法审判制度相比，也具有了明显的近代化色彩，正如唐仕春在《北洋时期的基层司法》中所总结：①县知事兼

---

[1] 参见汪楫宝：《民国司法志》，商务印书馆 2013 年版，弁言第 8~11 页。
[2] 参见汪楫宝：《民国司法志》，商务印书馆 2013 年版，弁言第 10~11 页。

理司法折射出司法专业化的色彩；②非正式国家机关和非国家职官转变为正式的国家机关及其职员；③审判程序及审判依据等方面县知事兼理司法更接近新式司法制度。[1]

近代新式审判机关在办事风格方面也呈现出新的特色。以民初大理院为例，其审判案件不仅注重外在形式，更加注重内在的精神，"在审判独立方面，大理院所有审判案件无不希望做到不许干涉与请托，旧时顾忌徇情舞弊为之一扫"[2]。其他各级法院也涌现出一些公正执法、独立行使职权的典范人物。例如，抗日战争时期，重庆地方法院检察官对于财政部赋税司司长高秉坊的贪污罪行提起公诉后，经重庆地方法院刑事庭审理，做出对其判处死刑的决定。高秉坊是当时行政院院长孔祥熙的老同学、亲信旧部。该案发生后，孔祥熙为了营救高秉坊，曾竭尽全力，设法托请，但主审该案合议庭的推事，不受外界干涉，执法如山，这种大无畏精神，颇值得国人称赞。[3]又如，日寇飞机轰炸重庆时，江北县打鱼湾民生轮船公司，为了保护其修船厂的机械安全迁入山洞，在开凿山洞时，采用人工点燃火药爆破洞石的办法施工。有一位僻远山区第一次来城市的石工，在洞底深处点燃火药后往外跑的过程中跌倒，触及洞口电机设备，电花喷射引起火警，幸未发生大火。该石工遭到逮捕，押送重庆警备司令部，被控告为汉奸纵火。经军法处侦查审讯，尚无汉奸罪行，但犯失火罪行，遂移送到江北地方法院检察处

---

〔1〕 参见唐仕春：《北洋时期的基层司法》，社会科学文献出版社2014年版，第77~78页。

〔2〕 黄源盛：《民初法律变迁与裁判（1912-1928）》，台湾政治大学2000年版，第77页。

〔3〕 参见党德信总主编，徐朝鉴主编，中国人民政治协商会议全国委员会文史资料委员会编：《文史资料存稿选编》（政府·政党），中国文史出版社2002年版，第460页。

法办。该处检察官以失火罪提起公诉。江北法院刑事庭经过审讯，认定被告系无电器常识的山区农民，在山洞深处点燃火炮，急奔逃避炸伤，失足触毁电器设备而引起火警虽属实情，但是该被告生长在僻远深山，根本不识电力之危险，对于洞口电机不能触及一事，既无认识，当然不会注意。根据当时法律规定，过失罪之构成，应当具备"当注意，能注意，而不注意"三个条件。该被告既不认识电力之危害，缺乏能注意其危险的思想基础，当其急奔出洞之际，虽不注意失足，但缺少能注意的条件，不构成过失罪。更非故意，自应宣告无罪。虽然民生公司经理卢作孚闻讯后怒气冲天，主办检察官也不服，声请上诉，但第二审重庆高等分院仍然认定被告无罪，驳回上诉。[1]再如，江北县水土托镇，一未婚船夫与一尼姑通奸，竟被镇长派人抓获，捆绑游街后送到江北检察处。经检察官讯明，法无处罚明文，不构成犯罪。被告被无罪释放。该镇长被以妨害自由罪而提起公诉，经法院依法判处3个月徒刑，缓刑1年，以儆效尤。[2]这些案例在一定程度上体现了近代法官的独立审判精神。

二、造就了一批专业化的司法审判人才

按照现代司法理论，司法人员是司法活动的主体，司法制度之优劣，在很大程度上取决于司法人员之素养和品行。关于司法人才在中国司法近代化进程中的地位与作用，蔡枢衡先生是这样认识的："司法方面的使命之完成，必须具备可使使命完

---

〔1〕 参见党德信总主编，徐朝鉴主编，中国人民政治协商会议全国委员会文史资料委员会编：《文史资料存稿选编》（政府·政党），中国文史出版社2002年版，第460~461页。

〔2〕 参见党德信总主编，徐朝鉴主编，中国人民政治协商会议全国委员会文史资料委员会编：《文史资料存稿选编》（政府·政党），中国文史出版社2002年版，第461页。

成之条件。此项条件不外制度、经费及人才三事。而经费可以随时筹措,且可因人而异其运用之事功。法制业已大备,问题端在运用者之是否得人?是故第一为人才问题,第二为人才问题,第三还是人才问题。"〔1〕司法人才之重要性可见一斑。张知本在法官训练所纪念周讲演时说:"整个司法好比一部汽车,司法的组织对于汽车的机件,司法经费对于汽车所使用的汽油,而司法官就等于汽车的管理和驾驶人。机件有损害或配件不周,车子绝不能走动,机件虽好而没有汽油,也是不能走动。同时假定机件很好,汽油充足,而没有熟练的司机驾驶,这部汽车也是不能走动的。所以要汽车开动,必须三个条件完全具备,缺一不可。司法的推进也是一样,我们一方面需要组织严密与经费充足,同时更需要有健全明达的司法官。"〔2〕

  基于司法人才在司法发展过程中的重要作用,近代各届司法当局非常重视通过考试来选拔司法人才。自清末《法院编制法》确立法官考试任用制度始,随后的南京临时政府、北洋政府、广州武汉政府以及南京国民政府都把考试合格作为法官任用的主要资格。据统计,清末通过法官考试者有842人,北洋政府时期通过考试录取者达618人,南京国民政府法官考试录取人数达2 000余人。这些通过考试选拔而走上工作岗位的法官,具有比较丰富的法律专业知识,与传统兼任司法的行政官以及近代兼理司法的县知事相比,在司法改革、法院建设以及诉讼案件的处理等方面,无疑更得心应手一些。虽然法官群体中尚有为数不少的非考试出身人员,但考试出身的法官在法官群

---

  〔1〕 蔡枢衡:《中国法理自觉的发展》,清华大学出版社2005年版,第169页。

  〔2〕 张知本:"战时司法及战时司法官应该具有的精神和责任",载《法治周刊》1938年复刊第1号。

体中所占比例呈逐步上升趋势。1926 年以前，考试出身的只有 764 人，占全部法官总数 1 211 人的 63%；1937 年初，法官总数为 2 765 人，考试出身的有 1 955 人，考试出身的法官占法官总数的 70%。[1]

近代各届政府不但通过严密的选任机制使优秀的司法人才得到任用，还通过考核与奖惩等激励机制使司法人才最大限度地发挥潜力，通过保障机制吸引优秀司法人才，稳定司法队伍，从而使近代司法界与其他各届相比，无论是学历水平、专业水准、道德操守还是从事风格，都略胜一筹。尽管司法队伍也不无瑕疵，但瑕不掩瑜，司法队伍的整体素质和品行是有目共睹的，尤其是 20 世纪 20 年代后，司法队伍获得了良好的社会声誉。

1923 年 5 月，民初曾任司法总长的梁启超在《法律评论（北京）》发刊的题词中，道出了民初司法的进步性："十年来国家机关之举措，无一不令人气尽。稍足以系中外之望者，司法界而已。"[2] 历任司法总长、次长职务的江庸在《法律评论（北京）》发刊辞中，也谈到民国司法的两大优点："一、人材整齐，胜于其他机关也……二、贿赂之事，确较少于往时之司谳也。"[3] 长期担任大理院院长、先后两次担任司法总长职务的董康在总结了民国十三年以来的司法状况后指出："各级审检两长及推检，亦多馆（编者按：指修订法律馆）附设法律学堂毕业生，人才一时称盛。……吾国法官以操守言，入学伊始，讲师日以法律提撕惕励。学成而仕，复经法定之资格。其出处自异恒流，历年以贿闻者，较行政官一与百之比例也，当亦舆论

---

[1] 参见居正："十年来之司法建设"，载《中华法学杂志》1937 年新编第 1 卷第 5、6 号合刊。
[2] 梁启超："题辞"，载《法律评论（北京）》1923 年创刊号。
[3] 江庸："发刊词"，载《法律评论（北京）》1923 年创刊号。

所公认。"[1]调查法权委员会会长张耀曾在对各省司法状况调查后说:"地方人士对于司法当局不无指摘,然尚无恶劣形迹",并表示对此点尚算满意[2]。1928年2月,司法总长王荫泰在就职演讲中对司法人员办理司法事务的成绩给予充分的肯定。他指出,在举国文武制度被破坏无遗之时,只有"司法事务比较尚属整齐,向日威严亦未完全坠地"[3]。1933年,居正在演讲中,对最高法院的司法人员给予了肯定:"本院(最高法院)自经院长督率整理,全院同人在领导之下,一切办事,日见整齐,精神也倍觉贯注,表现出一种新的气象,同人等也不期然而然的振作起来。"[4]

上述司法界要人对司法人员的评价难免有自诩之嫌,但从当时的报刊杂志来看,司法人员的素养也获得了社会的认同。孙祖基在"各国来华考察司法之缘起与我国应有之准备"一文中认为,"司法界人物,大半为法律学校出身,平心而论,均为中国官僚中之较贤明者,……各级法院之推事检察官咸受有相当之法律教育,其中毕业于外国专门大学者甚多。"[5]1927年,《法律评论(北京)》登载的署名直夫的时评文章也认为,"民国肇造,十有六年,政治则委靡窳败,教育则摧残停顿,军政则纪律荡然,言及国是,几无一不令人悲观,其差强中意,稍

---

[1] 董康:"民国十三年司法之回顾",载何勤华、魏琼编:《董康法学文集》,中国政法大学出版社2005年版,第714~715页。

[2] 参见"法权讨论会张会长演说录要(续)",载《法律评论》1924年第72期。

[3] "王荫泰就任北京司法总长",载《法律评论(北京)》1928年第244期。

[4] 居正:《民国二十二年十月二日最高法院民一庭长翁敬棠纪念周工作报告》。

[5] 孙祖基:"各国来华考察司法之缘起与吾国应有之准备",载《东方杂志》1924年第21卷第10号。

足系中外之望者，其惟我司法界乎？"[1]1948 年《法律评论（北京）》中刊文指出："年来国人对行政官吏，无论高低，多怀怨望，独对司法官之清廉公正，犹复信赖尊崇，美前驻苏大师蒲立德'游华观感'亦对我国司法官不贪污不枉法特加赞扬，比者内察人心，外观舆情，益深知夫司法官本身尚多能严守岗位，克尽厥职！"[2]

国际社会对当时司法人员的素养也给予了较高的评价，1922 年初，北洋政府法律顾问、法学博士岩田一郎在考察我国各省司法状况后指出，各审检厅法官大多毕业于日本帝国大学或私立大学，而毕业于北京、天津两地法政学校者也有，"此种法官，要有相当之学识，旧式之法官，已不见一人"。[3]1926 年由 11 个国家代表组成的调查法权委员会在报告书中也指出："本委员会各委员在京及各省所见之法界人员，均似有法律训练者。现任之推事及检察官，多数已服务在十年以上，且颇多在外国毕业，尤以日本为多。"[4]

三、保障人民权利成为司法审判的题中应有之意

中国自进入阶级社会，便建立起专制主义的政治体制。秦朝统一后，建立了皇帝制度。皇帝"口含天宪"，一言而为天下法，言出法随。在这种专制皇权统治下，是不可能产生权利意识的。因此，中国古代社会中，民众只有义务，毫无权利可言。与此相适应，传统官员的主要职责在于秉承君主之意去治理民

---

[1] 直夫："司法前途之曙光"，载《法律评论（北京）》1927 年第 4 卷第 32 期。
[2] "司法独立之真谛"，载《法律评论（北京）》1948 年第 16 卷第 6 期。
[3] "岩田顾问之司法改善谈"，载《申报》1922 年 2 月 13 日。
[4] 《法权委员会调查报告书》（1926 年 9 月 16 日），载中华民国史事纪要编辑委员会编：《中华民国史事纪要（初稿）》（1926 年 8 月至 12 月），史料研究中心 1978 年印行，第 868 页。

第五章　司法审判制度近代化之成效与检讨

众。只有民众安分守已,社会才会稳定,封建国家所赖以存在的社会秩序才能得以维护。法官则是"由政府派往地方的行政官吏兼任,司法只是他们工作的一部分。法官作为民众的父母官,高高在上"。[1]因此,传统法官行使审判权,并非以保护当事人的合法权益为目的,而是为了维护封建王朝统治所需要的社会秩序。尽管法官通过处理纠纷、解决争端,在某种程度上也起到对人民生命财产安全的保护作用,但这"只不过是在维护社会秩序时所带来的客观结果而已"。[2]

近代以来,随着西方宪政思想和人权思想的传播,中国人民萌生了权利意识,并为争取权利而进行抗争。因此,清末预备立宪以来,各届政府不得不在宪法中确认和保护人民拥有的各项权利。清末颁行的《钦定宪法大纲》作为中国近代第一部宪法性文件,第一次明确了人民的各项权利和义务,尽管是以"附录"的形式确定的,但其启蒙意义不容低估。南京临时政府颁行的《中华民国临时约法》首次开辟专章规定了人民的权利,并把它放在总纲之后的紧要位置,显示了对人民权利的重视。随后的《中华民国约法》《中华民国宪法》等尽管对人民权利予以诸多限制,但从不敢忽略人民权利这一基本内容。有了宪法依据,近代颁行的民刑诸法,也对人民生命、财产、住所等权利从多方面予以保护。

立法上对人民权利的保护必须通过司法活动来实现,并通过法官履行自己的职责来完成。这从近代司法界及相关人士的言论中可以得到印证。

---

[1] 高鸿钧:"中国公民权利意识的演进",载夏勇主编:《走向权利的时代》,中国政法大学出版社 2000 年版,第 58 页。

[2] 沈国琴:《中国传统司法的现代转型》,中国政法大学出版社 2007 年版,第 26 页。

清末沈宝昌在《法院编制法释义》中就已谈道："法官掌理诉讼，凡人民之财产、自由、生命等莫不随时有予夺限制之权。"[1]

民国年间，关于法官必须履行职责以保护包括人民生命财产安全在内的各项权利，也颇受时人关注，"夫司法机关，为人民生命财产及一切权利义务保证之所，与国家之盛衰荣枯，息息攸关。……故法官之责任，殊为重大，法官而能胜其任也，则诚国之利，民之福。否则，虽遍国设有法院，亦仍惟坐视邦家之杌陧而已。何取于法院为耶？职是之故，吾侪法官，所负使命之严重，殆为国内各种官吏之冠，国家与法官关系之密切，即亦非他种官吏所可比拟。"[2]"查司法官职司审判民刑案件，其于保护人民之生命财产关系甚大"[3]。

1927年，在司法储才馆成立大会上，曾任司法总长的馆长梁启超致开馆辞中再次强调法官的这一重大使命："司法官之一举一动，既与人民之生命财产有关；故须有责任心。凡办一案，须以诉讼人之利害为本位；譬如吾人办案稍迟一二日或稍迟数小时，自以为略有稽延无关宏旨，不知有时因此数小时之稽延，即是使诉讼人破家亡命；虽无心耽延，而其害则如此矣。"[4]

南京国民政府司法院长居正在《抗战与司法》中特别强调："司法之根本原则，厥在保民便民，……保民便民即所以为人民谋福利。"[5]

---

[1] 沈宝昌:《法院编制法释义》，嘤鸣社1910年版，第1页。

[2] 朱广文:"法官之生活"，载《法律评论（北京）》1925年第3卷第1期。

[3] "京师法界将罢工"，载《法律评论（北京）》1925年第3卷第25期。

[4] "司法储才馆开馆名人演说辞"，载《法律评论（北京）》1927年第4卷第31期。

[5] 范忠信、尤陈俊、龚先砦选编:《为什么要重建中国法系——居正法政文选》，中国政法大学出版社2009年版，第196~197页。

第五章　司法审判制度近代化之成效与检讨

民间学者对法官的这一使命也有明确的认识："国家设官分职，皆以便民为主旨，司法官职掌行使审判权，为人民生命身体财产自由名誉所寄托，一举一动均与民众之休戚息息相关。"〔1〕

各种报刊杂志发表的文章中也多有谈及法官对于人民生命财产安全之影响，"司法与人民有切肤之关系，夫人而知之；人民之生命也，自由也，财产也，权利也，无一不为法院判断之客体。……代表法院而与人民接触者，惟法院之职员，职员中又以法官为主，其理甚明，毋庸详释。……人民之权利义务，非受法院之裁判，实受法官之支配；法官判案适当公允，法院之声誉因之飞腾，法官判案曲解武断，法院之声誉必随之坠弛。职是之故，法官判案成绩之优劣，法院之声誉，人民之信仰俱丽之矣。就法院本身而言，法官审理之措置，本关重要，而于人民生命财产权利之影响，其重要更有逾于此者；故法官临审，应如何黾勉从事，悉心钻研，必使无辱其使命；此非徒法院之光荣，人民之幸福，端赖于斯。"〔2〕

可见，随着近代国人权利意识的觉醒以及对宪政的追求，包括生命财产安全在内的人民各项权利不但得到立法保护，更受到司法保护，而司法保护主要是通过法官履行职责完成的。由此观之，司法承担的保护人民各项权利的重大使命是近代国人权利意识觉醒的必然结果。

---

〔1〕 翁赞年："培养司法元气论"，载《法律评论（北京）》1932年第9卷第18号。

〔2〕 刘世芳："法官之判案责任"，载《法学杂志（上海1931）》1936年第9卷第2期。

第二节　司法审判制度近代化之检讨

一、制度设计的西化色彩浓厚

与社会的近代化一样，中国法律制度的近代化也是在外来压力之下的一种被动应对。自从清末将"参酌各国法律""务期中外通行"确立为变法修律的指导思想后，中国法律制度的近代化就深深地刻上了西方的烙印。司法审判制度近代化是法律制度近代化的一个组成部分，自然也带有明显的西方色彩。

从法院的设置来看，清末与民初实行的《法院编制法》，"乃系仿照日本裁判所构成法而定"，其中的初级审判厅、地方审判厅、高等审判厅以及大理院的设置，保留了大量日本裁判所的痕迹。1890年的《日本裁判所构成法》规定的四级审判机关为：区法院、地方法院、控诉法院和大审院。清廷对日本的四级审判机关略作变通，"改区裁判所为乡谳局，改地方裁判所为地方审判厅，改控诉院为高等审判厅，而以大理院总其成"[1]，后又将乡谳局改为初级审判厅，遂形成清末的四级审判机关。且不说各级法院的设置大量模仿西方国家，南京国民政府时期县级司法处的设置，在谢冠生看来也是模仿法德简易法庭的结果："自民国二十五年起，分期改设县司法处，由审判官一人至三人，独立行使第一审管辖审判职务，仿佛法德等国之简易法庭也。"[2]

从法官制度建构方面来看，中国近代也深受德日等国的影响。在法官考试制度方面，模仿德日等国的考试资格，把法律

---

[1]《大清法规大全·法律部》(第七卷·审判)，政学社1909年版，第1849~1850页。

[2] 汪楫宝：《民国司法志》，商务印书馆2013年版，弁言第10页。

第五章 司法审判制度近代化之成效与检讨

教育背景作为最主要的应试资格；模仿德日等国的考试内容，把法学理论和部门法知识作为考试的主要内容；模仿德日等国的考试程序，举行两次法官考试，非经过第一次考试，不得参加第二次考试，每次考试又都有笔试和口试之区分；模仿德日等国，设置主体层次较高的考试机构，以突出对考试的重视程度。在法官任用与升迁方面，中国与德日等国一样，都赋予司法行政长官较大的权力；都把考试合格作为任用法官的资格；都采取严格的任用程序，考试合格人员在候补法官的职位上须经过若干年限，经过一番职业和品行的历练之后，方可被正式任用。此外，在法官的职业待遇与职权保障等方面，也深受德日等大陆法系国家的影响。

司法审判程序和诉讼审判制度等方面也深受西方影响，正如时人所言："我国现行司法制度，仿诸德日，施行以来，虽历二十二余年，然人民之法律智识，尚未普及，尤其诉讼法之规定，与固有习惯，相差甚远，苟非运用得宜，每易引起误解。"[1]无论刑事诉讼程序还是民事诉讼程序，无不模仿德日等国，"我国现行民事诉讼法采诸西洋，其条文规定无几，无一不有外国最近立法例之根据"[2]。其他的诸如审级制度、独立审判制度、审判管辖制度等无不来自西方诸国。

当然，近代司法审判制度设计上的西化色彩，与收回领事裁判权的初衷有着直接的关系。换言之，正是出于收回领事裁判权的动机，才使得近代司法审判制度一味模仿西法，以期与西法趋于一致。对于这一点，时人毫不讳言。清末主持修律的

---

[1] 吴学义："法院之阐明职权"，载《法律评论（北京）》1934 年第 11 卷第 20 期。
[2] 郑天锡："视察闽浙两省司法后对于司法改良之意见"，载胡玉鸿、庞凌主编：《东吴法学先贤文录·司法制度、法学教育卷》，中国政法大学出版社 2015 年版，第 55 页。

沈家本曾明确表示:"中国修订法律,首先收回治外法权,实变法自强之枢纽。"[1]1912年12月,司法总长许士英在第一次全国中央司法会议的开幕词中强调:"司法上之最要研究者,即为领事裁判权。"[2]也就是说,通过什么样的方式来改良司法,以得到西方各国的认可,使他们按照条约的规定放弃在中国的领事裁判权,这是"司法上之最要研究者"。在前任司法总长王宠惠改组京师法院的基础上,许士英致力于司法改革,自其受命以来,苦心擘画,编成"司法计划书",对司法改革的具体办法以及改革的步骤做了详细规划,并表示出巨大的决心和勇气,"对于旧日积习,贵有螫手断腕之谋;对于改良前途,贵有破釜沉舟之概。庶司法独立,可实见诸施行,而领事裁判权,终有收回之一日。"[3]其后的历任司法总长也都认识到,欲取消领事裁判权,须改良司法,建立新的司法体制。南京国民政府时期的司法行政部长谢冠生也承认近代司法改革与收回领事裁判权有关:"一考当日变法动机,与条约上所作对外宣言,专心致志,以收回法权为念,其他暂非所计,其苦心孤诣,亦未可厚非。"[4]有北洋司法"遗老"、国府司法主将之称的汪楫宝也坦言承认:"盖新司法制度已行四十余年,默察社会舆情,仍不免有扞格之处。推原当初改革动机,颇侧重于获得外人在华领事裁判权之放弃,以是有关司法上一切新措施,大致皆就欧美成

---

[1] "删除律例内重法折",沈家本撰、胡星桥点校:《沈寄簃先生遗书》甲编《寄簃文存》卷一,1982年中国书店影音民国刊本。

[2] 中华民国史事纪要编写组编:《中华民国史事纪要(初稿)》(1912年7月至12月),史料研究中心1971年印行,第639页。

[3] 中华民国史事纪要编写组编:《中华民国史事纪要(初稿)》(1912年7月至12月),史料研究中心1971年印行,第641页。

[4] 汪楫宝:《民国司法志》,商务印书馆2013年版,弁言第21页。

第五章　司法审判制度近代化之成效与检讨

规，亦步亦趋。"〔1〕

模仿西法，建立新制，以收回领事裁判权，这是国家主权意识在司法改革上的反映，本无可厚非。但是，盲目模仿西法，不考虑国内情形，似乎也欠考虑。因为照搬西方的某些制度，与中国的国情、地方风俗习惯等不一致，在实施过程中往往难以取得实效。对于这一点，时人也有明确的认识："惟诉讼法与实体法性质不同，诉讼法与地方上交通、经济、人民知识程度均有关系，在一国行之或甚妥善，行之他国却未必有同一效果，现在我国内地交通尚未便利，经济尚未发达，人民知识亦尚幼稚，与西洋各国相差尚远，若以最近适用于外国之程序，尽使之适用于我国，不无研究之余地，此次视察所得内地之司法情形，颇觉现行诉讼法除上诉第三审及抗告程序曾经述及外，其他程序亦不免过于繁复，缘每事不论大小，均须经过多次手续，而现行记录、抄录及油印各方法均须多费时间，加以内地交通不便，于人工及时间均不经济。例如此次视察浙江诸暨县法院，偶然抽阅卷宗，发见一案（二十一年初字四三四号何仁勇与何炳荣等因债务涉讼案），其诉讼标的不过四百五十元，而经过之程序异常繁复，以致卷宗盈尺，其所费时间固不经济，其所费人工在国家方面亦恐超过该诉讼标的之价值也。"〔2〕可见，收回领事裁判权既是我国近代司法改革的动力和目标，同时也成为近代司法改革背负的巨大负担。

覃振考察欧美司法回国后，发表改革司法意见中，也谈及盲目模仿西法的不良后果："一国法律当取之于一国社会精神，万不可误解他人之组织，以求适用于本国，在欧美人有同一罗

---

〔1〕 汪楫宝：《民国司法志》，商务印书馆 2013 年版，第 149 页。
〔2〕 "视察闽浙两省司法后对于司法改良之意见（一）"，载《法律评论（北京）》1933 年第 10 卷第 24 号。

马法与宗教之观念者，尚不能彼此合流，而谓吾东方五千年文明之民族，一旦弃其所固有者，追踪于欧美，宁非梦哉，吾国今日之司法，一误于民国建立时之求速，草率从事，未有深切之研究，在当时人才不备，以留日学派主张为多，日系采大陆制，吾则间接采用日制也，再则误于促进国际化之主张，侧重形式，而忽略其社会之精神与实际……"[1]

梅仲协在"改进吾国司法现状的几点意见"也谈到过分模仿西法之弊端："吾国古代，治权不分，牧民之官，监理狱讼。清季变法，号称维新，行政和司法，始具门户。其司法制度，都是摹仿日本。民国肇建，以迄今兹。其间数十年来，司法制度，虽迭经变革，可是立法者都喜采用外国法治，未能顾及本国国情，削足就履，甚不便于民。"[2]

司法院长居正对于清末以来盲目模仿西法也有看法："试就制度而言，吾国司法革新运动，肇自清末，当时改革动机，在于收回法权。故立法建制，每偏重于抄袭西洋之法制，冀以满足在华拥有领事裁判权国家之希望。实体法之规定，固不厌其详，程序法之规定，亦复同其繁密，已违吾国政简刑轻之古训。"[3]

二、审判制度建设中呈现不平衡状态

审判制度建设过程中，无论是法院的设置、司法人员的选任，拟或其他相关制度的构建，都呈现出明显的不平衡状态。

---

[1] "覃振发表改革司法意见"，载《法律评论（北京）》1934年第12卷第5期。

[2] 梅仲协："改进吾国司法现状的几点意见"，载胡玉鸿、庞凌主编：《东吴法学先贤文录·司法制度、法学教育卷》，中国政法大学出版社2015年版，第71页。

[3] 范忠信、尤陈俊、龚先砦选编：《为什么要重建中国法系——居正法政文集》，中国政法大学出版社2009年版，第200页。

从纵向角度看，这种不平衡主要表现为上级法院建设成效显著，基层法院建设成效不彰；上级法院法官数量充足、素质较高，而基层司法审判人员数量不足、素质较低。从横向角度看，经济发达地区法院建设步伐较快，而经济欠发达地区法院建设步伐迟缓。

（一）顾上不顾下[1]

普设法院是近代各届政府的孜孜追求，自清末至整个民国期间，无论是作为法院组织法规，还是各项司法规划，都把设置基层法院作为司法改革的重要一环。对此，谢冠生在为汪楫宝《民国司法志》所写的弁言中有所交代："依法院编制法及组织法，各县皆应设有法院。民国元年，司法部即曾发布司法计划书，拟分五年完成，民国八年，复有添厅计划之议，准备于十二年内完成，民国十八年，编具训政时期工作分配年表，订有六年普设法院计划，皆因各省经费支绌，甚少成效。自民国三十年，司法经费改归中央负担，得以统筹全局，复拟有普设法院五年计划，值抗战方殷，未能完全实施，但因有逐年增设之预算，推行较可积极。"[2]

南京国民政府司法院长居正在1935年"全国司法会议开会辞"中也特别指出："司法组织，为整个之有机体，必须各部分健全发达，始能见其实效，故就纵的方面言，现时法院组织，采三级三审制，各级法院，责有专司，苟非各尽厥职，处理诉讼，势必治丝益棼，各级法院之组织，自不宜有畸形之发展"。[3]

在全国各地普设法院，各级法院平衡发展，是近代以来司

---

[1] 所谓"顾上不顾下"，主要是指近代司法审判制度建设只注重顶层设计，忽略基层建设。

[2] 汪楫宝：《民国司法志》，商务印书馆2013年版，弁言第10页。

[3] 居正："全国司法会议开会辞"，载《法律评论（北京）》1935年第12卷第47期。

法当局努力的目标。然而，由于受经费、人才以及时局政局等因素的影响，普设法院计划未能得到有效实施，法院建设始终局限于在省会和重要城市设置高等法院和地方法院，而对于与人民关系最为密切的县级层面，却一直未能顾及。因此，在近代审判机关设置上，高等法院和地方法院呈现出逐渐递增的趋势，然而，由于财力有限，基层审判机关建设速度则异常迟缓，尤其是自 1914 年裁撤初级审判厅以后，县级层面长期实行兼理司法制度，基层司法状况一直未有实质性改变，因而受到时人的诟病：国内自清末叶首倡改革司法以来，"忽忽二十余年，立法家腐心条文之修正，法曹建议都埠法院之改良，司法界之进步，似不难凌驾东邻，步武欧美，而独对于占全国最大多数自治单位之县之司法，……仍不脱贪官污吏土豪劣绅包办把持朋比宰割之故态"。

与审判机关的设置相适应，作为新式司法审判人力资源的法官，也集中于最高审判机关以及高等和地方审判机关，而基层兼理司法审判事务的县知事拟或是辅助县知事审理案件的帮审员、承审员和审判官，在选任资格、常规管理、物质待遇以及职权保障等方面，与法官迥然不同。他们法律知识有限，法律经验缺乏，面对浩如烟海的新式法律法规和日益复杂的社会纠纷，往往显得无能为力，从而使基层司法状况难以得到根本改善，难怪时人抱怨下级司法人员"办事粗疏，多半须提起上诉以图救济也"[1]。这样的结果必然造成上级法官疲于应付上诉案件，虽然终日劳形案牍，仍不免出现诉讼迟延的现象。

对于审判机关设置和人员配置上呈现出的这一特点，时人也有所指责："我国凡百政务，多注重上层，而忽视下层工作，

---

[1] 翁赞年：“培养司法元气论”，载《法律评论（北京）》1932 年第 9 卷第 18 期。

第五章 司法审判制度近代化之成效与检讨

司法亦其一端；此犹筑屋于一团散沙之上，其倾圮立而可待。初审法院为一切诉讼所必经之阶级，果其办理得当，即可泯争于无形，防患于未然，使诉讼人隐受其福；故从事第一审工作之下级法官，其所膺之使命，实较上级法官为重；必也严其人选，优其待遇，任官惟贤，位事惟能，期有以促成忠勤尽职之风；狱讼既平，讴歌斯起，安内定倾之道，未始不由于此。"[1] 1935年全国司法会议宣言中也指出："现有法院组织，以纵的言，往往人才集中于上级，而下级反不充实，……似此畸形发展，殊非所宜。"[2] 司法机关设置上的这种上下不协调的局面必然会引起严重后果："现在各省兼理司法之县长，受理民刑案件，往往多不照法律审判，刑事案件，竟有不据法条，而依己意判决者，亦有逾当事人之请求，而为审判者，种种违法事实，不胜枚举，即或有少数案件，差中绳墨，但律以严格程式，亦多疵累，第一审初基既谬，第二审补救即难，盖因时机已过（如人证死亡，物证湮没），二审亦不易求得真象也，是以县兼司法之弊害，殆无可否认，现时吾国尚有千余县之人民，在此不良制度下，换言之，即全国尚有三万万余众，未受新式法院之保护，此种县兼司法制度，如不加以改良，则现时高等以上法院，殆同大厦建筑于沙地之上，早迟终有崩溃之一日。"[3]

为了解决基层司法审判机关和人员配置薄弱的问题，近代司法当局也曾做过一番探讨与努力，先后筹办过审检所、司法公署、司法处等，甚至增设地方分庭，设置县法院，希图实现

---

[1] 翁赞年："培养司法元气论"，载《法律评论（北京）》1932年第9卷第18期。

[2] "全国司法会议宣言"，载《法律评论（北京）》1935年第12卷第51期。

[3] 杨鹏："我国司法现况及展望"，载《法学杂志（上海1931）》1936年第9卷第3期。

对基层司法审判的改良，正如有学者所言："自民三裁撤初级审检厅后，由县政府兼理司法，审检萃于一身，行政干涉审判，遂为世所诟病，二十年来，朝野上下，无日不在谋改善之中，初则设置县司法公署，继则设置地方分庭，后更添设县法院，在在可为进步之明征。"[1]但是这些地方分庭也好，县法院也好，在数量上极为有限，远远没有普及，县长兼理司法在全国仍占较大比例。直至1936年底，"吾国目前设有正式法院之县或同等区域，仅合十分之一有奇。其无正式法院者，尚达一千四百左右。此类县或区域内之司法事务，大都由县政府或其他同等地方行政官署兼理。"[2]可见，对于司法审判建设中存在的这个"顾上不顾下"的问题，近代的司法当局非不为也，实不能也，南京国民政府司法行政部长王用宾坦言："从来主持司法行政者，皆在第二三审着眼，而忘却第一审之重要与普遍，本人虽注意及此，而一时筹设各县地方法院，势必不可能。"[3]

近代司法常常受人指摘因，与司法审判制度建设中只注重上层、而忽略基层的做法有着直接的关系。基层法院与人民关系最为密切，大多数案件是通过基层法院审理的，"县公署所审判之案件，多于新式法院所审判者凡若干倍"[4]，法院形象、司法权威也多是通过基层法院呈现在民众面前，因此加强基层

---

[1] 俞承修："关于改良司法之我见"，载《法学杂志（上海1931）》1935年第8卷第5期。

[2] 杨兆龙："司法改革声中应注意之基本问题"，载胡玉鸿、庞凌主编：《东吴法学先贤文录·司法制度、法学教育卷》，中国政法大学出版社2015年版，第115页。

[3] 王用宾："过去一年之司法行政概要"，载《法律评论（北京）》1936年第13卷第13、14期合刊。

[4] 调查治外法权委员会编：《调查治外法权委员会报告书》（英汉对照版），上海商务书局1926年版，第107页。

第五章 司法审判制度近代化之成效与检讨

法院建设是司法当局的明智之举,然而,近代社会中,受诸多因素的影响,基层法院建设未能受到足够的重视,从而引起诸多不该有的问题。

(二)区域不平衡

由于各地之间经济、政治发展的不平衡,导致中国近代司法审判制度建设上也呈现出明显的区域不平衡的特征。

1. 法院设置的不平衡

区域不平衡在法院设置上表现得最为明显。一般而言,在经济不太发达、文化比较落后、交通不便、地理位置比较偏僻的区域,新式法院数量较少,且内部组织也较为简单。例如,青海僻处西北,土地辽阔,人口不下六百余万之众,而法院仅设高等法院及地方法院各一处,且其组织均极简单,除检察处不计外,仅设民、刑各一庭,地方法院所管辖者,只西宁与互助两县,县司法公署仅乐都一处,其余各县均由县长兼理,且无承审员之设置,而县长人选又因人才缺乏,不甚请求,故就各县而论,可谓无司法之可言。[1]又如,陕西也因为地处西北,交通不便,文化落后,司法审判制度建设相对迟缓,表现在法院建设方面,到20世纪30年代末40年代初,"全省九十二县中,除有高等法院及其三分院外,仅有地方法院四处,其余则都是县政府兼理司法,由承审员审理民刑案件。"[2]与上述情况相反,经济发达的广东省法院建设卓有成效。截止20世纪30年代中期,有最高法院西南分院1所,高等法院1所,高等法院分院3所,地方法院24所,地方分院67所。除了赤溪、南澳、佛冈等极少数小县

---

[1] 参见"青海司法近况",载《法律评论(北京)》1933年第10卷第25期。

[2] 杨宗虎:"今日陕西的司法",载胡玉鸿、庞凌主编:《东吴法学先贤文录·司法制度、法学教育卷》,中国政法大学出版社2015年版,第33页。

外,全省 94 县均设有独立的司法机关,"旧时以行政机关操纵兼操职权之现象,几乎一扫而空矣。"1935 年的全国司法会议上,司法行政部长谓各省司法组织中,广东为最完备。[1]此外,江苏、山东等地法院建设步伐也比较快。1936 年山东高等法院院长到司法当局报告工作时称,民国二十四年司法行政部施行三级三审,第二审法院有增设之必要,复于是年增设青岛高二分院,烟台高三分院,泰安高四分院,德州高五分院,临沂高六分院,同时改设全省各地地方法院,改设成立者有威海、济南等地方法院 27 处。[2]1937 年,江苏高等法院院长向省政府报告近半年法院设置情况时称,江苏高等分院除上海两特区分院外,已有镇江、淮阴、铜山 3 处,原有 10 个地方法院,前半年又增设 6 个,共计 16 个地方法院。[3]

作为基层司法审判机关改革成果的县司法处建设,各地也有显著的不同。20 世纪 30 年代中期,在司法行政部通令各县改设司法处的问题上,各地由于经济发展水平不同,经费、人才充裕之地几乎全部将未设法院之县改为司法处,如山东、安徽等省;有些省份则是分期筹设,在一年半时间内完成了县知事兼理司法到司法处的转变,如江西等省;还有些省份因经费不足、人才缺乏,短时间内无法完成筹设司法处的任务,只好展期办理,甚至有的省份一直到 1947 年也尚未完成该项任务,如新疆。

对于法院建设中存在的这一问题,司法当局有着清醒的认识,1935 年全国司法会议宣言中指出:现有法院组织,内地组

---

〔1〕 参见陈恩成:"广东司法之现状",载胡玉鸿、庞凌主编:《东吴法学先贤文录·司法制度、法学教育卷》,中国政法大学出版社 2015 年版,第 37 页。

〔2〕 参见"山东司法近况",载《法律评论(北京)》1936 年第 13 卷第 42 期。

〔3〕 参见"江苏司法近况",载《法律评论(北京)》1937 年第 14 卷第 37 期。

第五章　司法审判制度近代化之成效与检讨

织较为完备,而边远省份,辄多因陋就简,似此畸形发展,殊非所宜,并表达出要"谋全国法院之平均进展"的决心。事实上,因为各地实际情况的不同,司法当局的这一目标并未实现。

从总体上看,法院建设上区域不平衡的特征一直贯穿于近代社会。清末民初法院设置上侧重于京师及各省通商大埠,而广大内地和边疆地区则较少顾及。在南京国民政府初期,高等法院和分院的设置,"唯偏重东南各省,西南西北各省则形落后"[1]。截止1937年上半年,广东、广西、河北、湖北高等法院和分院数量分别为9所、8所、9所、7所,而地处西北的青海、宁夏和新疆每省只设有高等法院1所。[2]地方法院的设置也基本如此。法院设置上呈现出的东南偏多、西北偏少的特点,一部分原因是西北地区经济比较落后,缺乏足够的创办经费,另一部分原因则是西北地区案件本身较少,不需要设置过多的法院。南京国民政府后期,这种不平衡状态略有改变,法院设置开始向内地和边疆地区辐射,但与东南各省仍然无法相提并论。

2. 司法人才分布的不均衡

与法院设置上的不平衡相适应,司法人才在区域分布上也是不平衡的。地处西北的甘肃,因为经济落后,条件艰苦,司法人才多不愿前去任职,"甘省的司法情形,既如此困苦,所以优秀之士皆望而却步。非特南中人士,不愿远道跋涉;即本地较好的人才,亦多弃而他就,不愿忍受这种清苦的生活"。[3]而上海、江苏、广东等省则是司法人才就职的理想之地。这种状况很大程度上是由于司法经费由地方负担、各地司法人员待遇

---

[1]《司法行政部向司法院秘书处函送"抗战以来的司法"一文之参考资料的文书》,中国第二历史档案馆档案,档号(七)——3091。
[2] 司法行政部编:《全国司法区域表》,最高法院1937年版,第1~2页。
[3] 陈文藻:"最近甘肃的司法状况",载胡玉鸿、庞凌主编:《东吴法学先贤文录·司法制度、法学教育卷》,中国政法大学出版社2015年版,第31页。

不同而造成的。在司法经费由省库负担的时代，各省司法人员的待遇，往往因各省财政状况而有较大的差异。

江浙一带属于比较富庶的区域，经济发展水平较高，司法经费也相对充裕，因此法官待遇也比较优厚。例如江苏高等法院第二分院和第三分院，院长月薪达 1 000 元，上海第一特区和第二特区地方法院院长月薪也可达 800 元，庭长和正缺推事的月薪也有 500 元、600 元之多，连一个候补推事的月薪也有 200 元、300 元之多。由于待遇优厚，大家都把上海的法院当肥缺，想方设法调到上海来。[1]

针对这种状况，1935 年司法会议上，有人提出"全国司法经费应由国库开支并增加数额以便改进司法案"：司法经费前由地方负担，因各地财政状况不同，办法甚为分歧，各地司法绝无均匀发展之可能，单就俸给言之，或职同劳同而俸额不同，或俸额虽同而实支折扣不同，避穷趋裕，人之常情，是以贫瘠之区，每有人才不足之感，较佳之地不无人浮于事之观，同属中央司法，同为中央服务，而不免有彼此厚薄之嫌，似失情理之平，倘由中央支给经费，自可一视同仁，共沾雨露，不至见异思迁也。此为人才分配均匀计，不得不由中央统筹之理由也。[2] 这一提案不无道理，但由于种种原因，司法经费由国库开支直到 20 世纪 40 年代初期才得以实现。

3. 法院受案数量的不均衡

法院受案数量的多寡与各地民情风俗、生活程度、社会关系的复杂程度等有着直接的关系。一般来说，偏僻之地与外界

---

〔1〕参见蔡晋："国民党统治时期的上海司法界"，载上海市政协文史资料委员会编：《上海文史资料存稿汇编（社会法制）》，上海古籍出版社 2001 年版，第 2 页。

〔2〕参见"全国司法会议提案摘要"，载《法学杂志（上海 1931）》1935 年第 8 卷第 5 期。

接触较少,生活程度较低,社会关系比较简单,民风淳朴,加之人口稀疏,诉讼案件相对较少。20 世纪 30 年代初期,陈文藻在考察甘肃司法状况之后指出,甘肃诉讼案件并不繁多,甘肃省高等法院每月约计受理民事第二审案件 2 至 3 起,第三审案件 3 至 4 起,抗告 2 至 3 起,杂件 8 至 9 起;刑事第二审约 3 至 4 起,刑事第三审约 3 至 4 起,覆判案件 2 至 3 起,盗匪案件 1 至 2 起。[1]

同一时期的广东,地处沿海地带,经济发展速度较快,厂矿较多,人口集中,社会关系比较复杂,讼案较多。以 1934 年而言,广东高等法院办理第一、二、三审之刑事案件以及抗告、再审、附带民事与其他之刑事案件,共计 1 389 件,每月平均 100 多件;办理第二、三审制民事案件以及抗告、再审、假处分与其他民事案件,共 6 331 件,每月平均达 500 余件。[2]

此外,区域不平衡还表现在实施《法院组织法》的时间不一致方面。按照规定,1935 年 7 月 1 日为法院组织法正式开始实施的时间,但由于有些省份由于经费人才等原因,法院建设迟缓,尚未能达到实施法院组织法的条件,只好申请展缓。以至于如期施行该法的只有 15 个省份。

三、诉讼迟延和案件积压现象严重

在司法审判制度近代化过程中,由于司法资源有限,中央与地方司法资源配置严重失衡,加之模仿西法所构建的诉讼程序过于繁琐,导致了诉讼迟延、案件大量积压,从而造成讼累。

---

[1] 参见陈文藻:"最近甘肃的司法状况",载胡玉鸿、庞凌主编:《东吴法学先贤文录·司法制度、法学教育卷》,中国政法大学出版社 2015 年版,第 28 页。

[2] 参见陈恩成:"广东司法之现状",载胡玉鸿、庞凌主编:《东吴法学先贤文录·司法制度、法学教育卷》,中国政法大学出版社 2015 年版,第 38~39 页。

(一) 诉讼迟延和案件积压的实况

1. 诉讼之迟延

模仿大陆法系而构建的近代司法审判制度,诉讼手续繁杂、程序复杂、审级繁多,因而受到国人诟病。从当时报刊杂志探讨改进司法的有关文章中可以看出,法院办案迟滞、诉讼迟延是当时司法中存在的主要问题,从而成为近代司法受人攻击之焦点。郑天锡在"视察闽浙两省司法后对于改良司法之意见"中指出,"诉讼的迟延,是中国司法上最大的缺点"[1]。阮毅成于《东方杂志》上发表"所企望于全国司法会议者"一文中关于诉讼迟延也有一段文字讲到:"现在中国各级法院,拖延讼累,已成为普遍现象。大凡案件不入法院则已,一入法院,便不知要拖延多少时候,几能结案。往往案甚轻微,但因须经种种程序,以致犯数月之罪,羁押经年,处十元之罚,开庭十次。如某地方法院有一件侵占白米九十余石的案件,自二十年三月三十日提起自诉,迄二十二年二月二日方始三审终结。在三次判决中,最高只判了十个月的徒刑,终局判决只为徒刑五月,但全案却延展了将近二年。又有一件土劣侵占保卫团经费四成的案件,自十九年一月二十日告发,二月十四日开始侦查,迄二十二年十月二十五日终局判决,其中曾于第一审时判过徒刑一年,而结果是宣告无罪,但全案却拖长到二年另九个月。"[2]

除了民间学者在报刊杂志撰文指出当时司法中存在严重诉讼迟延的问题外,国家的司法行政部门也对诉讼迟延问题有明确的认识。武汉国民政府司法部部长徐谦在 1927 年的《司法改

---

[1] 郑天锡:"视察闽浙两省司法后对于改良司法之意见",载胡玉鸿、庞凌主编:《东吴法学先贤文录·司法制度、法学教育卷》,中国政法大学出版社 2015 年版,第 106 页。

[2] 阮毅成:"所企望于全国司法会议者",载《东方杂志》1935 年第 32 卷第 10 号。

第五章　司法审判制度近代化之成效与检讨

良近况》中指出："以往的司法，都抄袭欧洲大陆之制度，或三级审或四级审，再加上第二审发回第一审，第三审发回第二审，一发回就不止三审，而变成五审六审了。而三审只是解释法律，发回更多，还有控告，再控告审，故一案每十审八审，这样，手续繁多，讼费亦多，并且荒废职业，人民已受到无限的痛苦，故非打破此制不可。"[1]南京国民政府司法院院长居正也指出，四级三审制实行以来，狡黠者挟其财力，一再上诉抗告，致使一起小案也要经年累月。法律保护人民之宗旨反而为其程序繁杂而破坏。长此以往，人民不仅视司法为弊政，进而要对政府失其信仰。[2]

2. 案件之积压

与诉讼迟延直接相关的一个问题，即是大量案件的积压。从某种意义上讲，案件积压是诉讼迟延的结果。对于近代中国各级法院来说，案件积压是常态，这一问题一直未能得到有效解决。由于案件的增多以及诉讼的迟延，往往是旧案未消，新案又至，从而造成大量案件堆积如山。司法当局虽然采取诸多措施，却不见成效。

北洋政府时期，因为案件积压严重，以至于大总统不得不颁发清理积案的命令，"京外法庭审判迟延，几成痼习，迭经严审告诫，近来京师各级审判厅尚知振作，而各省法庭则仍多疲玩，于民事诉讼积压尤甚。"[3]

南京国民政府时期的积案问题仍然相当普遍，几乎存在于各个时期的各个省份。1934年9月，国民党执监委视察河北监

---

[1] 张国福：《中华民国法制简史》，北京大学出版社1986年版，第227页。
[2] 参见李光灿、张国华主编：《中国法律思想通史》，山西人民出版社1996年版，第599页。
[3] 天津市档案馆等编：《天津商会档案汇编（1912~1928）》（第2册），天津人民出版社1992年版，第2029页。

狱后指出："河北司法积压案件，已成普遍现象，过法定期而不为判决之刑事诉案几于无县无之。"[1]1935年，四川巴县地方法院在报告中说："往年院绌于费，人懈于事，遂至积压民刑重大案件亦在千起以上。"[2]区区一个县，积压案件竟在千起以上，可见案件积压已经成为当时各级法院面临的一个严重的问题。四川高等法院的二审也面临着同样的问题："观察川省司法，讼民苦于拖延者久矣。仅就第二审民事案件言之，数年不结习以为常，尚有十余年未结者。"[3]二审案件积压的状况一直到南京国民政府后期也没有得到有效的解决，1947年云南省高等法院检察处在报告中仍然强调积案问题："本省第二审积案极多，竟有悬搁十年以上者。"[4]作为第三审的最高审判机关也未能幸免。自清末大理院成立以来，直至南京国民政府设立最高法院，一致面临"旧案未清，新案又复堆积"的窘境。以北洋政府时期的大理院为例，尽管大理院的法官们尽心尽力，仍不免有大量案件积压，"吾国大理院民事各庭，平时积压在二千余案，以月结二百案为率，须一年方能判结"[5]。20世纪30年代，居正任职司法院之初，"最高法院以前所未结案件，及前东北西北两分院停办后解来之案件，积累多至六千余件"[6]。虽

---

[1] 国民党执监委桂崇基等视察河北及安徽监狱意见，1931年、1934年，中国第二历史档案馆，档号（一）——4498。

[2] "四川巴县地方法院司法概况报告"，司法院秘书处编：《各省司法概况报告汇编》，司法院秘书处1935年版，第51页。

[3] 刘春溥等关于改进四川省司法的意见，1939年，中国第二历史档案馆，档号（七）——4835。

[4] 云南高等法院检察处工作报告，1947年10月，中国第二历史档案馆，档号（七）——3116。

[5] 董康："民国十三年司法之回顾"，载胡玉鸿、庞凌主编：《东吴法学先贤文录·司法制度、法学教育卷》，中国政法大学出版社2015年版，第7页。

[6] "最高法院清理积案"，载《中华法学杂志》1932年第3卷第9号。

第五章 司法审判制度近代化之成效与检讨

然北洋政府和南京国民政府多次抽调地方法官到最高法院帮助清理积案,但清理的速度往往赶不上案件增长的速度。

(二)诉讼迟延和案件积压的危害

1. 对法院造成的危害

诉讼迟延以及高居不下的积案无形中给法院和法官带来巨大的压力。法官们每天面对堆积如山的案卷,劳形费神,疲于应付,还要面临民众的不满和外界人士的指摘,这无疑会影响他们工作的热情和办案的积极性。此外,对于一些普通的民事纠纷,因为要遵循复杂的诉讼程序,不只是加重了法院人力与财力方面的负担,甚至可以说是对有限司法资源的极大浪费,民国著名法学家郑天锡在视察闽浙两省司法时发现一个诉讼标的仅为450元的债务涉讼案件,然而该案件"经过之程序异常繁复以致卷宗盈尺,其所费时间固不经济,其所费人工在国家方面亦恐超过该诉讼标的之价值也。"[1]

大量案件悬而未决,不但给法院和法官带来巨大压力,也导致了法院威信和司法权威的丧失,"如果人们相信司法机关能够公正、高效处理案件,维护社会公平正义,那么社会公众对司法、司法程序、司法裁判以及司法制度的表示充分认同与遵从的程度就会提高,其就越趋向于利用司法解决纠纷。反之,人们将不期望寻求司法途径解决纠纷,而将目光转向司法外的途径。"[2]近代社会中,司法低效,诉讼程序复杂,案件久系不决,当事人苦不堪言。在这种情况下,司法公信力的下降是必然的。司法公信力下降,必然导致司法权威的逐渐丧失,动

───────

〔1〕 郑天锡:"视察闽浙两省司法后对于改良司法之意见",载胡玉鸿、庞凌主编:《东吴法学先贤文录·司法制度、法学教育卷》,中国政法大学出版社2015年版,第55页。

〔2〕 徐胜萍:《人民调解制度研究》,北京师范大学出版社2016年版,第138页。

摇民众依靠法院解决纠纷的信心。

2. 给当事人带来的危害

诉讼迟延和案件积压对于当事人的危害更大。诉讼迟延不但使当事人整天忙于应对,造成其心理上的疲惫,而且还要付出高昂的时间和金钱成本,"盖诉讼迂缓,则当事人疲于奔走,费时失业而丧财,动辄白金千金。"[1]南京国民政府时期河北省教育厅厅长何基鸿在演讲中也谈道:一旦成了官司,就绝非极短时间,可能解决,自递上呈文的一天算起,能一月内了结的就不多,呈文上去,数日后才能分到推事,发出传票,传集原告被告,侦查证据,第一次开庭,若原告或被告不到,又须延期开审,经过以上种种手续,最快亦须一月以上,才能宣判解决,若去高等法院上诉,那就非有半年不得了结,再上告到最高法院,则非有三年五年,不能了结,经此长久时间,不但个人事业停顿,其金钱损失更不知多少了。[2]1935年四川巴县地方法院在司法概括报告中指出:"人民诉讼由一审至三审,往往经年累月,难告结束。而刁狡者更得利用诉讼法之种种声请展限方法,以为拖累对方之工具。由是小康之家,一案未终而产已荡矣。"[3]司法行政部民事司司长吴与新在1947年全国司法行政检讨会上谈道:"我国交通未尽便利,而诉讼案件即在穷乡僻壤亦所不免。现在各省市虽设有高等法院或分院,但每一法院管辖数十县市或十余县市,事所恒有。诉讼当事人对于第一审判决提起上诉,有须往返数百里始得投审者。其所受劳力、

---

[1] 杨兆龙:"司法改革声中应注意之基本问题",载胡玉鸿、庞凌主编:《东吴法学先贤文录·司法制度、法学教育卷》,中国政法大学出版社2015年版,第120页。

[2] 参见何基鸿:"乡村息讼问题",载《华北合作》1935年第23期。

[3] "四川巴县地方法院司法概况报告",载司法院秘书处编:《各省司法概况报告汇编》,司法院秘书处1935年版。

第五章 司法审判制度近代化之成效与检讨

时间、经济等损失,何可胜记。"[1]

案件久悬未决,当事人欲罢不能,最后搞得两败俱伤,胜诉者也可能倾家荡产,得不偿失,败诉者除了付出时间和金钱的成本外,还会受到法律的制裁。北洋政府司法部曾指出,许多民事诉讼当事人"因负气相持或由彼此误会不肯想让,致非穷历审级经年累月不得终结,甚者因此荡产破家,小者亦至失时废业,其中证人等无端受累者,更属不少"[2]。"时间花了,精力花了,金钱更花了,败诉的一方固然抱恨终身,认为是家仇,谆告子孙,此仇必报;就是胜诉的一方,纵使可以高兴一时,但因经年累月的涉讼,倾家荡产,结果还不是'赢了官司折了本'。"[3]

诉讼迟延造成当事人身心俱疲,费时耗力损财,若加上不胜负担的诉讼费用,则更是苦不堪言:"诉讼费用,原为司法机关唯一之收入。唯立法者只知站在法院本身之立场而订收入之标准,间或抄袭外国所采之标准以为用,罔顾国民经济力量,以致民众视涉讼为无妄之灾。宁气死不涉讼,见官吏为不详,出入衙门之羞耻,万事出之于忍,默求神明保佑而作慰藉。因是养成无抵抗任人宰割之阿Q人生观。什么'恶贯满盈',什么'天网恢恢'的口头禅,都可代表一般民众变态之国民心理。如诉追目的若金额微少?纵获胜诉,而所耗讼费暨律师报酬等,恐反倍于所求之数。夫既有损无利矣,孰愿多此一举,自贻伊戚耶?至上诉案件,在平寒无力之家,十之八九,莫敢尝试,

---

[1] 吴与新:"推行巡回审判办法以利人民案",载全国司法行政检讨会秘书处编:《全国司法行政检讨会议汇编》,司法行政部1947年版,第1页。

[2] "民事案件有毋庸兴讼等情者务多方劝告以息争端令",载《司法公报》1921年第142期。

[3] 刘霱凌:"乡镇调解与地方自治",载《中华法学杂志》1947年第6卷第1期。

有时明知理由正当，因重重费用担荷之不给，不得意唯有忍气吞声，自甘败北，将正当之权利，以供强有力者，肆其蹂躏而已。总之因诉讼而败家荡产者有之，因涉讼而债台高筑者有之，因涉讼而自杀者有之，此均为彰彰之事实。虽然有诉讼救济条文之设立，然而受其实惠者，能有几人？"[1]

(三) 诉讼迟延和案件积压的原因

1. 诉讼程序本身的问题

近代诉讼程序的繁琐是造成诉讼迟延和案件积压的一个重要原因。1920年8月25日，王宠惠在《改良司法意见》中指出："审判稽延，当世诟病，而审判所以稽延，由于程序之繁。夫案有轻重，则处理之法，有宜慎重者，亦宜有迅速者，今地方厅虽设有简易庭，而其所施程序，较之他国，其繁简尚不能同日而语"。[2]董康在《民国十三年司法之回顾》中也谈到，积案问题主要是因为"民事诉讼手续濡滞"[3]。

上诉权的滥用也是造成诉讼迟延、案件积压的原因之一。王宠惠在《改良司法意见》中指出："上诉制度，所以纠正下级审判之失当，然若当事人滥用此权，则裁判久不确定，流弊滋甚，且案件日增，上诉审将致穷于处理。今日各上诉法院积案日多者，正坐此弊。"[4]南京国民政府司法院院长居正也认为，四级三审制实行以来，狡黠者挟其财力，一再上诉抗告，致使一起小案也要经年累月。法律保护人民之宗旨反而为其程序繁

---

[1] 方茂松："大学法科应附设民刑案件调解处之建议"，载《法政半月刊》1935年第1卷第5期。

[2] 王宠惠：《王宠惠法学文集》，法律出版社2008年版，第282页。

[3] 胡玉鸿、庞凌主编：《东吴法学先贤文录·司法制度、法学教育卷》，中国政法大学出版社2015年版，第7页。

[4] 王宠惠：《王宠惠法学文集》，法律出版社2008年版，第282页。

第五章　司法审判制度近代化之成效与检讨

杂而破坏。[1]

2. 法院方面的原因

近代以来，法院建设步伐相对迟缓，遍设法院一直未能实现，从而使全国各地法院数量有限。面对纷繁的案件，有限的法院和法官往往显得力不从心，"自施行三级三审制后，全国第三审案件，均集于最高法院，案牍倍增，庭员如故，难免积压延滞"[2]。加之法院之间相互推诿，使得案件更加难以及时完结。1936年，在最高法院举行的司法院扩大纪念周上，居正谈到当前司法仍须进一步改革，"关于法院之办案，目下各级法院，类以积案不能结清为苦，其原因实在法院之间，推诿责任，设使各级法院之间责任明显，则案件自能减少"[3]，尤其是基层司法审判状况不能令人满意，"民国二十年来，日虑于外患频仍，内政窳败之中。所谓司法独立之精神及司法现在之状况，均已紊乱不堪，而下级法院不能体尽职务，遂使人民讼累增加，例如一审不服，诉之二审，而至三审，上诉因以日多，则终审机关办理不及，于是积案丛增，无法清理"[4]。

3. 民众自身的原因

从普通民众的角度看，欠缺法律常识也是造成积案的因素之一，"尝思我国诉讼案件之多，往往经年累月不能办结，其原因有不属于法院本身者，人民之欠缺法律常识，要为重大之原因，不知告诉之程序而误投文件者有之，不遵命令以不补特定之程序者有之，专望司法人员为之办理而无相当之陈述调查为

---

[1]　参见李光灿、张国华主编:《中国法律思想通史》，山西人民出版社1996年版，第599页。
[2]　俞承修:"关于改良司法之我见"，载《法学杂志》1935年第8卷第5期。
[3]　"居院长再谈改进司法"，《法律评论（北京）》1936年第13卷第28期。
[4]　居正:《民国二十二年五月一日纪念周演讲》。

其侦审之助者有之,不知讯问简要之可以节省时力因而答非所问牵涉过广者有之,因不知法令而为违反法令之行为者有之,因易被欺为劣绅污吏军人之鱼肉卒致成讼者有之,因被他人利用播弄而为无益之争讼者有之,诸如此类,不胜枚举,何莫不由缺少法律常识所致,而皆可为增加诉讼或迟延诉讼之原因。"[1]

---

[1] 林彬:"改进司法的根本问题",载《法律评论(北京)》1935年第12卷第52期。

参考书目

一、文献史料

1. 故宫博物院明清档案部编：《清末筹备立宪档案史料》，中华书局 1979 年版。
2. （清）朱寿朋编：《光绪朝东华录》，中华书局 1984 年版。
3. 《大清光绪新法令》（第 20 册），商务印书馆宣统元年。
4. 北洋政府司法部档案，全宗号：1049，中国第二历史档案馆存。
5. 北洋政府总检察厅档案，全宗号：1048，中国第二历史档案馆存。
6. 南京政府司法行政部档案，全宗号：7，中国第二历史档案馆存。
7. 南京政府司法院档案，全宗号：32，中国第二历史档案馆存。
8. 南京政府最高法院档案，全宗号：16，中国第二历史档案馆存。
9. 《司法例规》，司法部参事厅 1914 年编印。
10. 商务印书馆编译所编：《现行司法法令》，商务印书馆 1914 年。
11. 《司法例规续编》，司法部参事厅 1915 年编印。
12. 余启昌编：《司法法令辑要》，司法公报 1919 年印本。
13. 许士英：《司法计划书》，1921 年版。
14. 余绍宋编：《改订司法例规》（上、下册），司法部 1922 年版。
15. 法律评论社编：《调查法权委员会报告书》，法律评论出版社 1926 年版。
16. 第二历史档案馆编：《中华民国史档案资料汇编》，江苏古迹出版社 1991 年版。
17. 中华民国史事纪要编辑委员会编：《中华民国史事纪要（初稿）》，史料研究中心印行。

18. 辽宁省档案馆编:《中华民国史资料丛稿》,中华书局 1985 年版。
19. 上海经世文社编:《民国经世文编》,上海书店影印本。
20. 章伯锋、荣孟源主编:《近代稗海》,四川人民出版社 1985 年版。
21. 《中华民国史法律志(初稿)》,台湾国史馆 1994 年编印。
22. 蔡鸿源主编:《民国法规集成》,黄山书社 1999 年版。
23. 曹必宏主编:《中华民国实录》(第 5 卷),吉林人民出版社 1997 年版。
24. 广东省社会科学院历史研究所、中国社会科学院近代史研究所中华民国史研究室、中山大学历史系孙中山研究室合编:《孙中山全集》(第 1、2 卷),中华书局 1982 年版。
25. 王铁崖编:《中外旧约章汇编》,生活·读书·新知三联书店 1959 年版。
26. 梁为辑、郑泽民编:《中国近代不平等条约选编与介绍》,中国广播电视出版社 1993 年版。
27. 刘寿林编:《辛亥以后十七年职官年表》,中华书局 1966 年版。
28. 何勤华、李秀清主编:《民国法学论文精萃(五)——诉讼法律篇》,法律出版社 2004 年版。
29. 何勤华、魏琼编:《董康法学文集》,中国政法大学出版社 2005 年版。
30. 屈武主编:《国民党政府政治制度档案史料选编》,安徽教育出版社 1994 年版。
31. 天津图书馆、社科院历史研究所编:《袁世凯奏议》,天津古籍出版社 1987 年版。
32. 刘雨珍、孙雪梅编:《日本政法考察记》,上海古籍出版社 2002 年版。
33. 杨兆龙:《杨兆龙法学文集》,法律出版社 2005 年版。
34. 王宠惠著,张仁善编:《王宠惠法学文集》,法律出版社 2008 年版。
35. 范忠信、尤陈俊、龚先砦选编:《为什么要重建中国法系——居正法政文选》,中国政法大学出版社 2009 年版。
36. (清)黄遵宪:《日本国志》(上卷),天津人民出版社 2005 年版。
37. 汤志钧编:《康有为政论集》,中华书局 1981 年版。
38. 梁启超著,范忠信编:《梁启超法学文集》,中国政法大学出版社 2004 年修订版。

39. 钱实甫编著:《北洋政府职官年表》,华东师范大学出版社 1991 年版。
40. 丁贤俊、俞作风编:《伍廷芳集》,中华书局 1993 年版。
41. 《增订国民政府司法例规补编》,司法院参事处编纂 1933 年版。
42. 《新订国民政府司法例规》,司法院参事处编纂 1940 年版。
43. 范佑先主编:《江西省司法行政志》,江西人民出版社 1995 年版。
44. 浙江省武义县人民法院编:《武义法院志》,浙江人民出版社 2000 年版。
45. 朱鸿达主编:《大理院判决例全集·民事诉讼法》,世界书局出版社 1936 年版。
46. 湖北省司法行政史编委会主编:《清末民国司法行政史料辑要》,湖北省司法厅司法志编辑室 1988 年版。
47. 丁世良、赵放主编:《中国地方志民俗资料汇编(西南卷)》,北京图书馆出版社 1991 年版。
48. 胡玉鸿、庞凌主编:《东吴法学先贤文录·司法制度、法学教育卷》,中国政法大学出版社 2015 年版。
49. 张研、孙燕京主编:《民国史料丛刊》(社会·社会调查卷),大象出版社 2009 年版。
50. 张研、孙燕京主编:《民国史料丛刊》(政治·政权机构卷),大象出版社 2009 年版。
51. 刘国铭主编:《中华民国国民政府军政职官人物志》,春秋出版社 1989 年版。
52. 上海市政协文史资料委员会编:《上海文史资料存稿汇编》,上海古籍出版社 2001 年版。
53. 党德信总主编,徐朝鉴主编,中国人民政治协商会议全国委员会文史资料委员会编:《文史资料存稿选编》,中国文史出版社 2002 年版。
54. 《中华文史资料文库》,中国文史资料出版社 1995 年版。
55. 谢扶民编:《民国丛书》(第五编),上海书店 1937 年版。

二、学术专著

1. 陶汇曾:《中国司法制度》,商务印书馆 1926 年版。

2. 法权讨论委员会秘书处：《考察司法记》，编者刊，1924 年版。
3. 耿文田编：《中国之司法》，民智书局 1933 年版。
4. 汪澄之：《中国司法问题》，三民书店 1929 年版。
5. 李生泼主编：《战时司法》，商务印书馆 1939 年版。
6. 施霜编：《诉讼须知详解》，会文堂新计书局 1937 年版。
7. 居正等著，谢冠生、王建今主编：《司法工作之理论与实际》，大东书局 1946 年版。
8. 谢振民编著：《中华民国立法史》，中国政法大学出版社 2000 年版。
9. 李景汉编著：《定县社会概况调查》，上海人民出版社 2005 年版。
10. 孙晓楼：《法律教育》，中国政法大学出版社 1997 年版。
11. 石志泉：《民事诉讼条例释义》，中国方正出版社 2006 年版。
12. 李剑农：《中国近百年政治史》，复旦大学出版社 2002 年版。
13. 罗文干：《狱中人语》，"民国"大学出版部 1925 年版。
14. 李新、李宗一主编：《中华民国史》（第 2 编），中华书局 1987 年版。
15. 那思陆：《中国审判制度史》，上海三联书店 2009 年版。
16. 费孝通：《乡土中国 生育制度 乡土重建》，商务印书馆 2011 年版。
17. 漆侠：《历史研究法》，河北大学出版社 2003 年版。
18. 蔡枢衡：《中国法律之批判》，正中书局 1947 年版。
19. 蔡枢衡：《中国法理自觉的发展》，清华大学出版社 2005 年版。
20. 瞿同祖：《中国法律与中国社会》，中华书局 1981 年版。
21. 瞿同祖：《瞿同祖法学论文集》，中国政法大学出版社 1998 年版。
22. 瞿同祖：《清代地方政府》，法律出版社 2003 年版。
23. 张晋藩：《中国法律的传统与近代转型》，法律出版社 1997 年版。
24. 张晋藩主编：《20 世纪中国法制的回顾与前瞻》，中国政法大学出版社 2002 年版。
25. 张晋藩主编：《二十世纪中国法治回眸》，法律出版社 1998 年版。
26. 汤能松等：《探索的轨迹——中国法学教育发展史略》，法律出版社 1995 年版。
27. 余明侠主编：《中华民国法制史》，中国矿业大学出版社 1994 年版。
28. 张国福：《中华民国法制简史》，北京大学出版社 1986 年版。

29. 武树臣：《中国传统法律文化》，北京大学出版社 1994 年版。
30. 武树臣主编：《中国传统法律文化辞典》，北京大学出版社 1999 年版。
31. 展恒举：《中国近代法制史》，商务印书馆 1973 年版。
32. 杨鹤皋：《中国法律思想史》，北京大学出版社 1988 年版。
33. 毕树根、倪正茂著，潘念之主编：《中国近代法律思想史》，上海社会科学院出版社 1992 年版。
34. 张宪文等：《中华民国史》（第 1 卷），南京大学出版社 2006 年版。
35. 张宪文主编：《中华民国史纲》，河南人民出版社 1985 年版。
36. 谢振民编著：《中华民国立法史》，中国政法大学出版社 2000 年版。
37. 钱实甫：《北洋政府时期的政治制度》，中华书局 1984 年版。
38. 熊月之：《西学东渐与晚清社会》，上海人民出版社 1994 年版。
39. 丁中江：《北洋军阀史话》，中国友谊出版公司 1992 年版。
40. 陈旭麓：《近代中国社会的新陈代谢》，上海人民出版社 1992 年版。
41. 谢俊美：《政治制度与近代中国》，上海人民出版社 1995 年版。
42. 徐矛：《中华民国政治制度史》，上海人民出版社 1992 年版。
43. 周俊旗、汪丹：《民国初年的动荡——转型期的中国社会》，天津人民出版社 1996 年版。
44. 彭明、程啸主编：《近代中国的思想历程》，中国人民大学出版社 1999 年版。
45. 余伟雄：《王宠惠与近代中国》，文史哲出版社 1987 年版。
46. 李启成：《晚清各级审判厅研究》，北京大学出版社 2004 年版。
47. 程燎原：《清末法政人的世界》，法律出版社 2003 年版。
48. 韩秀桃：《司法独立与近代中国》，清华大学出版社 2003 年版。
49. 王健编：《西法东渐——外国人与中国法的近代变革》，中国政法大学出版社 2001 年版。
50. 黄源盛：《民初法律变迁与裁判（1912-1928）》，台湾政治大学 2000 年版。
51. 罗志渊：《近代中国法制演变研究》，正中书局 1976 年版。
52. 徐家力：《中华民国律师制度史》，中国政法大学出版社 1998 年版。
53. 王申：《中国近代律师制度与律师》，上海社会科学院出版社 1994

年版。

54. 张培田:《中西近代法文化冲突》,中国广播电视出版社 1994 年版。

55. 张中秋:《中西法律文化比较研究》,南京大学出版社 1999 年版。

56. 何勤华、李秀清:《外国法与中国法》,中国政法大学出版社 2003 年版。

57. 王立民:《法律思想与法律制度》,中国政法大学出版社 2002 年版。

58. 朱勇:《中国法律的艰辛历程》,黑龙江人民出版社 2002 年版。

59. 范忠信:《中西法文化的暗合与差异》,中国政法大学出版社 2001 年版。

60. 程维荣:《中国审判制度史》,上海教育出版社 2001 年版。

61. 何勤华主编:《法的移植与法的本土化》,法律出版社 2001 年版。

62. 贺卫芳:《司法的理念与制度》,中国政法大学出版社 1998 年版。

63. 谭世贵主编:《中国司法制度》,法律出版社 2005 年版。

64. 王利明:《司法改革研究》,法律出版社 2000 年版。

65. 谭世贵:《司法改革的理论探索》,法律出版社 2003 年版。

66. 宋英辉、郭成伟主编:《当代司法体制研究》,中国政法大学出版社 2002 年版。

67. 陈文兴:《法官职业与司法改革》,中国人民大学出版社 2004 年版。

68. 张建伟:《刑事司法体制原理》,中国人民公安大学出版社 2002 年版。

69. 张文显、信春鹰、孙谦主编:《司法改革报告——法律职业共同体研究》,法律出版社 2003 年版。

70. 吴永明:《理念、制度与实践:中国司法现代化变革研究(1912 年~1928 年)》,法律出版社 2005 年版。

71. 许纪霖、陈达凯:《中国现代化史》(第 1 卷)(1800~1949),上海三联书店 1995 年版。

72. 邱远猷、张希坡:《中华民国开国法制史——辛亥革命法律制度研究》,首都师范大学出版社 1997 年版。

73. 董方奎编:《梁启超与护国战争》,重庆出版社 1986 年版。

74. 贺渊:《三民主义与中国政治》,社会科学文献出版社 1995 年版。

75. 钱大群:《中国法律史论考》,南京师范大学出版社 2001 年版。

76. 冷罗生：《日本现代审判制度》，中国政法大学出版社 2003 年版。
77. 王存河：《治道变革与法精神转型》，法律出版社 2005 年版。
78. 崔永东：《中西法律文化比较》，北京大学出版社 2004 年版。
79. 郭成伟主编：《外国司法制度概要》，江苏人民出版社 2001 年版。
80. 何家弘主编：《中外司法体制研究》，中国检察出版社 2004 年版。
81. 宋冰编：《读本：美国与德国的司法制度及司法程序》，中国政法大学出版社 1998 年版。
82. 李甲孚：《古代法官录》，商务印书馆 1984 年版。
83. 郭建：《古代法官面面观》，上海古籍出版社 1993 年版。
84. 唐仕春：《北洋时期的基层司法》，社会科学文献出版社 2014 年版。
85. 蒋秋明编：《南京国民政府审判制度研究》，光明日报出版社 2011 年版。
86. 谢冬慧：《民事审判制度现代化研究：以南京国民政府为背景的考察》，法律出版社 2011 年版。
87. 谢冬慧：《中国刑事审判制度的近代嬗变：基于南京国民政府时期的考察》，北京大学出版社 2012 年版。
88. 黄仁宇：《近代中国的出路》，中华书局 1995 年版。
89. 黄宗智：《民事审判与民间调解：清代的表达与实践》，中国社会科学出版社 1998 年版。
90. 李春雷：《中国近代刑事诉讼制度变革研究（1895~1928）》，北京大学出版社 2004 年版。
91. 李曙光：《晚清职官法研究》，中国政法大学 2000 年版。
92. 赵晓华：《晚清讼狱制度的社会考察》，中国人民大学出版社 2001 年版。
93. 谭世贵等：《中国法官制度研究》，法律出版社 2009 年版。
94. 张仁善：《司法腐败与社会失控（1928~1949）》，社会科学文献出版社 2005 年版。
95. 公丕祥主编：《近代中国的司法发展》，法律出版社 2014 年版。
96. 何志辉：《外来法与近代中国诉讼法制转型》，中国法制出版社 2013 年版。
97. 全亮：《法官惩戒制度比较研究》，法律出版社 2011 年版。

98. 方立新：《传统与超越——中国司法变革源流》，法律出版社 2006 年版。
99. 冯军、丁建军：《司法制度的历史样态与现代图景》，人民出版社 2011 年版。
100. 王圣颂、王成儒：《中国司法制度研究》，人民出版社 2006 年版。
101. 赵金康：《南京国民政府法制理论设计及其运作》，人民出版社 2006 年版。
102. 江照信：《中国法律"看不见中国"——居正司法时期（1932~1948）研究》，清华大学出版社 2010 年版。
103. 虞和平主编：《中国现代化历程》，江苏人民出版社 2001 年版。
104. 苏力：《送法下乡——中国基层司法制度研究》，中国政法大学出版社 2000 年版。
105. 李游：《和谐社会的司法解读：以中西方司法传统的演变为路径》，法律出版社 2013 年版。
106. 范忠信、郑定、詹学农：《情理法与中国人》，北京大学出版社 2011 年版。
107. 罗昶：《伦理司法：中国古代的司法观念欲制度》，法律出版社 2009 年版。
108. 张中秋：《比较视野中的法律文化》，法律出版社 2003 年版。
109. 马小红、柴荣、刘婷婷编：《中国法律思想史十讲》，中国人民大学出版社 2008 年版。
110. 朱汉国：《中国社会通史（民国卷）》，山西教育出版社 1996 年版。
111. 龚书铎总主编：《中国社会通史（民国卷）》，山西教育出版社 1996 年版。
112. 徐矛：《中华民国政治制度史》，上海人民出版社 1992 年版。
113. 周俊旗、汪丹：《民国初年的动荡——转型期的中国社会》，天津人民出版社 1996 年版。
114. 陈刚总主编，邓继好主编：《中国民事诉讼法制百年进程（民国初期第 1 卷）》，中国法制出版社 2009 年版。
115. 付海晏：《变动社会中的法律秩序——1929~1949 年鄂东民事诉讼案

例研究》，华中师范大学出版社 2010 年版。
116. 张勤：《中国近代民事司法变革研究》，商务印书馆 2012 年版。
117. 谢冬慧：《纠纷解决与机制选择：民国时期民事纠纷解决机制研究》，法律出版社 2013 年版。
118. 梁凤荣等：《中国法律文化传统传承研究》，郑州大学出版社 2015 年版。
119. 胡旭晟主编：《狱与讼：中国传统诉讼文化研究》，中国人民大学出版社 2012 年版。
120. 倪正茂等：《中华法苑四千年》，群众出版社 1987 年版。
121. 刘玉华：《民国民事诉讼制度述论》，中国政法大学出版社 2015 年版。
122. ［日］滋贺秀三等：《明清时期的民事审判与民间契约》，王亚新等编译，法律出版社 1998 年版。
123. ［美］黄宗智：《过去和现在：中国民事法律实践的探索》，法律出版社 2009 年版。
124. ［法］孟德斯鸠：《论法的精神》，商务印书馆 1997 年版。
125. ［美］费正清编：《剑桥中国晚清史》，中国社会科学出版社 1985 年版。
126. ［美］费正清主编：《剑桥中华民国史》（第 1 部），章建刚等译，上海人民出版社 1991 年版。
127. ［美］费正清主编：《剑桥中华民国史》（第 2 部），章建刚等译，上海人民出版社 1992 年版。
128. ［美］哈罗德·伯尔曼：《法律与革命——西方法律传统的形成》，贺卫方等译，中国大百科全书出版社 1993 年版。
129. ［美］高道蕴、商鸿钧、贺卫方编：《美国学者论中国法律传统》，中国政法大学出版社 1994 年版。
130. ［美］金勇义：《中国与西方的法律观念》，陈国平等译，辽宁人民出版社 1989 年版。
131. ［美］约翰·亨利·梅利曼：《大陆法系》，顾培乐、禄正平译，法律出版社 2004 年版。

三、报刊杂志

1. 《政治官报》（1907 年~1911 年），文海出版社 1965 年影印版。
2. 《政府公报》（1912 年~1928 年），北京政府印铸局发行。
3. 《司法公报》（1912 年~1928 年），北京政府司法部参事厅编纂。
4. 《东方杂志》（1907 年~1928 年），商务印书馆发行。
5. 《法律评论（北京）》（1923 年~1948 年），法律评论社发行。
6. 《法律周刊》（1923 年 7 月~1924 年 8 月），北京法律周刊社发行。
7. 《法学会杂志》（1923 年 7 月~1924 年 9 月），北京法学会事务所发行。
8. 《法政杂志》（1911 年 2 月~1915 年 12 月），上海法政杂志社发行。
9. 《法学季刊》（1922 年~1931 年），东吴大学法律学院法学季刊社发行。
10. 《法学杂志（上海 1931）》（1931 年~1948 年），东吴大学法律学院法学季刊社发行。
11. 《法政学报》（1913 年 10 月~1914 年 11 月），北京法政同志研究会发行。
12. 《法政浅说报》（1911 年 4 月~1912 年 11 月），北京法政浅说报社发行。
13. 《申报》（1912 年~1948 年），上海书店影印。
14. 《司法公报》（1927 年~1948 年），南京政府司法公报处发行。

后 记

本书为作者 2017 年承担的河北省社会科学基金项目，项目编号：HB17LS016。

该选题缘起于笔者近些年给研究生授课过程中的一些心得体会。2012 年以来，在给研究生开设的《司法制度专题研究》课程中，我负责讲授近代司法制度部分。关于近代司法制度，虽然有诸多专题研究成果问世，但总感觉缺少一种宏观上的总结。基于此，笔者于 2017 年申报河北省社会科学基金时，在对近代司法制度中的核心部分即审判制度进行思考的基础上，以《中国司法审判制度近代化研究》作为选题，进行了申报，并获得批准。自此，对该选题的思考正式提上日程。

该选题应该说是一个比较宏大的选题，这对于长期从事微观研究的我来说，是一个很大的挑战。选题大不容易驾驭，也难以有太多的创新，因此无论是在思路的整理、框架的搭建，还是具体写作过程中，常常感到力不从心，甚至会产生放弃的念头。但既然选择了这个题目，就不能轻言放弃。在写作过程中，参考了前辈们的许多研究成果，也到国家图书馆、第二历史档案馆等地查阅了一些新的资料，最终完成了该选题。然而，由于选题涉及面非常广泛，想要系统完整地梳理出司法审判制度近代化的过程，确实存在诸多问题和困难。天资愚钝的我，尽管付出诸多努力，最后成果却仍未能达到自己的预期。在本书即将付梓之际，难免有些许遗憾。

本书写作过程中，得到了单位领导同事和亲朋好友的关心和帮助，在此表示感谢。本书的出版，得到了河北师范大学法政与公共管理学院的资助，得到中国政法大学出版社的大力帮助，尤其是编辑部的姚亚辉、魏星等老师和编辑对本书的出版给予热心指导和大力支持。在此谨表最诚挚的谢意！

最后需要说明的是，由于笔者学识浅薄，缺憾和不足在所难免，尚祈有关专家、学者和广大读者批评指正。